패션 X ENGLISH

패션 × ENGLISH

초판 2쇄 발행 | 2022년 6월 25일

지은이 | 조수진
발행인 | 김태웅
기획 | 김귀찬
편집 | 유난영
표지 디자인 | 남은혜
본문 디자인 | HADA DESIGN 장선숙
마케팅 | 나재승
제작 | 현대순

발행처 | ㈜동양북스
등록 | 제 2014-000055호
주소 | 서울시 마포구 동교로22길 14 (04030)
구입 문의 | 전화 (02)337-1737 팩스 (02)334-6624
내용 문의 | 전화 (02)337-1763 이메일 dybooks2@gmail.com

ISBN 979-11-5768-796-1 13740

▶ 본 책은 저작권법에 의해 보호를 받는 저작물이므로 무단 전재와 복제를 금합니다.
▶ 잘못된 책은 구입처에서 교환해드립니다.
▶ ㈜동양북스에서는 소중한 원고, 새로운 기획을 기다리고 있습니다.

http://www.dongyangbooks.com

패셔니스타가 되는
패션 X ENGLISH

조수진 지음

동양북스

추천사

🔸 패션과 영어의 흥미진진한 문화 컬래버레이션 북! 동서고금의 핫 콘텐츠와 이슈를 종횡무진 이어 나가고, 스피디한 트렌드의 가상세계 융합을 즐기는 메타버스 뉴 제너레이션들을 자극할 만한, 신박한 잉글리시북이 탄생했다.
영어연구자, 교육자, 칼럼니스트로서, 또 방송인으로서 스펙터클한 프로필을 가진 조수진 작가의 패셔너블한 라이프스타일 콘텐츠 북이 바로 그 책이다. 지루하고 뻔한 영어공부의 시대는 가고, 패션과 영어의 흥미진진한 문화 컬래버레이션이자 뉴 밀레니얼 세대를 위한 신개념 잉글리시북의 시대가 왔다!

봉지희 교수(연성대학교 패션디자인비즈니스과)

🔸 패셔니스트이자 언론인 조수진 저자의 이 책은 패션전문가부터 일반인까지 영어와 패션을 이해하고 배울 수 있는 신개념 책이다. 주제마다 느낄 수 있는 상상력과 기발한 사례는 저자의 깊은 고민이 배어 있다. 최근 패션 트렌드는 물론 글로벌 시장을 한눈에 파악할 수 있다는 점도 흥미롭다. 패션과 영어에 대한 '인사이트(insight)'를 얻을 수 있는 작품이다.

김재홍 (㈜비즈니스리포트 파운더 & 편집국장)

🔸 "한국의 패션과 뷰티라는 특수한 소재를 가지고 세계 공용어인 영어를 공부한다니…"
조수진 필자가 처음 조이뉴스24에 칼럼 기고를 제안했을 때 받았던 느낌은 매우 신선했습니다. 동시에 "과연 이 콘텐츠가 대중에게 먹힐까?" 하는 의구심도 들었습니다. 하지만 그 사이 한류 물결이 더 거세지고 K-패션/뷰티가 세계적인 현상으로 등장하고 있는 요즈음에는 정말 선견지명 있는 주제였구나 하는 생각을 다시금 하게 됩니다. 이 책은 내용도 알차고 주제도 트렌디합니다. 따라서 독자들은 웹툰만큼 재미있게 읽으면서도 은연중에 많은 지식을 얻을 수 있을 것입니다. 이 책이 한국인은 익숙한 주제를 통해 쉽게 영어를 공부하고, 세계인은 영어를 통해 K-패션/뷰티를 이해하는 교과서가 되기를 기대합니다.

이창호 대표(㈜아이뉴스24/조이뉴스24)

🔸 참신한 생각이 사람의 창의력을 발전시키는 것처럼 그녀의 책은 전 세계의 패션과 영어에 관심 있는 사람에게 패션에 대한 호기심을 자극하는 참신하고 힘 있는 책이라고 생각한다.

곽현주 패션 디자이너(한국패션디자이너연합회 부회장, 곽현주 컬렉션 대표)

프롤로그

2005년 대학원 졸업, 2006년 YBM 토익 강사 생활 시작, 2012년 온 가족 미국행, 2013년 귀국 후 다시 토익 강사로 복귀, 2018년 국제학교 영어 교사로 중국행, 2020년 스웨덴 주재원 발령으로 현재 스톡홀름에 거주 중이다.

2018년 중국행을 앞두고 언론사로부터 패션잉글리시를 연재해 달라는 의뢰를 받았다. 평소에 관심이 있었던 영어와 패션이기에 두 가지를 접목해 글을 쓰는 일까지 짐에 싸서 중국행 비행기를 탔다. 나름 화려했던 토익 강사생활을 접고, 질풍노도의 시기를 겪고 있는 중고등학생들과 함께하는 기숙사 생활, 주말까지 이어지는 학부모 상담, 중국과 한국을 오가며 학생 선발, 점수 내기에만 전념했던 전략 위주의 수업에서 올바른 인성을 위해 가슴으로 가르쳐야 하는 교사 생활은 나름 나에게 새로운 도전이자 보람 있는 일이었다.

높은 하이힐, 화려한 옷들을 다 뒤로하고 편한 운동화, 걸치기 쉬운 카디건을 거의 교복처럼 입고 2년 반의 시간을 중국에서 보냈다. 패션잉글리시 연재는 더운 여름날 얼음을 가득 채운 제로 콜라를 한 잔 쭉 들이켜는 것과 같았다. 글을 쓰며 패션에 관한 관심은 점점 커져만 갔지만 정작 나는 글에 담아낸 화려한 옷 한 벌을 학교에서는 마음대로 입지 못했다. 글로만 담아낸 걸 방학이 되면 한국에서 모두 쏟아붓듯, 평달은 교사로 방학달은 패션니스타로 이중적인 삶을 살며 패션에 대한 열정이 식을 수가 없었다.

그러던 중 2020년 8월 남편의 주재원 발령으로 이케아(IKEA), 아바(ABBA), 말괄량이 삐삐로만 알고 있었던 스웨덴으로 오게 되었고 내가 좋아하는 패션잉글리시 연재는 현재까지 진행형이다. 현장에서 수백 명을 놓고 가르쳤던 토익강사 시절, 고등학생 수십 명의 영어를 책임져야 했던 교사 생활을 뒤로하고 갑자기 조용한 스웨덴에서 시작된 생활에는 나름 적응기가 필요했다.

지난 20여 년을 돌이켜 보면 참 열심히 살았다. 아무것도 하지 않고 보냈던 시간이 단 한 달도 없었다는 게 이곳에서 견뎌야 하는 가장 큰 난제였다. 갑자기 많아진 시간, 춥고 긴 겨울, 처음 접해 보는 북유럽 문화들… 이 모든 것을 극복하기 위해 글을 쓰는 일에 더욱 몰입하게 되었고 글감을 찾기 위해 나의 눈과 귀는 점점 민감해져만 갔다.

패션잉글리시를 읽고 관련된 강의는 없는지 문의하는 디자인 전공의 여대생, 10년 넘게 연락이 끊겼다가 우연히 글을 읽고 나의 정체를 알아 버린 집사님의 메시지, 패션잉글리시를 잘 읽고 있다며 피드백을 보내오는 수많은 이메일, 패션 관련 글기고 문의들…. 이러한 반응을 보며 내가 즐거워서 하고 있던 일이 남을 즐겁게 하는 일이 되었다는 걸 깨닫게 되었다. 이런 즐거움을 더욱 키워 보고자 '패션 × English' 책을 집필하게 되었고, 그간 출간했던 7권의 토익책에 이어 또 한 권을 단독 집필로 나의 저서 목록에 추가한다.

소셜 미디어 덕에 영어의 중요성이 더욱 높아진 시대, 포스팅 글 한 개에 '좋아요'가 수백 개 달릴 수 있는 네트워크 세계, 수많은 영어단어, 외래어, 패션용어들을 알아야 미용실에서 잡지 한 권을 끝낼 수 있는 시대가 된 만큼 '패션 × English' 책이 진정한 패셔니스타가 되기 위한 지름길에 도움이 되길 바라본다.

패션과 영어라는 영역을 콜라보해 새로운 장르를 개척한 이 책이 비주얼과 콘텐츠 모두를 오랫동안 간직하고픈, 나의 책장을 예쁘게 책으로 장식하고픈 독자 분들에게도 도움이 되길 바라본다.

SPECIAL THANKS TO

패션이 뭔지 아시는 동양북스 김귀찬 부장님, 글감에 늘 도움을 주는 시애틀 베프 Kristin Choi, 멀리서도 응원을 아끼지 않는 버지니아 베프 경희, 영주, 패션 트렌드를 꿰뚫고 있는 멋쟁이 what_sobby 지영, 밍크 부티크에서 항상 이쁜 옷을 할인해 주는 순옥이, 늘 전폭적인 지지를 아끼지 않는 경미 언니, 우리 가족의 건강을 책임지는 낭만닥터 성혜영, 만났다 하면 의학 드라마를 찍는 내과의 정지성 언니, 나의 30년 역사를 다 알고 있는 크리스털 이수정, 초등학교 소꿉친구 공무원 김미라, 개인상담가이자 가족 같은 손현정 언니, 패션 연재의 시작과 진행형을 만들어 주신 비즈니스리포트 김재홍 국장님, 아이뉴스 24 이창호 대표님, 나의 커리어와 뗄 수 없는 평생 은인 장정희 이사님, 불쑥 던지는 영어 질문에도 늘 답해주는 바이링구얼 Jooch Nam, 바쁜 와이프, 엄마의 잔소리를 받아주는 사랑하는 가족들(이성종, 이창준, 이유민), 친언니이자 인생 멘토 수현 언니, 존경하는 시어머니, 나의 사랑하는 부모님들 오래 건강하시길 바라며, 끝으로 모든 걸 가능하게 해 주신 하나님께 감사드립니다.

2022년 3월, 스톡홀름에서 조수진

Guide
이 책을 위한 가이드

Talk about Fashion × English
각 챕터별로 다뤄지는 패션 아이템을 주제로 하여
두 명의 화자가 할 수 있는 샘플 대화

Fashion Glossary
필사템의 공식 명칭을 사진과 함께 정리한
What to Call Them 코너

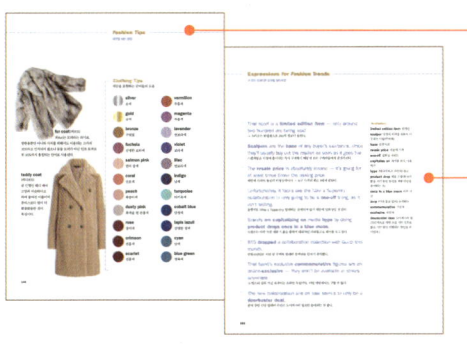

Fashion Tips
소셜 미디어 용어에서부터 다양한 색상 정리까지
깨알 같은 패션 관련 팁

Expressions for Fashion Trends
패셔니스타들이 꼭 알아야 할
핫한 트렌드 관련 표현

Outfit
무엇을 어떻게 입어야 할지 고민될 때
나의 코디가 되어 주는 아웃핏 코너

Take a Break!
커피 한 잔 마시며 재미있는 영어 이야기로
쉬어가는 코너

차례

헤어 & 얼굴(Hair & Face)

1 여신이냐 귀신이냐는 앞머리에 달려 있다 16
뱅(bangs, 앞머리)

2 마틸다는 똑단발! 24
밥(bob, 단발) / 로브(lob, 중단발)

3 헤어스타일만큼이나 다양한 수염 스타일 32
콧수염(mustache) / 턱수염(beard) / 구티(goatee) / 구레나룻(sideburns)

Take a Break! 눈을 보고 내게 말해요 ♪♪♬ 40
서양 문화는 왜 마스크를 꺼리나?

화장품(Cosmetics)

1 좌심방을 뛰게 하는 메이크업을 위해 다크서클, 팔자주름은 가라 44
여신 강림 메이크업

2 메니 페디는 뭐니? 50
패션 × English로 패션과 영어 nail(해결)

3 여인의 향기(Scent)와 여인의 냄새(Smell)는 한 끗 차이 56
향수를 입다

Take a Break! 블랙핑크, 분홍과 검정이 섞인 색이라는 걸까? 62
오묘한 색깔의 세계

8

패션 아이템(Fashion Items)

1 경이로운 소품 66
스카프(scarf)

2 생긴 대로 소리 나는 '오 이런'(Snap!) 74
스냅백(snap back) / 볼캡(ball cap) / 버킷햇(bucket hat) / 플로피햇(floppy hat) / 썬캡(sun cap)

3 썬그리가 슬쩍! 80
셰이드(shades) / 썬그리(sunnies)

 자아도치(自我倒置) 86
한국어는 질러 강조, 영어는 바꿔 강조

CHAPTER 3

상의(Tops)

1 벨리댄서가 록키에게 토스한 배꼽티 90
크롭톱(crop top) / 탱크톱(tank top)

2 마크 저커버그의 후디 사랑 97
후디(hoodie) / 맨투맨(sweatshirt)

3 보일 듯 말 듯 한 게 더 섹시해 104
시스루 룩(see-through look)

4 와이셔츠가 why? 111
드레스 셔츠(dress shirt)

5 네크라인과 소매라인만 잘 선택해도 바디라인이 산다 118
crew neck(크루넥) / mock neck(모크넥) / scoop neck(스쿠프넥)

 "No Where Now Here,"… 언어의 마술사는 어디에? 127
fun한 pun에서 보여 주는 유머 코드

CHAPTER 4

9

겉옷(Outers)

1. 전쟁에서 유래된 아우터들(outers) 132
트렌치코트(trench coat) / 무스탕(mustang) / 치노팬츠(chino pants) / 카디건(cardigan)

2. 뽀글이에서 겨울 패딩까지 140
플리스(fleece) / 패딩(padded coat, down coat) / 더플코트(duffle coat) / 발마칸코트(balmacaan coat)

3. 남자 슈트의 정석 턱시도(tuxedo) 148
턱시도(tuxedo) / 보타이(bow tie) / 블레이저(blazer)

Take a Break! 이름이 먼저냐? 심리가 먼저냐? 154
심리학 용어의 속뜻

CHAPTER 5

하의(Bottoms)

1. 빌리진 Not My Lover, 블루진 My Lover 158
블루진(blue jeans)의 역사

2. 냉장고 바지는 K-Fashion 166
밴디드팬츠(banded pants) / 페이퍼백 팬츠(paperbag pants) / 배기팬츠(baggie pants)

3. 라떼는 말야 판탈롱이 멋스러웠지 176
조거팬츠(jogger pants) / 카고팬츠(cargo pants) / 오버롤즈(overalls) / 와이드 팬츠(wide pants)

4. 이름에 숨겨진 팬츠의 역사 182
해머팬츠(Hammer pants) / 버뮤다팬츠(Bermuda pants) / 카프리(Capri) / 치노팬츠(chino pants)

Take a Break! 한류(Hanryu)라는 단어를 사전에 등재시킨 한국 드라마의 힘! 188
니 꺼 내 꺼 없는 오징어 게임(Squid Game)

CHAPTER 6

신발(Shoes)

1 마스크는 Close 슈즈는 Open 194
펌프스(pumps) / 스틸레토(stilettos) / 핍토(peep toes)

2 10년 전 부츠를 꺼내어 202
인디아나 존스의 인디 부츠

3 어글리 슈즈 신고 뉴트로 따라잡기 209
뉴트로(newtro) 패션 / 어글리 슈즈(ugly shoes)

 코로나 신조어 215
약어 / 축약어 / 합성어

CHAPTER 7

가방(Bags)

1 행복은 가방 가격순이 아니다! 218
샤넬(Chanel) / 펜디(Fendi)

2 샤르트뢰즈? 영어는 필수 프랑스어는 고수! 226
샤넬과 에르메스 가방의 세련된 색상

 강한 임팩트를 위해서는 문법부터 틀려라 232
me vs. myself / any vs. some / since vs. from / every vs. all

CHAPTER 8

스포츠웨어(Sportswear)

1 로드 여신을 위한 패션 가이드 236
빕숏(Bib Shorts) / 라파(Rapha)

2 나의 리즈 시절은 라잇 나우! 242
축구 유니폼과 리즈 시절(Leeds)

 쇼핑 찬스 블프데이(Black Friday) 247
추수감사절 휴가를 노린 대대적인 할인 행사

CHAPTER 9

11

코스튬(Costumes)

1 산타 옷은 왜 빨간색일까? **250**
크리스마스(Christmas)와 산타클로스(Santa Claus)의 유래

2 특별하게 즐기는 핼러윈 코스튬 **256**
clothes(옷) / clothing(의류) / 유니폼(uniform) / 코스튬(costume)

 문화를 알면 영어가 보인다! **262**
다의어 / 음식 / 행동 / 어원

CHAPTER **10**

룩(Looks)

1 고프코어 룩(Gorpcore Look)은 애슬레저의 또 다른 버전 **266**
아노락(anorak)·바람막이(windbreaker)·파카(parka) / 패딩(padded down)·푸퍼코트(puffer coat)·벤치코트(bench coat)

2 빈티 나지 않고 고급스러운 빈티지 룩(Vintage Look) **274**
비틀즈 룩(Beatles Look)

3 고정관념을 깨는 젠더리스 룩(Genderless Look) **279**
젠더리스 룩(Genderless Look) / 유니섹스 룩(Unisex Look)

4 건강과 패션을 모두 지키는 헬스 패션 **286**
오트 쿠튀르(haute couture) / 스모그 쿠튀르(smog couture)

 평범한 광고 문구는 기억에 오래 남지 않는다 **291**
i'm lovin' it!

CHAPTER **11**

―――― 넷플릭스 패션(Netflix Fashion) - 한국 편 ――――

1 트랙슈트, 점프슈트 열풍을 이끈 오징어 게임(Squid Game) 296
트랙슈트(track suit)·점프슈트(jumpsuit) / 턱시도(tuxedo)

2 옷에 날개를 달아도 날 수는 없다 301
기생충(Parasite) / 슈트(suit)

 '기생충' 통역사도 우회적으로 전한 부정문 308
NOT가 보이지 않는 부정문은 다 이유가 있다

CHAPTER 12

―――― 넷플릭스 패션(Netflix Fashion) - 외국 편 ――――

1 크루엘라의 잔인한 패션, 한마디로 올 킬! 312
크루엘라(Cruella)

2 다음 패션을 평가하는 건 지금 패션이다 320
넥스트 인 패션(Next In Fashion)

3 시청률과 고풍의 정점을 모두 찍은 브리저튼 의상 325
브리저튼(Bridgerton)

4 의식주를 모두 해결해 주는 매서운 눈 330
퀴어 아이(Queer Eye)

 영어에 내재된 성(性)의 요소들 336
언어에 남아 있는 성차별적인 표현들

CHAPTER 13

CHAPTER 14

브랜드(Brands)

1 패션의 성(城)을 쌓아 올린 성(姓) 340
구찌(Gucci) / 루이비통(Louis Vuitton)

2 컬래버로 플러스원 효과 346
NIKE × 피마원(peaceminusone) / Ambush × Gentle Monster / The LV × NBA

 조동사를 알면 뉘앙스가 보인다 354
존중 / 완곡 / 불가능

CHAPTER 15

기타(Others)

1 파리지엔느 룩의 3요소 358
시크(chic) / 간지(かんじ) / 아우라(Aura)

2 부위별, 성별, 아이템별로 알아야 하는 나의 사이즈 367
겉옷 사이즈 / 속옷 사이즈 / 신발 사이즈

3 패셔니스타에게 영어와 용어 공부는 필수! 373
영어보다 어려운 패션용어

 불일치와 일치는 수의 둔감과 민감의 차이 379
수(數)에 극도로 민감한 영어

Appendix

패션 관련 명언 382

패션용어 색인 386

CHAPTER

1

헤어 & 얼굴
(Hair & Face)

"A woman who cuts her hair is about to change her life."
— Gabriel Coco Chanel

"머리를 자르는 여자는 자신의 인생을 바꾸려 하는 것이다." — 가브리엘 코코 샤넬

1 — 여신이냐 귀신이냐는 앞머리에 달려 있다

앞쪽 머리가 빠지는 사람은 '머리가 좋은 사람', 뒤쪽 머리가 빠지는 사람은 '걱정이 많은 사람', 앞뒤 머리가 모두 빠지는 사람은 '본인이 머리가 좋다고 걱정이 많은 사람'이라는 우스갯소리가 있다. 여자에게 있어서 특히 헤어스타일과 피부는 생명과도 같다. 이는 헤어와 피부 관리를 위한 관련 상품 시장이 날이 갈수록 커지는 현실만 보아도 쉽게 알 수 있다. 머리에서도 특히 앞머리는 여자의 나이를 10년 이상이나 어려 보이도록 할 수도 있기 때문에 앞머리와 관련된 상품이 많다.

사전에 '정석의(formal, official)'라는 단어도 있지만, 우리는 실제로 어휘를 사용할 때 '정석의' 단어를 사용하기보다는 새로운 표현, 즉 신조어를 사용하는 것을 선호한다. 특히 젊은이들은 "어머나!"보다는 "헐!", "대단하다!"보다는 "쩐다!" 등과 같이 임팩트가 있거나 재미가 있다고 생각하는 표현들을 선호하여 사용한다. 이 외에도 '인스타하다(인스타그램 하다)', 'DM하다(쪽지를 보내다)', '친추하다(친구 추가를 하다)' 등과 같이 social media와 관련한 용어들과 이를 줄인 표현인 줄임말 등을 셀 수 없이 많이 사용한다.

앞머리에 해당하는 정석의 단어는 'fringe(눈썹 위까지 덮은 앞머리, 변두리)'이다. 그러나 사람들이 실제로 많이 사용하는 단어는 '뱅(Bang)'이다. 음성적으로 재미있는 발음, 혹은 길이가 짧은 단어가 선호되는 것은 전 세계 언어의 공통점이다.

앞머리를 둥글게 말아 주는 여자들의 필수품으로 '그루프'가 있다. '헤어 롤'이라고도 하는데 정석의 영어 단어는 '헤어 롤러(hair roller)'이다. 그렇다면 우리가 친근감을 느끼는 '그루프'라는 단어는 대체 어디에서 왔을까?

상품이 대박이 나면 그 상품명은 그와 동일한 류의 제품을 대표하는 단어로 자리매김된다. 코카콜라(Coca Cola/음료명), 호치키스(Hotchkiss/ホチキス/영어는 stapler), 클리넥스(Kleenex/휴지),

구글하다(Google/검색하다), 카톡하다(Kakao Talk/카톡으로 이야기하다) 등이 그 예이다. '호치키스'가 스테이플러(stapler)의 상표명이었듯이, 앞머리를 둥글게 말 때 사용하는 일본 제품의 이름이 바로 '그루프'였다. 이는 영어 단어인 'group(무리, 집단)'을 사용하여 머리를 '무리, 집단'으로 둥글게 말아 준다는 생각에서 착안한 것으로 보인다.

또한, '바리캉'이라고 하는 hair trimmer의 명칭도 일본어와 관련이 있다. 프랑스의 '바리캉 마르(Bariquand et Marre)'라는 회사의 제품이 일본에 소개되고, 제품 제조 회사의 이름이 보통명사화 과정을 거쳐 '바리칸(バリカン)'이 된 후, 우리에게 '바리캉'으로 알려지게 된 것이다.

앞머리 스타일 중에 '시스루 뱅'이 있다. 이는 앞머리로 이마를 완전히 덮는 것이 아니라 앞머리로 이마를 덮되 이마가 살짝 보이는 정도로 덮는 스타일이다. 이러한 스타일의 연출을 위한 헤어 제품인 '시스루 뱅 고데기'까지 출시되었다. 한편, 세안 시 앞머리가 물에 젖지 않도록 하는 '앞머리 패치'가 있다. 이는 앞머리에 붙이는 제품으로 친숙하게 '찍찍이'라고 한다.

이마가 훤히 보여 '마빡이'라는 놀림을 당하지는 않을까 걱정하는 여성들이 적지 않다. 그래서 이 여성들은 앞머리를 둥글게 말아도 보고 펴기도 하고, 눈썹 위까지 자르기도 하고 살짝 길러 옆으로 넘기기도 하고, 또한 이마를 살짝만 보이게도 한다.

'Bang(앞머리)'과의 스타일 전쟁은 끝이 없다.

그루프로
헤어 스타일링

Talk about Fashion × English

영어 대화 속 패션 관련 표현을 알아봐요!

hairdresser Good morning! You're here for a haircut, right?

client Well, not exactly. I have an event, so would you be able to style my hair?

hairdresser I most certainly can! What kind of style were you looking for?

client I was thinking of maybe an **updo**? Would it be hard since I have a **bob**?

hairdresser Leave it to me. I'll have to use a **donut bun**, though. Would you like to **trim** your **bangs**?

client Actually, yeah, I'd like that.

Vocabulary

updo 위로 올리는 머리
bob 단발머리
trim 다듬다
bang 앞머리
● **donut bun** 도넛 번(도넛 모양의 올림머리를 만드는 미용 도구)

헤어 디자이너 안녕하세요, 헤어 컷 하러 오신 거죠?
고객 음, 꼭 그런 건 아니에요. 제가 행사가 있는데 머리 스타일링 좀 해 주실 수 있나요?
헤어 디자이너 물론이죠. 어떤 스타일을 원하세요?
고객 올림머리를 생각하고 있었어요. 제 머리가 단발이라서 어려울까요?
헤어 디자이너 저한테 맡기세요. 도넛 번을 써야 될 거예요. 앞머리 다듬으시겠어요?
고객 네, 그렇게 해 주세요.

Expressions for Fashion Trends

더 많은 트렌디한 표현을 알아봐요!

- **If you don't like too much volume, see-through bangs would be perfect to lighten the overall weight.**
  볼륨이 너무 많아서 싫다면, 시스루 뱅이 전체적인 무게감을 줄이는 데 완벽할 거야.

- **If you want your bangs to be a bit frizzy, you can get them permed.**
  만약 좀 더 곱슬거리는 앞머리를 원하면, 파마하시면 돼요.

- **Do you have some hair essence on hand that I can use? My bangs are too dry.**
  내가 쓸 만한 헤어 에센스 있어? 내 앞머리가 너무 건조해.

- **You can achieve a slicked back look with this pomade.**
  이 포마드 바르면 말쑥한 뒷모습을 연출할 수 있어.

- **Lightly curled bangs are see-through and wispy.**
  약간 컬이 있는 앞머리는 시스루를 하면 더욱 성겨져.

- **Side-swept bangs look better on you.**
  옆으로 넘기는 앞머리가 더 어울려.

- **A lot of girls go for a middle parting rather than a side one.**
  많은 여자애들이 옆보다는 앞가르마를 더 좋아해.

- **If you want a face-framing style, use three hair rollers for your front and sides.**
  페이스 프레이밍 스타일을 하고 싶으면, 앞이랑 옆에 세 개의 헤어 롤을 써 봐.

- **That pixie cut with long bangs really gives her a fresh look.**
  긴 앞머리에 픽시 컷을 하니까 그녀가 정말 새로워 보여.

Vocabulary

frizzy = curly, 곱슬거리는
on hand 도움을 받을 수 있는, 구할 수 있는
slicked 말쑥한, 말끔한
pomade 포마드, 머릿기름
wispy 밀집되지 않고 간격이 떨어진
go for 선호하다
middle parting 앞가르마
hair roller 헤어 롤(그루프)
pixie cut 픽시 컷(여성의 매우 짧은 헤어스타일로 1950년대에 유행했다.)(p.30 참고)

Fashion Glossary
어떻게 부르는지 알아봐요!

What to Call Them

blunt bangs (블런트 뱅)
blunt(뭉툭한) 앞머리가 층이 없이 일직선을 이루고 있는 스타일이다.

birkin bangs (버킨 뱅)
속눈썹 바로 위까지 닿는 길이로, 배우인 제인 버킨(Jane Birkin) 때문에 유행한 앞머리다. 로맨틱한 분위기를 연출한다. ⓒFlickr.com

arched bangs (아치 뱅)
블런트 뱅과 비슷하지만 앞머리가 일직선이 아니라 아치 모양을 하고 있는 것이 특징이다.

curtain bangs (커튼 뱅)
1970년대 브리짓 바르도(Bridget Bardot)에 의해 유명해진 스타일로, 커튼 모양처럼 중간이 갈라져 있다.

face-framing bangs(페이스 프레이밍 뱅)
얼굴 라인을 따라 내려오는 앞머리

see-through bangs(시스루 뱅)
앞머리가 이마 전체를 덮지 않아 머리카락 사이사이로 이마가 보이는 스타일이다.

choppy bangs(찹피 뱅)
choppy(고르지 못한, 뚝뚝 끊어지는) 앞머리로 블런트 뱅보다는 다양한 길이가 특징이다.

side-swept bangs(사이드 스웹 뱅)
side(옆)와 sweep(쓸다) 두 단어를 사용한 명칭으로 옆으로 넘기는 스타일이 특징이다.

Fashion Tips
패션을 위한 꿀팁!

Hair Tips
How to create see-through bangs:

All you have to do is divide your bangs into three different sections similar to the roller style — two on the side and your main **fringe** in the middle. You then take your hair **straightener** and curl it **inward** rather than the normal straightening motion to create soft, effortless bangs that lay perfectly on your **forehead**.

You style the pieces surrounding your face by **dragging** them **outward** with the straightener.

After putting in all the effort to create the perfect bangs, you can **seal** in the style and finish your hair off with some extra shine with hair essence, which is an oil-based hair essence that helps to smooth damaged and **frizzy** hair.

출처: https://theklog.co/how-korean-girls-style-bangs/

Vocabulary

fringe (눈썹 위까지 내려오게 자른) 앞머리
straightener 스트레이트너, 고데기
inward 안쪽으로
forehead 이마
drag 당기다
outward 밖으로
seal 바르다
frizzy 곱슬한, 푸석한

시스루 앞머리 만드는 방법:

앞머리를 롤러 스타일과 유사한 세 부분으로 나누기만 하면 된다. 두 부분은 측면에, 메인 프린지는 중앙에 있다. 그런 다음 머리 스트레이트너(고데기)를 잡고 일반적인 스트레이트 동작이 아닌, 안쪽으로 말려 이마에 완벽하게 닿는 부드럽고 자연스러운 앞머리를 만든다.
스트레이트너로 얼굴을 둘러싸는 부분을 바깥쪽으로 살짝 끌어당겨 놓는다.
완벽한 앞머리를 만들기 위해 모든 노력을 기울인 후에는 손상되고 푸석한 모발을 매끄럽게 해 주는 오일 베이스 헤어 에센스로 모발에 윤기를 더해 주고 스타일링을 마무리할 수 있다.

Outfit
이렇게 연출해봐요!

Hair Styling

If you want to go short without looking too masculine, this is a great option.
남성처럼 보이지 않으면서 짧은 머리를 하고 싶다면, 이 스타일이 좋습니다.

a pixie cut
픽시 컷

asymmetrical long bangs
비대칭 긴 앞머리

black cropped tank top
블랙 크롭탱크톱

blue patterned sweatpants
블루 패턴 스웨트 팬츠

2 마틸다는 똑단발!

긴 머리는 짧은 머리보다 다양한 연출이 가능하다. 묶거나, 묶어서 올리거나, 심지어는 머리를 땋을 수도 있다. 묶는 머리는 흔히 말총머리라고 하며, 이는 영어로 '포니테일(ponytail)'이라고 한다. 머리를 하나로 묶은 부분이 말 꼬리처럼 길게 내려와 생긴 명칭이다. JTBC 드라마 'SKY 캐슬'에 등장했던 쓰앵님(배우 김서형) 머리는 한복과 어울릴 만한 올림머리로 아침에 먹는 모닝빵을 연상하게 해 '롤번(roll bun)' 혹은 '업두(updo)'라고 한다. 밀가루 반죽을 동그랗게 만들어 구워 낸 빵이나 햄버거로 먹는 빵을 '번(bun)'이라고 하기 때문이다. 이러한 헤어스타일은 영어로는 "She wore her hair in a bun.(그녀는 쪽진머리를 했다.)"과 같이 표현하면 된다. 이 외에 머리의 길이와 상관없이 머리를 뒤로 묶는 것을 "put my hair back(뒤로 머리를 묶다)", "put my hair up(머리를 위로 올리다)", 반대로 머리를 내려 푸는 것은 "take the hair out(머리를 풀어서 내리다)"라고 하면 된다.

SKY 캐슬의 십대 소녀들처럼 한창 공부할 나이에 한번쯤 해 봤을 땋은머리는 'braided hair'라고 한다. 'braided hair'는 포니테일과 같이 동물에 빗대어

long and natural braided hair

'피그테일(pigtail)'이라고도 하고, 포니테일은 한 가닥이며 피그테일은 주로 양 갈래로 땋는 것이 차이점이다. "She wore her hair in a pigtail.(그녀는 땋은머리를 했다.)"과 같이 표현한다. 우리말로는 십대들이 흔히 샴푸 이름으로 알고 있는 '댕기 머리'라고도 한다. 2022년 SAG Awards에서 TV 시리즈 부문 여우주연상을 수상한 배우 정호연의 댕기머리가 화제가 되기도 했다. '댕기'는 길게 땋은 머리의 끝에 드리는 장식용 헝겊이나 끈이다. 예전에 우리나라에서는 머리 모양이 기혼 여부를 알리는 도구였는데, '댕기 머리'는 미혼이라는 사실을 알리는 장치였다.

한편, 넷플릭스 드라마 '마이 네임(My Name)'에 등장하는 배우 한소희 때문인지 단발머리가 유행하였다. 더 이상 긴 생머리가 여성미의 트레이드마크가 아닌 듯, 드라마나 영화를 보면 여배우들이 짧은 단발머리로 등장해 상큼미와 귀요미를 더한다. 그들의 상큼한 변신은 보는 시청자들로 하여금 머리 스타일에 변화를 주고자 하는 충동을 느끼게 한다. 그러나 머리 스타일은 한번 바꾸면 다른 머리 스타일을 위해 머리를 기르기까지 장시간이 걸리기 때문에, 머리 스타일에 큰 변화를 줄 경우 신중할 필요가 있다. 솔직히 말하자면, 예쁜 얼굴은 뭘 해도 예쁘다는 것을 명심하고 본인의 헤어스타일 디자인에 신중을 기할 필요가 있다.

배우 한소희의 단발머리는 'bob'이라고 한다. 어디에서 많이 들어 본 듯한 이 'bob'은 주로 남성 이름으로 사용되는 Robert의 애칭인 Bob, Bobbie, Bobby라는 이름으로 우리에게 친숙하다.

1920년대 미국의 패션 리더였던, 유명한 댄서인 아이린 캐슬(Irene Castle)은 자신의 이름을 '캐슬 밥(Castle Bob)'이라고 소개하면서 짧은 단발머리를 하고 등장하였다. 이후 그녀의 헤어스타일이 급속도로 미국 전역에 유행하게 되었고, 이때부터 그녀의 이름은 단발머리를 의미하는 대표 명사가 된 것이다. 우리나라에도 이와 유사하게 만들어진 헤어스타일 명칭이 있다. MBC에서 방영한 '행복한 여자(1989년)'라는 주말 드라마에서 '호섭이'라는 캐릭터가 바가지 머리를 하고 출연했는데, 이후 바가지 머리를 '호섭이 머리'라고도 하게 되었다.

단발머리를 bob hair, bob, 또는 bobbed hair라고 한다. 이를 영어로 표현하려면 "She looks great with bobbed hair.(그녀는 단발머리가 잘 어울린다.)", "I like her bob hair.(나는 그녀의 단발머리가 마음에 들어.)"라고 하면 된다. 쇄골(collarbones)이나 턱(chin) 아래까지 내려오는 중간 정도 길이의 단발머리는 long과 bob을 합쳐 로브(lob)라고 한다.

중단발에 레이어드 컷(layered cut)을 한 머리는 흔히 허쉬 컷(hush cut)이라고 하는데, 이는 한국에서만 통용되는 명칭이다. 영어로는 와일드한 이미지 때문에 wolf cut 또는 mullet이라고 한다. 사전적 의미에서 mullet은 숭어과의 어류를 뜻하며, 헤어와 관련된 명칭은 1981년 뉴욕에서 결성된 팝 그룹 비스티 보이즈(Beastie Boys)의 노래 Mullet Head(얼간이, 멍청이라는 속어)에서 유래됐다. 이 노래의 히트와 함께 멤버들의 헤어스타일도 유행했다. 당시 비스티 보이즈의 멤버들은 앞은 짧고 뒤는 긴 헤어스타일을 선보였는데, 이것이 남자들 사이에서 유행하며 노래 제목이 일반명사화 된 것이다. Mullet은 미국 드라마 맥가이버(Macgyver, 1985) 머리로도 잘 알려져 있다.

'여자의 패션은 헤어스타일에서 완성된다.'라는 말이 있다. 여배우의 상큼미를 좇아 오랫동안 길러 온 긴 머리를 싹둑 잘랐다가는 자칫 콩순이 같은 느낌을 줄 수도 있으니, 머리 스타일 디자인에 신중을 기하기를 바란다.

Talk about Fashion × English

영어 대화 속 패션 관련 표현을 알아봐요!

customer   Hello, do you by chance accept **walk-ins**?

stylist   Yes, we do! Thankfully, things are a little bit slow right now. How can I help you today?

customer   I have a wedding to go to in a few hours, and I want to get my hair done. My usual stylist is out sick.

stylist   Oh, I'm so sorry to hear that. Looking at your hair right now, it's quite long. Do you want to **chop** it all **off** into a **lob**, or just create a style with this?

customer   I'd rather keep my hair as it is, if you don't mind. Can you do something with **braids**?

stylist   With your highlights, a **rope braided updo**● would look fantastic. It doesn't need a lot of fancy styling, just some **bobby pins** to make sure it's secure.

customer   I'll leave it up to you. By the way, what's your **rate**?

Vocabulary

walk-in 예약 없이 오는 것
chop off = cut off, 자르다
lob 중단발
braids 땋은 머리
bobby pin 헤어핀
rate 가격

● **rope braided updo** 땋은 머리를 둥글게 밧줄처럼 다시 묶은 머리

고객   안녕하세요. 혹시 예약 없이 와도 받아 주시나요?
스타일리스트   그럼요! 다행히 지금 조금 한가해요. 오늘 어떻게 해 드릴까요?
고객   몇 시간 후에 결혼식에 가야 해서 머리를 좀 하려고요. 제 머리를 해 주는 스타일리스트가 오늘 아파서 출근을 안 했어요.
스타일리스트   안됐네요. 지금 머리를 보시면, 약간 길어요. 긴 부분만 잘라서 중단발로 하길 원하세요? 아님 새로운 스타일을 연출하길 원하세요?
고객   지금처럼 기르는 게 나을 거 같아요. 괜찮으시면, 땋은머리를 해 주실 수 있으세요?
스타일리스트   손님 하이라이트 가지고, 땋은 로프 업두 스타일이 잘 어울릴 것 같아요. 그렇게 화려한 스타일링은 필요 없고요. 고정 핀 몇 개로 머리를 고정하면 돼요.
고객   알아서 해 주세요. 그런데 가격은 어떻게 되나요?

Expressions for Fashion Trends

더 많은 트렌디한 표현을 알아봐요!

- **You can change up your usual look with a fishtail braid.**
  지네머리 땋기로 너의 평범한 모습을 바꿀 수 있어.

- **It looks like the manbob isn't around as much these days.**
  요즘 남자 단발은 그다지 많이 안 하는 것 같아.

- **The lob you got really flatters your collarbones.**
  네가 한 중단발이 쇄골을 완전 돋보이게 해.

- **I'm aiming for a more casual look with beach waves.**
  난 비치웨이브 머리로 더 캐주얼한 룩을 하길 원해.

- **Can you take the hair out?**
  (묶은) 머리를 좀 풀어 볼래?

- **I'm going to do a mask tonight because my hair's so dry.**
  머리가 너무 건조해서 오늘밤 헤어 팩을 할 거야.

- **I'm feeling more volume in my hair.**
  나 머리에 볼륨이 더 느껴져.

- **Do you usually put your hair up?**
  보통 머리를 뒤로 묶나요?

- **Do you think that hair extensions would look good on me?**
  나 머리 연장하면 어울릴 것 같아?

- **I always put my hair back when I work out.**
  운동할 때 나는 항상 머리를 뒤로 묶어.

Vocabulary

fishtail braid 지네머리 땋기
manbob 남자 단발
flatter 돋보이게 하다
collarbone 쇄골
aim for ~을 하려고 하다
beach waves 중간에는 부드러운 컬(curl)을 넣고 끝부분은 스트레이트(straight)로 편 헤어스타일 (p.30 참고)
take the hair out 묶은 머리를 풀다
do a mask 얼굴에 하듯이 머리에 헤어 마스크 제품을 바르는 것
put one's hair up 머리를 뒤로 묶다
hair extensions = hair clip-ins, 머리 연장
put one's hair back 머리를 뒤로 묶다
work out 운동하다

Fashion Tips
패션을 위한 꿀팁!

Hair Product
What is a hair mask?

You've probably heard of, or perhaps tried, a face mask. Just as a face mask works to nourish and hydrate your skin, a hair mask works in a similar way to boost the condition and health of your hair.

Hair masks may also be referred to as deep conditioning treatments or intensive hair conditioners.

What makes them different from instant conditioners is that the ingredients are usually more concentrated, and the mask is left on your hair for a longer period of time — anywhere from 20 minutes to several hours.

What are the benefits of a hair mask?

There are many benefits to using a hair mask, and the advantages vary depending on the ingredients and your hair type. Generally speaking, the benefits of using a hair mask include:

- shinier, softer hair
- added moisture
- reduced hair breakage and damage
- less frizz
- a healthier scalp
- stronger hair

출처: https://www.healthline.com/health/how-to-use-hair-mask#benefits

헤어 마스크란 무엇일까?
페이스 마스크에 대해 들어 봤거나 사용해 본 적이 있을 것이다. 안면 마스크가 피부에 영양과 수분을 공급하는 것처럼 헤어 마스크는 모발 상태와 건강을 향상하는 유사한 방식으로 작용한다.
헤어 마스크는 딥 컨디셔닝 트리트먼트 또는 인텐시브 헤어 컨디셔너라고도 한다.
인스턴트 컨디셔너와 다른 점은 성분이 일반적으로 더 농축되어 있고 마스크가 20분에서 몇 시간까지 머리카락에 더 오래 남아 있다는 것이다.

헤어 마스크의 장점은 무엇일까?
헤어 마스크를 사용하면 많은 이점이 있으며 성분과 모발 유형에 따라 장점이 다르다. 일반적으로 헤어 마스크를 사용하면 다음과 같은 장점이 있다.
- 더 윤기 있고 부드러운 머릿결
- 수분 추가
- 모발 파손 및 손상 감소
- 덜 곱슬거림
- 건강한 두피
- 더 강한 머리카락

Fashion Glossary
어떻게 부르는지 알아봐요!

What to Call Them

updo(업두)
올림머리 스타일

donut bun(도넛 번)
도넛 모양처럼 생긴 올림머리를 말한다.

beach waves(비치 웨이브)
중간은 컬이며 끝부분은 스트레이트 스타일이 특징이다.

fishtail braid(지네머리 땋기)
지네 모양처럼 땋은 머리

pixie cut(픽시 컷)
짧은 숏컷으로 뒷머리 부분이 남자 머리와 비슷하다.

ⓒ Wikimedia Commons

ponytail(포니테일)
말의 꼬리처럼 생겨 말총머리라고도 한다.

Outfit
이렇게 연출해봐요!

chin-length bob
턱 선 단발

pink cable knit sweater
핑크 케이블 니트 스웨터

skinny jeans
스키니 진

white sneakers
화이트 스니커즈

wolf cut (울프 컷)
이름 그대로 늑대처럼 갈기를 세우는 느낌의 헤어스타일

mullet cut (멀릿 컷)
앞은 짧고 뒤가 긴 터프한 스타일이 특징이다.

shaggy bob (섀기 밥)
shaggy (덥수룩한) 단발로 정돈되지 않은 자연스러움이 특징이다.

lob (중단발)
긴 단발머리로 기장은 쇄골 뼈까지 내려온다.

3 – 헤어스타일만큼이나 다양한 수염 스타일

남성미를 표현하는 단어에는 여러 가지가 있다. '초식남, 육식남, 상남자, 터프남, 마초맨' 등등…. 각 단어들의 설명을 따로 듣지 않아도 단어별로 다른 뉘앙스가 풍긴다. 전설적인 영국 그룹 퀸(Queen)의 프레디 머큐리(Freddie Mercury)를 '초식남'이라고 할 수 있을까? 프레디 머큐리는 '터프남', '상남자'에 가깝다. 이 중 '마초(macho)'라는 단어는 스페인어에서 유래되었으며 지나치게 남성미를 과시하는 부정적인 의미를 지니고 있어 사용할 때 다소 주의해야 한다.

터프남, 상남자, 마초맨들의 트레이드마크이자 남성들만의 패션이라고도 할 수 있는 수염에 대해서 알아보자. 프레디 머큐리의 콧수염은 다소 돌출된 앞니를 가리기 위해서 길렀다는 설이 있는데, 그의 터프함과 콧수염(mustache)은 매우 잘 어울린다. 프레디 머큐리 외에 수염이 잘 어울리는 셀럽(celeb)들과 그들의 수염 스타일을 떠올려 보면, 엘비스 프레슬리(Elvis Presly)의 구레나룻, 마룬5(Maroon 5) 싱어인 애덤 리바인(Adam Levine)의 까칠한 수염(stubble), 로버트 다우니 주니어(Robert Downey Jr.)의 구티(goatee)가 있다. 수(數)에 민감한 언어인 영어는 단수와 복수를 확실히 구별해야 한다. 프레디의 콧수염은 'a mustache', 엘비스의 구레나룻은 'sideburns'(양쪽이라서 복수), 콧수염뿐만 아니라 턱을 덮는 다소 수북한 수염은 'a beard', 로버트 다우니 주니어의 멋스럽게 입가를 따라 이어지는 콧수염과 턱수염은 'a

프레디 머큐리(Freddie Mercury, 1946-1991)의 콧수염

goatee'라고 한다. 이는 염소(goat)의 수염과 비슷하다고 해서 생긴 명칭으로 코에서 입가를 따라 턱으로 이어지는 수염을 말한다.

여기에서 재미있는 우리말 표현인 '구레나룻'은 '구레'와 '나룻'가 합쳐진 말이다. '구레'는 소나 말의 머리에 씌우는 굴레의 옛말이며 '나룻'은 수염의 옛말인 '날옷'에서 온 '나룻'이 변한 것이다. 소나 말에 씌우는 굴레가 양쪽에 있다 보니 'sideburns'로 표현한 것이다. 간혹 '위스커(whiskers)'를 구레나룻이라고 착각하는 분들이 있는데, whiskers는 고양이 수염을 나타내므로 사람에게 사용하지 않도록 주의해야 한다.

정규직(full time job)을 9 to 5 job(9시부터 5시까지 일하는 직업)이라고도 한다. 아침에 나간 아들이 귀가할 때 키가 자라 있듯, 출근한 남편이 퇴근할 때 수염이 자랐다고 하여 five o'clock shadow(5시 섀도우)라고 하는 수염은 아주 조금 자란 수염을 말한다.

한편 일주일 정도 면도를 하지 않은 듯 다소 길어진 수염이 stubble이다. 애덤뿐만 아니라 잘 다듬어진 stubble이 트레이드마크가 된 셀럽 중에는 데이비드 베컴(David Beckham), 브래드 피트(Brad Pitt) 등이 있다.

수염을 검색하다 보면 여성의 헤어스타일만큼이나 다양한 스타일을 볼 수 있다. 그중 chin curtain(친 커튼), Vandyke(반다이크), bristle(브리슬)은 사전에는 존재하나 실생활에서는 거의 사용하지 않는 단어이니 참고하자.

엘비스 프레슬리(Elvis Presley, 1935~1977)의 구레나룻

남학생의 수염과 관련된 재미있는 일화가 생각난다. 어느 대학교 강의실 뒷자리에 한 남학생이 검은색 헤드셋으로 양쪽 귀를 덮고 강의를 듣고 있었다. 이에 화가 난 교수가 그 남학생을 일으켜 세우며 "수업 시간에 음악을 듣고 있냐!"라고 야단을 치려다 갑자기 다시 앉으라고 했다. 교수가 헤드셋이라고 생각했던 것은 남학생의 덥수룩한 구레나룻(sideburns)이었기 때문이다.

파일럿이나 소방관들은 직업상 수염을 기르지 못하고, 동방예의지국이라 불리는 한국도 수염을 마음대로 기르지 못하는 환경이다. 수염이 잘 어울리는 가수나 배우들을 보면 수염은 남자들만의 패션임이 분명하다. 남성들이여… Queen의 명곡인 "Don't stop me now."라는 노래 가사처럼 그동안 참고 있었던 수염 기르기로 자신의 개성을 표현해 보기를 바란다.

로버트 다우니 주니어(Robert Downey Jr.)의 구티(goatee)

애덤 리바인(Adam Levine)의 스터블(stubble)

에이브러햄 링컨(Abraham Lincoln, 1809~1865) 대통령의 비어드(beard)

Talk about Fashion × English
영어 대화 속 패션 관련 표현을 알아봐요!

barber Hello, it's been a while! Have you come for your usual?

customer I think I want to change it up a bit. I grew it long to see if I'd look better with longer hair, but it's not **working for** me.

barber Why don't we try a **fade**• today? We can keep the **top** a bit long so that you'd have more options styling it.

customer Why not? While we're at it, can you recommend me a **gel** I can use?

barber Certainly. We can go to the **front** where I can show you a few samples.

customer That sounds great.

Vocabulary

work for 어울리다
top 윗부분
gel 헤어 젤
front 계산대, 앞부분
● **fade** '서서히 사라지다'라는 의미로 옆머리와 뒷머리 부분이 아래로 내려갈수록 점점 희미해지는 그라데이션 느낌의 컷(p.38 참고)

이발사 안녕하세요. 오랜만에 오셨네요. 늘 하시던 거 하러 오셨어요?
고객 약간 변화를 주고 싶어요. 조금 긴 머리가 어떤지 보려고 길렀는데, 저한테는 안 어울리는 거 같아요.
이발사 오늘은 페이드컷 해 보시는 건 어때요? 머리 윗부분은 그대로 유지할 수 있어 더 다양하게 스타일링을 할 수 있어요.
고객 못 할 거 없죠. 말이 나온 김에, 제가 쓸 만한 헤어 젤 하나 추천해 주실래요?
이발사 물론이죠. 카운터 쪽으로 가시면 몇 가지 샘플을 보여 드릴 수 있어요.
고객 그게 좋겠네요.

Expressions for Fashion Trends

더 많은 트렌디한 표현을 알아봐요!

— I like that **French crop** on you — is it really easier to manage?
프렌치 크롭이 잘 어울리세요. 이게(이 머리가) 손질하기도 더 쉬울까요?

— Let's **shave** it up, but keep the shadow.
면도를 해 주시는데, 약간 연하게 남겨 주세요.

— Do you know any **hair putty** brands that won't give me a heavy feel?
무거운 느낌을 주지 않을 헤어 왁스 제품을 아세요?

— Are you planning to take part in **No-Shave November**?
11월 노-셰이브 운동에 참여하실 계획이세요?

— **Buzz cuts** are really good if you don't spend a lot of time on your hair.
머리에 많은 시간을 쓰지 않으시면 버즈컷이 잘 어울려요.

— If you prefer a longer look, you might want to go for a **shag cut**.
더 긴 머리 느낌을 원하시면, 아마도 셰그컷을 하시면 좋을 거 같아요.

— I find shaving soaps to be much better for my skin than foams.
비누보다 셰이브폼이 피부에 훨씬 더 좋다는 걸 알게 됐어요.

— Wow, the barber really did a number on him with those **clippers**.
와우, 이발사가 바리캉으로 머리에 많은 변화를 주었네요.

— That **crew cut** on him really makes him look professional.
크루컷을 하니까 그가 정말 프로패셔널해 보여요.

Vocabulary

French crop 프렌치 크롭(p.38 참고)
shave 면도하다
hair putty 헤어 왁스
No-Shave November 노-셰이브 운동 (불치병을 치료하기 위한 모금 운동으로 남자들이 11월 한 달 동안 수염 관리를 안 하고 아낀 돈을 기부하는 모금 운동)
buzz cut 크루컷(crew cut)과 같이 아주 짧은 남자 머리 스타일 (p.39 참고)
shag cut 셰그컷(p.39 참고)
clippers 클리퍼, 바리캉
crew cut 크루컷(p.38 참고)

Fashion Tips
패션을 위한 꿀팁!

Shaving Tips
How to Shave for Men & Women

1. Before you shave, wet your skin and hair to soften it. A great time to shave is right after a shower.
2. Apply a shaving cream or gel. If you have very dry or sensitive skin, look for a shaving cream that says "sensitive skin" on the label.
3. Shave in the direction that the hair grows. This is an important step to help prevent razor bumps.
4. Rinse after each swipe of the razor. In addition, make sure you change your blade or throw away disposable razors after 5 to 7 shaves to minimize irritation.
5. Store your razor in a dry area. Make sure your razor dries completely to prevent bacteria from growing on it.
6. Men who have acne should take special care while shaving. Shaving can irritate your skin, making acne worse.

출처: https://www.aad.org/public/everyday-care/skin-care-basics/hair/how-to-shave

남자 여자 면도하는 법
1. 면도하기 전에 피부와 수염을 적셔 부드럽게 한다. 면도하기 좋은 시간은 샤워 직후이다.
2. 면도 크림이나 젤을 바른다. 피부가 매우 건조하거나 민감한 경우 라벨에 "민감한 피부"라고 표시된 면도 크림을 찾는다.
3. 털이 자라는 방향으로 면도한다. 이것은 면도날에 의한 상처를 예방하는 데 도움이 되는 중요한 단계이다.
4. 면도기를 쓸 때마다 헹군다. 또한 자극을 최소화하기 위해 5~7회 면도 후에는 날을 교체하거나 일회용 면도기를 버린다.
5. 면도기를 건조한 곳에 보관한다. 면도기에서 박테리아가 자라는 것을 방지하기 위해 면도기가 완전히 건조되었는지 확인한다.
6. 여드름이 있는 남성은 면도 시 특히 주의해야 한다. 면도는 피부를 자극하여 여드름을 악화시킬 수 있다.

Fashion Glossary
어떻게 부르는지 알아봐요!

What to Call Them

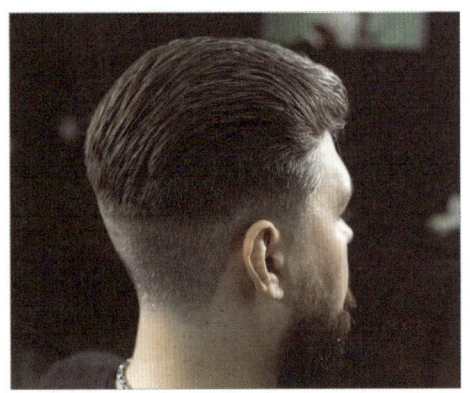

fade cut(페이드컷)
옆머리와 뒷머리가 점점 희미해져 가듯(fade) 흐려지는 컷을 말한다.

undercut(언더컷)
윗머리가 길고 옆과 뒷머리가 짧은 형태. 윗머리 아래(under)를 짧게 깎아 언더컷이라고 부른다.

French crop(프렌치 크롭)
시저컷(Caesar cut)이라고도 하며 언더컷과 흡사하나 차이점은 앞머리가 다소 길다는 것이다.

crew cut(크루컷)
군인 머리와 같이 매우 짧은 스타일로 승무원, 선원의 의미를 지닌 crew를 사용한 명칭이다.

Outfit
이렇게 연출해봐요!

- **undercut** 언더컷
- **black v-neck t-shirt** 블랙 브이넥 티셔츠
- **gray denim ripped jeans** 그레이 찢청
- **black loafers** 블랙 로퍼

buzz cut(버즈컷)
바리캉 소리처럼(buzz), 기기를 사용해 일정 길이로 머리를 짧게 자른다고 하여 붙여진 명칭이며 크루컷과 흡사하다.

shag cut(셰그컷)
shaggy(덥수룩한)라는 단어를 사용한 것으로 정돈되지 않은 듯 덥수룩하면서 자연스러운 것이 특징이다.

눈을 보고 내게 말해요 🎵🎵🎵

청력에 문제를 가지고 태어난 아기에게 할 수 있는 효과적인 치료법 중 하나는 주기적으로 아기의 눈을 가리는 것이라고 한다. 눈을 가리면 주변의 상황을 파악하기 위해 귀를 쫑긋 세워 청력이 점점 좋아지기 때문이다.

오랜 기간 동안 마스크를 쓰고 있기에, 우리는 요즘 아마도 입을 통해 감정을 읽기보다는 눈으로 감정을 읽는 능력이 상당히 향상되어 있을 것이다.

얼굴 부위 중 특히 눈과 입을 사용해 감정을 묘사하는 표현이 생각보다 많다. 가령 '눈이 휘둥그레지다', '눈살을 찌푸리다', '입을 비죽거리다', '입이 댓 발 나왔다'와 같이 한국어는 눈과 입의 모양 변화를 통해 재미있게 감정을 묘사한다. 영어에는 어떠한 표현들이 있는지 살펴보자.

● 눈 ● raise one's eyebrows (놀라다)

우리말의 '눈이 휘둥그레지다'와 같이 눈이 커지면 자동으로 눈썹이 올라가기에 주로 놀라움을 나타낼 때 쓰는 표현이다.

> **Don't raise your eyebrows at me like that.**
> 그렇게 놀란 눈으로 날 보지 마.

한국어는 주로 좋은 광경이나 갈망하고 있었던 것을 갑자기 보게 될 때 '휘둥그레지다'라는 표현을 쓰는 반면, 영어는 놀라움뿐만 아니라 불만을 나타낼 때도 사용한다. 흥미로운 것은 우리는 한쪽 눈썹을 치켜세우는 표정이 '불만'이라는 감정을 나타내지만 영어는 그렇지 않다는 것이다. raise an eyebrow와 같이 한쪽 눈썹만 치켜세우는 경우는 놀랐기는 했지만 약간 "뭐하냐?"라는 느낌처럼, 상황을 파악하면서 그다지 많이 놀라지 않았다는 정도의 감정 표현이다.

When I told him I was talking to Brad Pitt over the phone, he raised an eyebrow at me.
"브래드 피트랑 전화 통화하고 있었어."라고 말했을 때, 그는 "그러세요?"라는 눈으로 나를 쳐다봤다.

🟡 눈 🟡 cry one's eyes out (엉엉 울다)

우리말의 '눈이 퉁퉁 붓다'와 유사하다. 영어에서는 out(빠진다)를 사용하는 것이 우리말과의 차이점이다. '눈이 빠지면' 우리는 '기다리다'라는 표현을 나타내는 것 또한 영어와 다르다.

Our first showcase made me cry my eyes out.
우리의 첫 쇼 케이스가 날 펑펑 울게 만들었어.

🟡 입 🟡 grinning from ear to ear (활짝 웃음)

웃음에도 강도가 있다. 한국어는 주로 문자의 반복을 통해 의미 강도를 높인다. ㅎ, ㅎㅎ, ㅋㅋ, ㅋㅋㅋ, ㅋㅋㅋㅋㅋㅋ. 이렇듯 동일한 문자의 반복으로 웃음의 강도가 높아진다. 외국 친구와 문자로 대화를 하다 보면 배꼽 잡고 웃는 감정을 'ㅋㅋㅋㅋㅋㅋ'로 하려다 LOL(Laugh Out Loud)과 같이 아쉽게 감정 표현을 제대로 못하고 대화를 마무리하게 마련이다. 한국어는 '배꼽 빠진다(잡다), 흠뻑 웃음, 함박웃음'과 같이 다양한 감정을 표현할 수 있는 언어 표현이 많다. 영어 역시 찾아보면 여러 가지 표현이 있기는 하다. 누구나 아는 smile을 강하게 표현하면 big smile이고, 이것은 grin(활짝 웃다)에 해당한다. 이 단어는 명사로도 사용되며 ear-to-ear와 함께 사용하여 우리말의 '입이 귀에 걸렸다'를 연상하게 하는 표현으로도 사용된다.

He came running to you grinning from ear to ear.
그는 좋아서 입이 귀에 걸린 채로 너한테 달려가고 있었어.

● 입 ● stick one's tongue out(놀리다)

우리말로 간단히 '메롱~'에 해당한다. stick out(내밀다)를 사용해서 특정 동작을 묘사하는데, 놀리는 표정은 동서양이 모두 같다.

He stuck his tongue out at me and ran off laughing.
그는 나한테 메롱 하고 웃으면서 도망갔다.

동서양 감정 표현의 차이점을 좀 더 살펴보자. "Why the long face?(왜 우울해 보여?)"는 입이 축 늘어지면 우울해 보이는 데서 사용하는 표현이다. 또한 우리의 '^^'은 영어권에서는 ' :) ', 우리의 'ㅠㅠ'는 영어권에서는 ' :('으로 표현된다. 이를 보면 영어권에서는 눈보다는 다소 입으로 감정의 변화를 표현한다는 것을 알 수 있다. 그래서 그런지 특히 유럽권 사람들은 입을 가리는 마스크를 쓰는 것에 상당히 민감한 듯하다.

팬데믹을 겪으면서 사람들이 오랫동안 입을 가린 채 눈으로 미세한 감정을 표현하고 있기에 다른 사람들의 눈빛으로 감정을 파악할 수 있는 능력이 확실히 좋아진 듯하기는 하다. 입 모양이 감정 표현에 큰 역할을 하고 있었음을 다시금 깨닫는다.

CHAPTER

2

화장품(Cosmetics)

"Makeup works best if no one knows you're wearing it. Like Georgia says, 'It's a face, not a mask.'" — Ginny and Georgia(Netflix Drama)

"화장을 했는지 아무도 모를 때 메이크업은 가장 효과가 있다. 조지아(엄마)가 말하듯 '얼굴이지 가면이 아니다.'"
— 지니 앤 조지아 (넷플릭스 드라마) 대사 중

1 — 좌심방을 뛰게 하는 메이크업을 위해
다크서클, 팔자주름은 가라

'순정 만화' 하면, 일본 만화 '들장미 소녀 캔디'가 가장 먼저 떠오른다. 지금의 웹툰 주인공과 다소 다른 느낌의 '테리우스', '안소니'와 같은 등장인물을 보면서 자란 맘들의 자녀들은 현재 '웹툰(webcomic)' 속 주인공들의 외모와 패션에 열광하며 이들 따라하기를 연일 반복한다.

'캔디'에서와 같이 눈이 얼굴의 반을 차지하는 현실성이 다소 떨어지는 외모보다는, 실제 존재하는 배우가 웹툰의 등장인물과 美친 싱크로율로 '만찢남(만화를 찢고 나온 남자)', '웹찢남(웹툰을 찢고 나온 남자)'이 되어 등장하는데, 그들의 화장과 패션을 보는 재미 또한 쏠쏠하다.

● 다크서클은 콩글리시

변신에 가까운 화장법을 배우기 위해서는 메이크업 시 자주 언급되는 표현들을 알아 둘 필요가 있다. 먼저 얼굴 부위부터 살펴보자. '눈썹(eyebrow)', '속눈썹(eyelashes)'과 같이 이미 우리에게 익숙한 단어가 있고, '덮개(lid)'가 구성 성분인 합성어 '눈꺼풀(eyelid)', '쌍꺼풀(double-eyelid)'도 있으며, '애굣살(fat under eyes/under my eyes)', '팔자주름(nasolabial fold)'과 같이 실제 부위를 이용한 다소 심심한 표현들도 있다. 또한 '눈가 주름(crow's feet)', '다크서클(eyebags/eye suitcase)'과 같이 생긴 모양을 그대로 전달하는 다소 재미있는 표현들까지 다양하다. 코 메이크업 시 '높은 코, 낮은 코'는 'high/low nose'라고 하지 않으며, 'sharp/flat nose'라고 해야 한다.

감각 있는 소비자들의 눈과 귀를 끌어들이기 위해서 화장품 이름을 독특하게 짓기도 한다. 붉은 틴트 컬러를 '좌심방톡(2호)'이라고 하는데, 이는 '심장 부위 중 왼쪽 심장 한편의 베스트 컬러'라는 의미로 사용된 틴트의 2호 컬러를 말한다. 외국 제품 중에서 이와 비슷한 컬러를 찾으려면 Plum Tok이라고 표기된 제품을 선택하면 된다.

외국에서 화장품을 구매하다 보면 내가 알고 있던 단어가 콩글리시였음을 발견해 놀람과 동시에 영어를 하기가 점점 겁이 나게 마련이다. 흔히 잘못 알고 있는 화장품 용어로는 볼터치(blusher), 스킨(toner), 선크림(sun block), 뷰러(eyelash curler), 루즈(lip stick) 등이 있다.

팬데믹 동안 마스크를 지속적으로 쓰고 있고 외출이 줄어 화장을 하지 않는 경우가 많다. 그러나 '톤 업 크림(tone up cream)'을 사용해 마스크에 잘 묻어나지 않는, 화사하면서 밝은 메이크업으로 꾸준한 자기 관리는 하도록 하자.

Talk about Fashion × English
영어 대화 속 패션 관련 표현을 알아봐요!

employee Hello and welcome! Are you just browsing, or is there anything I can help you with?

client Yes, I actually would like some help. I was told by another store employee that I have combination skin, but I have no idea what that means.

employee Well, combination skin just means that you have both oily and dry areas on your face. It looks like you're drier on your **cheeks** than on your **T-zone**. Are you looking for a particular product?

client I'm looking to **switch up moisturizers**, since the one I'm using right now is supposedly not a good **fit**.

employee And you would be right about that. May I show you some **water-based** moisturizers that won't be as heavy on your skin?

client That sounds good. **Lead** the way.

Vocabulary

cheek 볼
T-zone 이마와 코 부위를 이르는 말
switch up 바꾸다
moisturizer 보습제
fit 맞는 제품
water-based 보습의
lead 안내하다

직원 안녕하세요, 환영합니다! 그냥 구경하시겠어요? 아니면 제가 뭘 도와드릴까요?
고객 네, 사실 도움이 좀 필요해요. 다른 점원이 제가 복합성 피부라고 하는데 그게 무슨 말인지 모르겠네요.
직원 글쎄요, 복합성 피부는 얼굴에 기름기가 있는 부분도 건조한 부분도 모두 있다는 것을 의미합니다. 티존보다 볼 쪽이 더 건조해 보여요. 찾고 계시는 특정 제품이 있으세요?
고객 모이스처라이저를 바꾸려고 해요. 지금 사용하고 있는 것이 잘 맞지 않는 것 같아서요.
직원 그 말씀이 맞을 거예요. 피부에 무겁지 않은 보습용 모이스처라이저를 보여 드릴까요?
고객 네 좋아요. 안내 부탁드려요.

Expressions for Fashion Trends

더 많은 트렌디한 표현을 알아봐요!

— If you find that your makeup looks very oily after a few hours, you should consider **baking** your face.
몇 시간 후에 메이크업이 매우 기름져 보인다면 얼굴을 베이킹 하는 것을 고려하세요.

— It's a big **faux pas** to just use black eyeshadow to create a smokey eye.
스모키 눈화장을 위해 블랙 아이새도만 사용하는 것은 큰 실수입니다.

— I don't know — I think that **monolids** looked better on you.
잘 모르겠는데, 무쌍이 너한테 더 잘 어울렸던 것 같아.

— That eyeshadow palette really brings out your eyes.
저 아이새도 팔레트 색들이 정말 너의 눈을 돋보이게 만들어 줘.

— Lining your lips with a lip liner will make your lipstick lines much cleaner.
입술에 립 라이너를 바르면 립스틱 라인이 훨씬 선명해 보여.

— Do you **pluck** to get that brow shape?
눈썹 모양을 잡기 위해 뽑나요?

— She diligently puts on eye cream twice daily to avoid **crow's feet**.
그녀는 눈가 잔주름을 방지하기 위해 매일 두 번 아이크림을 부지런히 바릅니다.

— You'd look much better with a **blush** for **cooler tones**.
하얀 피부에 볼터치를 하면 훨씬 더 잘 어울린다.

— Did you notice Stacey today? She definitely got some **lip fillers**.
오늘 스테이시 봤어? 그녀는 입술에 약간의 필러를 맞은 게 분명해.

— You can **contour** your face to create a more **chiseled** look.
더 또렷한 룩을 원한다면 얼굴 전체 윤곽을 한 번 잡아 주면 돼.

Vocabulary

faux pas 실수, 무례 (불어)
monolids 쌍꺼풀이 없는 눈, 무쌍
pluck (머리카락, 눈썹 등을) 뽑다
crow's feet 눈가의 잔주름
blush 볼터치(p.48 참고)
cooler tone = undertone, 흰 피부색(명도와 채도가 높은 색상이 잘 어울리는 피부색)
lip filler 입술을 도톰하게 하는 제품 또는 입술 안에 넣는 주입 물질을 말한다.
contour 윤곽을 뚜렷하게 하다
chiseled 윤곽이 분명한
● **bake** 반투명 파우더를 바르고 몇 분 후 남은 파우더를 브러시로 털어 내는 것

Fashion Glossary
어떻게 부르는지 알아봐요!

What to Call Them

smokey eye(스모키 아이)
연기(smoke)같이 보이는 연출이라고 하여 스모키라고 부른다.

lip liner(립 라이너)
입술(lip) 라인(line)을 그리는 제품

blush(블러시)
'볼터치'라는 표현은 콩글리시이며 '얼굴이 붉어지다'라는 의미를 지닌 blush가 맞는 표현이다.

eyelash curler(아이래시 컬러)
뷰러는 1930년 일본 케이호도 제약회사에서 등록한 비우라(Beaula)란 상표에서 유래된 표현으로 영어로는 eyelash curler라고 한다.

Makeup
이렇게 연출해봐요!

smokey eyes
스모키 눈 화장

red blush
붉은 계열의 볼터치

light rose lip tint
연한 장미색 립 틴트

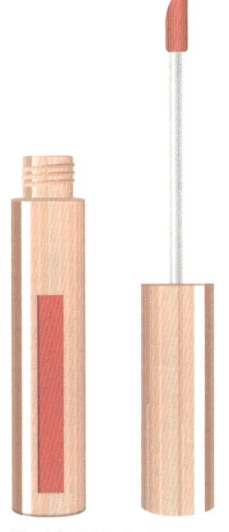

lip tint (립 틴트)
'색을 넣다'라는 의미를 지닌 tint를 사용하며 발색이 입술 색과 비슷한 제품이다.

eyeshadow palette
(아이섀도 팔레트)
팔레트는 여러 가지 물감을 넣어 사용하는 미술용 도구로 여러 가지 아이섀도를 담고 있는 제품에 해당한다.

2 – 메니 페디는 뭐니?

'겁먹다', '귀먹다', '욕먹다' 등 우리말에는 음식뿐만 아니라 먹을 수 있는 것이 참 다양하다. 한국어의 '먹다' 동사만큼이나 유용한 영어 동사가 바로 wear이다. 안경을 쓰다(wear glasses), 옷을 입다(wear clothes), 향수를 뿌리다(wear perfume), 신발을 신다(wear shoes), 팔찌를 차다(wear a bracelet), 매니큐어를 하고 있다(wear manis)와 같이 wear은 다양한 명사와 어울리는, 호환성이 좋은 동사다.

● 네일 영어(Nail English Terms)

"올리브 영에서는 큐티클 제거기에서부터 네일 리무버, 네일 폴리시, 젤 매니큐어까지 할인 행사를 하고 있다."와 같이 요즘 패션 잡지책을 읽다 보면 상점 이름에서부터 외래어, 영어 단어가 사용되어 특히 남자들은 몇 문장 이해하기도 쉽지 않다.

그렇다면, 영어 표기를 기피하는 북한에서는 화장품 이름을 어떻게 표현할까? 퀴즈를 풀 듯 답을 맞추어 보자.

[문제]   1. 물크림   2. 손톱물감   3. 눈썹먹   4. 입술연지

정답: 1. 로션 2. 매니큐어 3. 마스카라 4. 립스틱

사실 화장품 상점에서 "손톱물감 어디 있나요?"라고 물어봐도 눈치 빠른 점원은 매니큐어를 금방 찾아 줄 것만 같이 북한어의 화장품 이름은 단어의 의미 전달이 상당히 충실하기는 하다. 그러나 다소 촌스럽다는 느낌을 지우기가 어렵다.

북한 사람들은 손톱에 '손톱물감'을 바르면 발톱에 바르는 것은 '발톱물감'이라고 하나?

'발톱에 매니큐어를 바르다'라는 표현은 콩글리시다. 라틴어의 '손(manus)'과 '관리, 손질'이라는 의미를 지닌 영어 단어인 'cure'가 합쳐져 네일 아트를 포함한 손을 관리하는 총체적 표현을 '매니큐어(manicure)'라고 한다.

'네일 숍'은 잘못된 표현이다. 손톱은 'fingernail', 발톱은 'toenail'이라고 하기에 'Nail Salon'이 정확한 영어식 명칭이다. '네일'은 '못(nail)'이라는 의미도 있어, 누군가의 패션을 해결해 주는 리얼리티 프로그램을 보면 "We nailed it.(그걸 해결했어.)"이라며 하이파이브를 하는 장면을 자주 볼 수 있다.

'페디큐어' 역시 어원이 라틴어에 있다. 라틴어의 '발(penus)'과 영어 단어인 'cure'가 결합된 것이, 발톱을 꾸미는 것을 포함한 발 관리인 '페디큐어(pedicure)'이다.

영어는 줄임말을 선호하기에 "I've done with my manis.(나 네일 했어.)", "I've done with my pedis.(나 페디큐어 했어.)", "I have time for a mani-pedi.(손발 관리할 시간 있어.)"라고 하면 된다.

매니큐어와 페디큐어에서 마지막에 바르는 것을 '폴리시(polish)'라고 한다. 이 단어는 영어 동사 polish(광택을 내다)를 그대로 사용한 것이다. 'polisher(폴리셔)'는 자동차 광택을 낼 때 사용하는 도구이다. 그렇기 때문에 화장품 상점에서 폴리셔를 찾으면 자동차 용품점으로 가라고 한다. 마무리 단계로 바르는, 손발톱에 광을 내 주고 손발톱을 보호해 주는 것은 nail polish라고 한다. '네일 리무버(nail remover)' 또한 손톱 자체를 제거하는 것이 아니므로 올바른 영어는 'nail polish remover'이다.

manis, pedis, mani-pedi, nail salon, nail polish remover 정도는 네일 관리를 위해서 알아 두자. 이 정도면 Nail English가 어느 정도 해결됐다. "We nailed it."

Talk about Fashion × English

영어 대화 속 패션 관련 표현을 알아봐요!

manicurist Welcome! Are you here for an appointment?

client Yes, I have a two o'clock with Kelly.

manicurist Oh, I am so sorry. Kelly had to **step out** for an emergency, and I'm **filling in for** her.

client That's fine. I have to run in a bit, so I might as well stay.

manicurist Certainly! Are you looking for the same **gel manicure**?

client I'm thinking of changing it up a little. Can you do **acrylics**?

manicurist Yes, I can — that's actually my specialty. What kind of tips are you thinking?

client I'd like to use my hands a lot, so **coffin tips** would be better.

manicurist Not a problem. If you could sit tight for a bit, let me get my tools.

Vocabulary

step out 나가다
fill in for 대체 근무하다
gel manicure 젤 타입 매니큐어
acrylics 인조 네일
coffin tip 긴 가짜 네일
(ballerina nails라고도 한다.)
(p.54 참고)

매니큐어리스트 환영합니다! 예약하고 오셨어요?
고객 네, 켈리와 2시 예약입니다.
매니큐어리스트 아, 정말 죄송합니다. 켈리는 급한 일이 있어서 자리를 비웠고요, 제가 그녀를 대신하고 있습니다.
고객 좋습니다. 어디를 좀 가야 해서 그냥 하는 게 좋겠어요.
매니큐어리스트 물론이죠! 같은 젤 매니큐어를 찾고 계십니까?
고객 조금 바꿔 볼까 생각 중이에요. 아크릴을 할 수 있을까요?
매니큐어리스트 네, 할 수 있습니다. 그게 사실 제 전문 분야입니다. 어떤 팁을 생각하고 계신가요?
고객 손을 많이 사용하고 싶어서 코핀 팁이 좋을 것 같아요.
매니큐어리스트 문제없습니다. 잠시만 앉아 계시면 도구를 가져오도록 할게요.

Expressions for Fashion Trends

더 많은 트렌디한 표현을 알아봐요!

— It's good practice to moisturize your **cuticles** in between manicures so that they don't dry out.
매니큐어 사이에 큐티클이 마르지 않도록 보습을 해 주는 것이 좋습니다.

— If you go to a reputable salon, you only have to go in for a mani-pedi once a month.
평판이 좋은 숍에 가면 한 달에 한 번만 매니 페디를 받으면 된다.

— Not many people know this, but you should always **exfoliate** your hands to get rid of any dead skin.
아는 사람은 많지 않지만, 각질을 제거하기 위해 손을 항상 박피해야 합니다.

— There's a hair salon downtown that **doubles** as a nail salon.
시내에 네일 숍을 겸하는 미용실이 있어요.

— Gel manis may be more expensive, but they last longer than acrylic ones and don't chip as easily.
젤 매니는 더 비쌀 수 있지만 아크릴 매니보다 오래 지속되고 쉽게 부서지지 않습니다.

— If you're looking for a nail polish remover, use one that doesn't have acetone in it.
매니큐어 리무버를 찾고 계신다면 아세톤이 들어 있지 않은 것을 사용하십시오.

— Even the softest of hands need some cream to prevent **aging**.
가장 부드러운 손도 노화를 방지하기 위해 약간의 크림이 필요합니다.

— Always apply a **base coat** before putting on some polish: you really don't want to **stain** your nails.
매니큐어를 바르기 전에 항상 베이스 코트를 바르세요. 손톱에 자국이 남지 않게 하기 위해서요.

Vocabulary

cuticle (손톱과 발톱의 뿌리 부분을 덮고 있는) 단단한 피부층, 각피
exfoliate (피부의 죽은 세포를) 벗겨 내다, 박리[박피]하다
double ~을 겸하다
aging 노화
base coat 매니큐어 바르기 전에 바르는 베이스 코트
stain 얼룩지게 하다, 자국이 남게 하다

Fashion Glossary
어떻게 부르는지 알아봐요!

What to Call Them

square nails(스퀘어 네일)
사각형 네일

round nails(라운드 네일)
둥근 네일

squoval nails(스쿼오벌 네일)
square와 oval을 합친 합성어로 둥근 사각 네일

almond nails(아몬드 네일)
아몬드 모양의 네일

stiletto nails(스틸레토 네일)
끝이 뾰족한 네일

ballerina nails(발레리나 네일)
발레리나의 토슈즈를 닮아 붙여진 이름

Outfit
이렇게 연출해봐요!

hair updo
헤어 업두

mountain peak nails
마운틴 피크 네일

black short sleeve t-shirt
검정 반팔 티셔츠

salmon sleeveless coat
연어색 민소매 코트

light blue knee-ripped roll-up jeans
연청 롤업 찢청

glitter slip on sneakers
글리터 슬립온 스니커즈

mountain peak nails(마운틴 피크 네일)
산꼭대기 모양의 네일

3. 여인의 향기(Scent)와 여인의 냄새(Smell)는 한 끗 차이

패션을 사랑하는 사람에게 향수(perfume)는 계절과 관계없는 필수 아이템이다. 알코올이 첨가된 향수는 그 원액의 비율에 따라 농도가 짙은 순으로 퍼퓸(perfume), 오 드 퍼퓸(eau de perfume), 오 드 뚜왈렛(eau de toilette), 오 드 코롱(eau de cologne), 오 후레쉬(eau fraiche) 이렇게 다섯 가지로 나눈다.

향수의 근원은 약 5,000년 전으로 거슬러 올라간다. 문헌에는 신과의 교감을 위해 인도에서 종교 의식에 처음으로 사용하였다고 한다. 처음에는 액체 상태가 아닌, 향이 나는 식물의 잎에서 즙을 내어 몸에 바르거나 나뭇가지를 태워 향이 몸에 배도록 했다고 한다. 그러다 특히 유럽 지역에서 목욕하는 문화가 자리 잡기 전에, 몸에 냄새가 나는 것을 감추기 위해 몸에 향수를 뿌리기도 하면서 향수는 점점 대중화되기 시작하였다.

● 향수계의 No.1 샤넬 No.5

여기서 향수의 대명사라고 해도 과언이 아닌 'Chanel No.5(샤넬 넘버 파이브)'에 대해 알아보자. 샤넬의 창립자인 가브리엘 코코 샤넬(Gabrielle Coco Chanel)의 이름에 있는 'Coco'는 그녀가 디자이너로 명성을 떨치기 전 레스토랑에서 아르바이트로 일하며 즐겨 불렀던 노래 때문에 생긴 애칭이라고 한다.

디자이너 이름을 내세운 최초의 향수인 샤넬 No.5는 1921년에 출시되자마자 향기뿐만 아니라 사각의 병 때문에도 커다란 이슈를 몰고 전 세계적으로 큰 열풍을 불러일으켰다. No.5는 여러 개의 샘플 중 다섯 번째를 코코 샤넬이 가장 마음에 들어했다고 해서 생긴 이름이다.

한국어는 음식, 액체, 약 모두 '먹다'를 사용한다. 그러나 영어는 음식은 'eat(먹다)'를, 액체는

'drink(마시다)'를, 약은 'take(복용하다)'와 같이 각각 다른 동사를 사용한다. 앞에서 언급한, 안경을 '쓰다'(wear glasses), 옷을 '입다'(wear clothes), 양말을 '신다'(wear socks), 장갑을 '끼다'(wear gloves), 모자를 '쓰다'(wear a hat), 향수를 '뿌리다'(wear perfume)와 같이 한국어는 각각 다른 동사를 사용하지만 영어는 모두 wear(입다)를 사용한다.

세계적인 여배우 마릴린 먼로(Marilyn Monroe)가 "What do you wear to bed?(잘 때 무엇을 입고 자?)"라는 질문에 "I wear only Chanel No.5.(나는 샤넬 No.5만 입고 잔다.)"라고 대답한 광고가 있듯이 향수를 옷처럼 '입는다'라고 하는 표현도 있다.
    화장대에 한 개쯤 있는 클래식한 Chanel No.5를 오랜만에 입고(wear) 외출해 보면 좋을 듯하다.

샤넬 No.5

Talk about Fashion × English
영어 대화 속 패션 관련 표현을 알아봐요!

Amy　Oh, that's a new **scent**! New perfume?

Sophia　I'm surprised that you noticed! Yeah, I got it as a sample, but I think I'll buy the **full-sized** one.

Amy　What brand is it?

Sophia　Not sure, actually. I liked that it's not an overly **floral** scent. I think that the label said that it had **peppercorn** and amber **undertones**.

Amy　It's actually not as **overpowering** like most perfumes. When you buy it, let me know what it is.

Sophia　Will do. If the price is **reasonable** enough, I'll buy you one.

Vocabulary

scent 향기
full-sized 정사이즈의
floral 꽃의
peppercorn 말린 후추 열매
undertone 색, 빛깔
overpowering 강력한
reasonable 합리적인

에이미　오, 새로운 향이다! 새로운 향수?
소피아　눈치챘다니 놀랍네! 어, 샘플로 받았는데 정사이즈로 구매해야 할 것 같아.
에이미　어디 브랜드 거야?
소피아　잘 모르겠어. 과하지 않은 플로럴향이라 좋아. 레이블에 페퍼콘과 호박색이 가미되어 있다고 쓰여 있는 것 같아.
에이미　사실 대부분의 향수처럼 과하지 않아. 구입하면 어떤지 알려 줘.
소피아　그럴게. 가격이 저렴하면 하나 사 줄게.

Expressions for Fashion Trends

더 많은 트렌디한 표현을 알아봐요!

— Describing perfumes is a lot like tasting wine: it takes more than once to figure out the **fragrance**.
향수를 설명하는 것은 와인 시음과 매우 비슷합니다. 향기를 파악하는 데 한 번 이상 걸립니다.

— Just catching a **whiff** of that woman's perfume was enough to give me a headache.
그 여자의 향수 냄새를 맡는 것만으로도 머리가 아프다.

— Oh, that smell is **rough** — the perfume is **cloyingly** sweet.
아, 그 냄새가 거슬리네—그 향수는 지나치게 단내가 나.

— If you find floral perfumes to be too much, try looking for a unisex scent.
플로럴 향수가 너무 부담스럽다면 남녀 공용 향수를 찾아보세요.

— It smells like he took a bath in that cologne.
그는 향수로 목욕한 것 같은 냄새가 난다.

— There's not many in the world who would refer to themselves as a **cognoscente**.
자신을 전문가라고 부르는 사람은 세상에 많지 않습니다.

— Just a **spritz** is enough — any more would be overwhelming.
한 번 뿌리는 것만으로도 충분해. 더 이상 뿌리면 너무 과해.

— The traditional way of applying perfume is to **dab** it behind your ears and the insides of your elbows.
향수를 뿌리는 전통적인 방법은 귀 뒤와 팔꿈치 안쪽에 살짝 바르는 것입니다.

— The trend right now is to use skin scents.
요즘 트렌드는 스킨 향을 사용하는 것입니다.

Vocabulary

fragrance 향기
whiff (잠깐 동안) 훅 끼치는[풍기는] 냄새
rough 좋지 않다는 의미 (구어체)
cloyingly 싫증[넌더리]나게
spritz 뿌리다
dab 살짝 바르다

● **cognoscente** (문맥상) 향수를 좋아하는 사람을 일컫는 말. cognoscente는 일반적으로 순수 예술과 같은 특정 분야의 감정가 또는 전문가를 의미하며 cognoscenti는 복수형.

Fashion Glossary
어떻게 부르는지 알아봐요!

What to Call Them
Perfume Concentration (향수 농도)

향수는 알코올에 첨가한 향수 원액의 비율에 따라
Perfume(퍼퓸), Eau de Perfume(오 드 퍼퓸),
Eau de Toilette(오 드 뚜왈렛), Eau de Cologne(오 드 코롱),
Eau Fraiche(오 후레쉬)의 다섯 가지로 나뉜다.
나열한 순서대로 향수의 농도가 진하고 향수의 지속도도 길다.

Perfume
(퍼퓸)   20~30%

Eau de Perfume
(오 드 퍼퓸)   15~20%

Eau de Toilette
(오 드 뚜왈렛)   5~15%

Eau de Cologne
(오 드 코롱)   2~4%

Outfit
이렇게 연출해봐요!

This perfume has a wonderful scent.

roseberry lipstick
로즈베리 립스틱

hair updo
헤어 업두

pink strap tank top
핑크 스트랩 탱크톱

1~3%

Eau Fraiche
(오 후레쉬)

블랙핑크, 분홍과 검정이 섞인 색이라는 걸까?
오묘한 색깔의 세계

영어를 공부하다 보면 한국어의 어감 차이를 나타내는 디테일함을 그대로 전달할 영어 단어가 없음이 늘 안타깝다. 이러한 점은 색깔과 관련된 표현만 봐도 쉽게 알 수 있다. 붉은색을 표현하는 형용사에는 '빨간, 발그스름한, 불그스름한, 벌그스름한, 발그레한, 빨긋빨긋한' 등이 있는데, 굳이 자세한 설명이 없어도 우리는 이들 색깔의 미묘한 차이를 알 수 있다. 이 외에도 '푸르뎅뎅, 시꺼머죽죽', '허여멀겋다' 등 색깔과 관련된 재미있는 표현들이 한국어에는 상당히 많다.

심플한 색깔을 사용한 영어 표현 중 블랙과 핑크 컬러와 관련된 표현들을 살펴보자.

● Black

여자 죄수들의 실화를 바탕으로 한 미국 드라마 'Orange Is The New Black.(오렌지색이 요즘 대세다.)'이 있다. OITNB라는 약어로도 유명한 넷플릭스(Netflix) 드라마다. 블랙은 패션의 가장 기본 색깔이자 패피(패션 피플)들이 가장 선호하는 색이어서 'is the new black'이라는 표현은 우리말의 '핫한', '대세인'이라는 의미에 가깝다. 드라마의 제목은 죄수들의 복장이 오렌지색이기 때문에 탄생하게 된 것이다.

동물 중 양(sheep)의 색은 표현하기 어렵다. 흰색 양들 사이에 표현하기 어려운 독특한 색을 가진 양 한 마리가 끼어 있다면 얼마나 눈에 띨까? 가족 중 말썽을 부리고 미운 짓을 하는 구성원을 '미운 오리 새끼'라고 한다면, 이는 영어로 black sheep(검은 양)이라고 하여 "He is the black sheep in the family.(그는 가족에서 미운 오리 새끼다.)"와 같이 표현하면 된다.

● Pink

행복한 아기의 얼굴은 늘 밝으며 통통한 두 볼은 핑키핑키하다. 만약 아기의 웃는 얼굴이 보고 싶다면 살짝 간지럼을 태우면 된다. '간지럼을 태우다'인 tickle과 분홍색인 pink를 합한 tickled pink라는 표현은 '신난, 몹시 기쁜'이라는 의미로 "She was tickled pink at the news.(그녀는 그 소식에 무척 기뻐했다.)"와 같이 사용할 수 있다.

유니폼은 그 색깔이 직업에 대한 정보를 주기도 한다. 노동직 종사자들의 작업복은 주로 푸르뎅뎅한 색이라 blue collar workers라고 하며, 반면 하얀 와이셔츠(dress shirt)를 주로 입고 허여멀건 얼굴을 한 사무직 종사자들은 white collar workers라고 표현한다. 그렇다면 pink collar workers는 어떠한 직업에 해당할까? 간호사나 비서직과 같은, 주로 여성들이 종사하는 직업을 말한다.

white collar worker

blue collar worker

pink collar worker

영어에는 한국어만큼 색깔 표현을 위한 장치가 그리 많지 않지만, 특정 색에 대한 느낌이나 관점에 있어서는 두 언어가 비슷하다는 것을 알 수 있다. 핑크 중에서도 가장 으뜸, 가장 멋지고 가장 눈에 띈다는 핑크의 의미로 블랙핑크를 사용하지 않았을까 하는 추측을 해 본다.

CHAPTER

3

패션 아이템
(Fashion Items)

"I've always thought of accessories as the exclamation point of a woman's outfit." — Michael Kors

"액세서리는 여성 아웃핏의 느낌표 같은 것이라고 늘 생각해 왔다." — 마이클 코어스

1 - 경이로운 소품

패션을 돋보이게 해 주는 소품들의 역할은 꽃을 더욱 돋보이게 해 주는 리본 장식과 같다. 대표적인 패션 소품으로는, 핏이 좋은 고급스러운 슈트를 완성해 주는 '넥타이'나 겨울 코트 위로 흘러내리는 '머플러' 등이 있다.

우리는 '머플러(muffler)'는 겨울용으로, '스카프(scarf)'는 봄이나 가을용으로 구별하지만 영어에서는 두 가지 모두 '스카프(scarf)'라고 한다.

짐작할 수 있듯이 넥타이(neck-tie)와 스카프(scarf)는 같은 유래를 지닌다. 고대 로마 시대에 목과 얼굴에 흐르는 땀을 닦는 목적으로 남성들이 허리나 목에 차고 다녔던 스카프는, 17세기경 독일에서 시작된 종교 전쟁인 '30년 전쟁(Thirty Years' War)'으로 이어진다. 당시 프랑스는 현재는 6개(슬로베니아 Slovenia, 크로아티아 Croatia, 마케도니아 Macedonia, 보스니아헤르체고비나 Bosnia and Herzegovina, 몬테네그로 Montenegro, 코소보 Kosovo)로 분열된 '구 유고 연방 공화국(the former Yugoslav Federation)'의 하나인 크로아티아에 병사를 파병해 줄 것을 요청했다. 이때 전쟁에서 이기고 돌아온 크로아티아 병사들은 일제히 목에 빨간 스카프를 두르고 있었다. 빨간색은 '마귀를 쫓는다'라는 의미가 있어, 아내 혹은 딸이 아빠나 남편인 병사들 목에 매 준 스카프로, 그들의 무사 귀환을 간절히 바라는 상징이었다.

크로아티아 병사들의 스카프는 그 당시 '루이 17세(Louis XVII)'의 눈에 띄었고, 루이 17세가 한 병사에게 "저것이 무엇이냐?"라고 묻자 이를 잘못 이해한 한 병사가 "크라바트입니다."라고 대답을 하게 된다. 여기서 'cravat(크라바트)'는 '크로아티아 병사'라는 의미를 지닌 프랑스어다.

그때부터 '크라바트'는 프랑스 전역에 크게 유행하기 시작했다. 이와 같은 유래 때문에 프랑스인들은 넥타이를 아직도 '크라바트'라고 부르며 크로아티아의 수도 '자그레브(Zagreb)'에 가면 대형 빨간 넥타이를 매단 상점이 가 볼 만한 명소 중 하나로 꼽힌다.

요즘 한국 젊은이들 사이에서 핫한 소품 중 하나는 바로 '아크네 스튜디오(ACNE Studios)'의 머플러다. 'Ambition to Create Novel Expressions(새로운 표현을 창조하는 야망)'의 앞 글자를 따 회사명으로 사용한 이 회사는 '조니 요한슨(Johnny Johansson)'이 1996년에 스웨덴의 수도인 스톡홀름(Stockholm)에 설립한 회사로 원래는 그래픽 디자인, 광고 영화를 제작했다. 그러다가 레드스티치(red-stitched)로 된 청바지가 크게 성공하기 시작하면서 패션 사업에까지 뛰어들어 ACNE Studios는 현재 패션하우스로 분리되었다. 의류와 소품들의 특징은 유니섹스를 표방함과 동시에 베이직함과 미니멀함을 기본으로 한다. 조니 요한슨은 우연히 컴퓨터 옆에 놓인 음식 포장지를 발견하고 그 포장지의 핑크색에 매료되었고, 핑크색을 아크네 스튜디오를 대표하는 시그니처(signature) 색상으로, 그리고 동시에 쇼핑백 컬러로도 사용하였다.

전쟁터에서의 무사함을 기원하던 스카프의 기원이 현재까지 남녀 모두에게 사랑받는 넥타이와 머플러로 이어진 셈이다. '새로운 것을 창조하려는 야망(ACNE)'을 가진 우리들의 아빠 또는 남편이 매는 넥타이와 승리를 기원하던 크로아티아 병사의 스카프는 예나 지금이나 동일한 경이로운 메시지를 담고 있음을 알 수 있다.

크라바트(cravat)를 목에 두른 크로아티아 병사

Talk about Fashion × English

영어 대화 속 패션 관련 표현을 알아봐요!

husband　Hey, do you have a minute? I **haven't** a **clue** which one I should wear with this shirt.

wife　I think either the **pin-striped** one or the new navy one you got last week would work.

husband　I'm meeting with some clients later in the afternoon. Do you think the pin-striped would be too **loud**?

wife　Yeah, I'd think so — go for the navy one. Hold still for a moment — your tie's **crooked**.

husband　Really? I tied it like I always do.

남편　이봐, 시간 좀 있어? 이 셔츠에 어떤 걸 입어야 할지 감을 잡을 수 없네.

아내　핀스트라이프 타이나 지난주에 새로 산 네이비가 좋을 거 같아요.

남편　오후 늦게 고객 몇 명과 미팅을 하기로 되어 있어. 핀스트라이프가 너무 과하지 않을까?

아내　어, 좀 그런 거 같아요. 네이비 타이로 해요. 잠시만요. 넥타이가 비뚤어졌어요.

남편　정말? 늘 하던 대로 맨 건데.

Vocabulary

clue 실마리, 단서
pin-striped 가느다란 세로줄 무늬가 있는(p.70 참고)
loud (색깔, 무늬 등이) 야한, 과한
crooked 구부러진(straight의 반대)

● **haven't** = don't have(비격식)

Expressions for Fashion Trends

더 많은 트렌디한 표현을 알아봐요!

- A **tie pin** is a small but fashionable **accent** to any necktie.
  넥타이핀은 작지만 어떤 넥타이에도 세련된 포인트가 될 수 있어.

- A lot of stylists on social media are giving tips on how to **transform** a silk scarf into a **halter top**.
  SNS상에 많은 스타일리스트들이 실크 스카프를 홀터 톱으로 변신시키는 방법에 대한 팁을 제공하고 있어.

- If you don't like the **hassle** of flipping over your scarf ends, consider buying an **infinity scarf**.
  스카프 끝이 뒤집히는 번거로움이 싫으면, 인피니티 스카프를 사 봐.

- People prefer **cowls** because you don't have to **wind** them around your neck.
  사람들은 목둘레를 단단히 맬 필요가 없을 때 카울을 선호한다.

- **Bolo ties** are an interesting fashion statement if you**'re** not really **into** neckties.
  넥타이를 좋아하지 않는다면 볼로 넥타이는 흥미로운 패션 아이템이다.

- A **tie chain** can transform a suit into a more formal outfit for an evening look.
  넥타이 체인은 정장을 포멀한 이브닝 룩으로 바꿔 준다.

- Men wear a **tie strap** if they're annoyed by their ties flying around.
  남자들은 넥타이가 흩날리는 것이 싫으면 타이 스트랩을 매곤 해.

- If you want to spice up a solid-colored tie, consider tying it in an **Eldredge knot**.
  단색 넥타이를 멋지게 꾸미고 싶다면 엘드레지 노트로 묶는 것을 생각해 봐.

Vocabulary

tie pin 넥타이핀(p.70 참고)
accent 포인트, 강조
transform 변형하다, 바꾸다
halter top (scarf) 홀터톱 (스카프)(p.71 참고)
hassle 번거로움
infinity scarf 인피니티 스카프 (p.71 참고)
cowl 카울 스카프(p.71 참고)
wind 감다
bolo tie 볼로 타이(p.72 참고)
be into ~에 관심이 있다
tie chain 타이 체인(p.72 참고)
tie strap 타이 스트랩(타이가 날리지 않게 타이 밑을 고정하는 것)
Eldredge knot 엘드레지 노트 (p.72 참고)

Fashion Glossary
어떻게 부르는지 알아봐요!

What to Call Them

pin-striped tie(핀스트라이프 타이)
pin(가는 핀)과 striped(줄무늬의) 두 단어가 합쳐진 것으로 줄무늬의 타이를 말한다.

tie-pin(넥타이핀)
타이의 액세서리로, 타이를 고정하기 위해 꽂는 핀이다.

cowl scarf(카울 스카프)
인피니티 스카프보다 작은 형태인 고리 형식의 스카프다. cowl은 '수도승이 쓰던 고깔, 두건'의 의미를 지닌다.

neck warmer(넥워머)
보온용으로 목을 감싸는 것을 총칭하며 스키용 넥워머는 스누드(snood), 고리 모양으로 연결된 타입은 인피니티 스카프(infinity scarf)라고 한다.

infinity scarf(인피니티 스카프)
인피니티(infinity, 끝이 없음)라는 단어가 지닌 의미처럼 양끝이 보이지 않는 고리 형태의 목도리다.

halter top scarf(홀터톱 스카프)
halter(고삐)를 목 뒤로 묶는 연출과 같이 홀터톱처럼 뒤로 묶을 수 있는 스카프를 말한다.

shawl(숄)
숄과 스톨(stole)의 차이가 다소 모호해 몸에 감듯이 두르는 것을 모두 랩(wraps)이라고 부르나 스카프(scarf)가 가장 보편적인 명칭이다.

blanket scarf(블랭킷 스카프)
blanket(담요)과 같은 보온 역할을 하는 두툼하고 긴 스카프를 말한다.

Fashion Glossary
어떻게 부르는지 알아봐요!

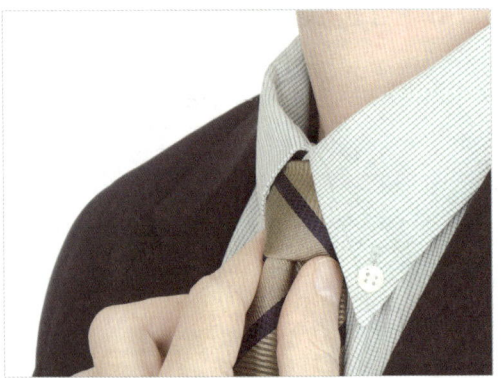

Windsor knot(윈저 노트)
영국의 윈저공(Duke of Windsor)이 즐겨 매어 붙여진 명칭으로 좌우로 1회씩 매듭을 지어 깃을 앞으로 돌리면서 중심에 끼워 잡아당기는 매듭법을 말한다.

tie chain(타이 체인)
우아함과 이브닝 정장 분위기를 내 주는 타이 액세서리다.

bolo tie(볼로 타이)
볼로 타이는 원래 1940년대에 서부 카우보이들이 즐겨 착용했던 타이다.

Eldredge knot(엘드레지 노트)
Eldredge는 15개의 개별 단계를 포함하는 독특하고 복잡하며 눈길을 끄는 넥타이 매듭법이다. 2007년에 제프리 엘드레지(Jeffrey Eldredge)가 발명하여 그의 이름을 딴 매듭법으로 윈저 노트(Windsor knot)보다 약간 매듭이 크다.

Outfit
이렇게 연출해봐요!

white dress shirt
화이트 드레스 셔츠

black skinny tie
블랙 스키니 타이

white pocket square
화이트 포켓 스퀘어

black Oxford shoes
블랙 옥스퍼드 구두

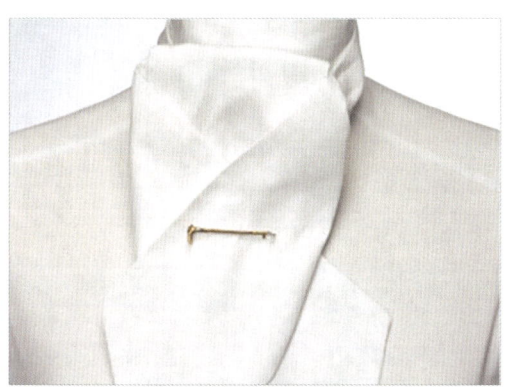

stock tie(스톡 타이)
18세기-19세기 당시에 남자들이 목을 감싸는 타이를 매기 시작했으며 이는 여성들에게까지 퍼져 엘레강스한 이미지를 연출한다.

skinny tie(스키니 타이)
일반적인 남성 타이보다 가로 폭이 좁은 것이 특징이다.

2 ─ 생긴 대로 소리 나는 '오 이런'(Snap!)

서양에는 모차르트, 베토벤, 슈베르트와 같은 위대한 작곡가가 많은 반면 우리나라는 명곡을 연주하는 뛰어난 연주가가 작곡가보다 많은 편이다. 가락 악기가 아닌 북, 장구, 징 같은 악기를 몇 시간 동안 신명 나게 연주하는 한국인은 박자 감각이 남다르다. 이러한 감각은 한국어의 의태어, 의성어에서도 발견된다. '푸석푸석, 바르르, 재잘재잘' 등 세심한 모양과 소리의 변화를 표현하는 말들이 영어에 비해 상당히 발달되어 있다. 또한 "네^^, 넵!, 넹~~~, ㅠㅠ, ㅠㅠㅠ"와 같이 발음의 변화, 기호의 횟수가 감정의 작은 변화를 표현할 수 있는 것을 보면 한국인은 남다른 오감(五感)을 지니고 있는 것 같다.

● 소리 나는 모자들!
우리가 흔히 부르는 스냅백(snap back)의 '스냅'은 모자의 크기를 조절하는 똑딱 소리가 나는 부분으로 의성어에 가깝다. '스냅'이 뒷부분에 있어서 '스냅백'이라고 하며, 스냅백을 좋아하시는 분들은 스냅 부분을 앞으로 보이게 쓰면서 약간 개구쟁이 이미지를 연출하기도 한다. 볼캡(ball cap)은 baseball에서 ball만 사용한 단어로, 스냅백은 캡 부분이 납작하다면 볼캡의 캡 부분은 모양이 둥글다는 것이 특징이다.

플로피햇(floppy hat)을 착용한 모델

볼캡은 얼굴을 작아 보이게 하는 효과가 있어 필수 아이템 중에 하나이기도 하다. 그리고 버킷햇(bucket hat)은 어부들이 쓰기 시작하여 군인들에게까지 유행한 모자로, 챙 부분이 아래로 내려가 있어 비를 막아 주는데, 우리는 흔히 '벙거지 모자'라고 한다. 또한 해변가를 찾을 때 필수품인 챙이 큰 모자를 '플로피햇(floppy hat)'이라 한다. 우리가 흔히 '조리'라고 하는 슬리퍼를 '플립플롭(flip flop)'이라고 하는데, 이는 슬리퍼가 내는 소리인 flip과 움직이는 모양인 flop을 합친 표현이다. floppy는 바람에 플롭거리는 모양을 연상하게 하는 의태어에 해당한다.

출근길마다 쉽게 만나게 되는, 마스크에 썬캡(sun cap)으로 얼굴 전체를 가리고 동네를 몇 바퀴씩 도시는 아주머니 분들의 모자 또한 빼 놓을 수 없다. 썬캡은 플라스틱 재질로 자외선을 완전히 차단하니, 옷으로 비유하자면 갑옷이다. 그러나 스냅백, 볼캡, 버킷햇과 같이 멋스러운 썬캡이 없다는 것이 다소 아쉽다.

멋과 자외선 차단 모두를 만족시키는 스타일리시한 패션 아이템인 모자는 패피들의 필수템이다.

Talk about Fashion × English

영어 대화 속 패션 관련 표현을 알아봐요!

Olivia I want a new hat for fall. What do you think I should get?

Riley Don't you already have a lot of hats? Why do you need another one?

Olivia Some hats fit some looks but not others. I like to be prepared.

Riley Do you have a particular hat you have **in mind**?

Olivia I'm thinking about getting another **beret**. I lost my last one during my trip.

Riley Well, you do **tend to** wear a lot of basics, so why don't you get one that's more of a statement piece?

Olivia Oh, come to think of it, I saw one at the mall that's the perfect **shade of yellow** for fall! I should get that one.

Vocabulary
in mind 마음에, 기억에
beret 베레모(납작한 모자)
tend to ~하는 경향이 있다
● **shade of yellow** 다소 어두운 노란색으로 가을과 관련된 색으로 자주 사용된다.

올리비아 가을에 쓸 새 모자를 사고 싶은데, 뭘 사는 게 좋을까?
라일리 너 모자가 이미 많지 않아? 다른 게 왜 또 필요해?
올리비아 몇 개 모자는 어떤 룩에는 맞지만 몇 개는 그렇지 않아. 나는 미리 준비해 두는 걸 좋아해.
라일리 특별히 생각해 둔 모자 있어?
올리비아 베레모 하나 더 살까 생각 중이야. 지난 여행 중에 가지고 있었던 마지막 한 개를 잃어버렸거든.
라일리 그럼, 기본 아이템을 많이 입는 경향이 있으니까, 포인트가 될 아이템 하나 사는 거 어때?
올리비아 오, 그러고 보니 가을에 딱 어울리는 다크 옐로 모자를 백화점에서 봤어! 그걸 사야겠어.

Expressions for Fashion Trends

더 많은 트렌디한 표현을 알아봐요!

- A **bucket hat** completes an everyday street look.
  버킷햇은 일상의 스트릿 룩을 완성한다.

- **Von Dutch hats** are coming back into style once again.
  본더치 햇이 다시 한번 유행하고 있어.

- **Straw hats** protect you from the sun in the hot months of summer.
  밀짚모자는 더운 여름에 태양으로부터 당신을 보호합니다.

- The secretary was **serving looks*** in her neon green **beret** last week.
  비서가 지난주에 네온 그린 베레모를 쓰고 있는데 멋져 보이더라.

- **Beanies** are one of the **staples** in a **hipster** outfit.
  비니는 힙스터 복장의 필수품 중 하나입니다.

- One of last year's trends that did not **stand the test of time** is the **oversized** beach **hat**.
  세월의 흐름을 견뎌내지 못했던 작년 트렌드 중 하나는 오버사이즈 비치햇이다.

- You really don't see **snapbacks** on the streets anymore.
  더 이상 거리에서 스냅백을 볼 수 없다.

- The **fedora** you wore to the party last week was **on fleek**.
  지난주 파티에서 네가 썼던 페도라 완벽했어.

- **Newsboy caps** belong to the autumn months, not to spring and summer.
  뉴스보이 모자는 봄과 여름이 아니라 가을에 어울리는 모자다.

Vocabulary

bucket hat 버킷햇(p.78 참고)
Von Dutch hat 본더치 햇(p.78 참고)
straw hat 밀짚모자(p.78 참고)
beret 베레모(p.78 참고)
beanie 비니(p.79 참고)
staple 필수품, 고정
hipster 유행을 좇는 사람
stand the test of time 오랜 세월에도 불구하고 건재하다
oversized hat 오버사이즈햇
snapback 스냅백(p.79 참고)
fedora 중절모(p.79 참고)
on fleek 완벽한(비격식)
newsboy cap 뉴스보이캡, '빵모자'라고 하며 주로 신문 배달 소년들이 착용하여 생긴 명칭

● **serving looks** = looking good, 멋있어 보이는(비격식)

Fashion Glossary
어떻게 부르는지 알아봐요!

What to Call Them

ball cap(볼캡)
baseball의 ball을 사용한 명칭이며 둥근 크라운과 앞쪽에 돌출된 뻣뻣한 챙이 있는 전형적인 캡의 유형이다.

bucket hat(버킷햇)
버킷 모양처럼 생겨서 붙여진 명칭이며 비가 오면 물이 아래로 내려가도록 하여 오래전부터 어부들이 많이 썼던 모자다.

floppy hat(플로피햇)
챙이 큰 모자이며 floppy는 '헐렁한'이란 의미를 지닌다.

sun cap(썬캡)
머리 윗부분을 덮지 않고 앞에 햇빛을 가려 주는 챙이 있어 골프 모자로 많이 착용된다. 바이저(visor)는 '차양, 얼굴 가리개'라는 의미를 지녀 썬바이저(sun visor)라고도 한다.

beret(베레모)
프랑스의 전통 의상에 포함된 모자인 베레모가 현재는 전 세계 각국 군인들의 제식 모자로 채용되고 있다. 납작하여 플랫햇(flat hat)이라고도 한다.

Von Dutch hat(본더치 햇)
Von Dutch는 미국 다국적 패션 브랜드이며 캡에 Von Dutch의 로고가 쓰여 있다.

straw hat(밀짚모자)
straw(지푸라기)로 단단하게 짠 모자이기에 생긴 명칭이며 파나마(Panama)산 풀을 사용한 모자는 파나마 햇(panama hat)이라고 한다.

Outfit
이렇게 연출해봐요!

- **brown fedora** 브라운 페도라
- **brown hoodie** 브라운 후디
- **white dress shirt** 화이트 드레스셔츠
- **brown corduroy blazer** 브라운 코듀로이 블레이저
- **brown corduroy pants** 브라운 코듀로이 팬츠
- **black leather loafers** 블랙 가죽 로퍼

dad hat(대드햇)
특정 브랜드명이 없는 야구 모자를 일컫는 표현이다.

beanie(비니)
털실로 짜여 있어 니트캡 (knit cap)이라고도 한다. 주로 겨울철 보온용 모자다.

snapback(스냅백)
snap은 '딸까닥 하는 소리가 나다'의 의미로 사이즈를 조절할 수 있게 모자 뒤에 있는 부분을 snap이라고 하여 생긴 명칭이다.

fedora(페도라)
페도라는 챙이 부드럽고 모자 머리 위쪽 부분이 움푹 들어가 있는 중절모를 말한다.

3 — 썬그리가 슬쩍!

앞서 언급했듯이 우리말은 몸에 착용하는 것들을 표현할 때 '옷을 입다', '양말을 신다', '장갑을 끼다', '모자를 쓰다'처럼 걸치는 대상에 따라 동사를 다르게 쓴다. 그러나 영어에서는 몸에 걸치는 것 모두 'wear'라는 동사로 표현할 수 있다. 안경도 마찬가지다. 우리말은 '안경을 끼다', 혹은 '안경을 쓰다'라고 하지만 영어는 'wear glasses'라고 하면 된다. 강렬한 햇빛으로부터 눈을 보호하기 위해 쓰는 선글라스(sunglasses)에 대해 자세히 알아보자.

'선글라스'를 줄여 우리는 '썬그리'라는 재미있는 표현을 쓴다. 영어는 sunglasses보다 '그늘'이라는 의미를 지닌 '셰이드(shades)'를 더 많이 사용한다. 한편, 영어는 수(數)에 민감한 언어이다. glass라고 하면 '유리잔' 혹은 '유리'를 뜻하므로 안경은 'shades, sunglasses'와 같이 복수형을 써야 한다.

선글라스는 그 생긴 모양에 따라 명칭이 다양하다. 활(bow)처럼 휘어진 프레임(frame) 때문에 우리는 '보잉 선글라스(bowing sunglasses)'라고 하지만 영어는 비행 조종사들이 쓰기 시작한 것에 유래해 'aviator'라고 한다. 또한 동그란 모양의 안경은 영화 '레옹(Leon)'의 주연 배우가 착용해 '레옹 안경'이라고 알려져 있지만 영어는 다소 심심한 감이 있는 'round glasses'를 사용한다.

하프페이스(half face) 선글라스를 착용한 모델

고양이 눈처럼 끝부분이 살짝 올라간 안경을 '캣 아이 선글라스(cat eye sunglasses)'라고 하는데 이것은 우리말과 영어가 같다.

'한껏 멋을 내다', '멋 부리다', '치장하다'와 같이 우리말의 다양한 표현을 단순히 wear로 표현하기에 심심하다면 don이나 sport를 사용하면 된다.

"She donned a beautiful dress."
그녀는 아름다운 드레스를 입었다.

"She is sporting a T-shirt with the company's log on it."
그녀는 회사 로고가 들어간 티셔츠를 입고 있다.

don은 의류에 사용하고, sport는 wear와 같이 모든 것과 함께 사용이 가능하다.

"She is sporting aviator sunglasses."
그녀는 보잉 선글라스로 멋을 내고 있다.

또한 slip into라는 표현도 있다. 몸이 옷에 빠르게 미끄러져 들어간다고 해서 '미끄러지다(slip)'라는 표현을 쓴다.

"I'll slip into something comfortable."
좀 더 편한 옷으로 빨리 입고 올게.

뭐니뭐니 해도 썬그리의 계절은 여름이다. 팬데믹으로 야외 활동에도 제약을 받는 상황이 반복되고 있지만 코로나가 종식돼 멋진 썬그리를 쓴 채 바다로, 산으로 야외를 자유로이 활보하는 날이 하루빨리 다가오기를 간절히 바라 본다.

Talk about Fashion × English
영어 대화 속 패션 관련 표현을 알아봐요!

Rebecca   How do these **aviators** look on me?

Grace   Hmm…I don't think that the black color's for you.

Rebecca   Then do you think these brown ones would suit me better?

Grace   Why don't you try them on? I think that the gold **frame** is a better match with your skin tone.

Rebecca   Luckily, it's also **on sale**!

Vocabulary

aviators 보잉 선글라스(p.85 참고)
frame 테
on sale 할인 중인

레베카   이 보잉 선글라스 나한테 어때?
그레이스   음… 검은색은 너랑 안 어울리는 거 같아.
레베카   그러면 이 갈색이 나에게 더 잘 어울릴까?
그레이스   함 써 봐. 내 생각에는 금테가 니 피부 톤에 더 잘 어울려.
레베카   다행히도 세일 중이야.

Expressions for Fashion Trends

더 많은 트렌디한 표현을 알아봐요!

— **Wrap-around sunglasses** help **angulate** round faces.
랩 어라운드 선글라스는 둥근 얼굴을 윤곽 있게 보이도록 도와준다.

— **Geometrical sunglasses** are more for the **aesthetic** than **function**.
지오메트리컬 선글라스는 기능보다 미를 더욱 중시한다.

— **Cat eye sunglasses** have been given the upgrade to a more oversized version.
캣 아이 선글라스가 오버사이즈로 업그레이드되었다.

— Who would've thought that **Kamina glasses** would be so popular in **memes**.
누가 카미나 안경이 밈에서 그렇게 인기가 있을 거라고 생각이나 했을까?

— Prada was the first to introduce **butterfly sunglasses**.
프라다가 버터플라이 선글라스를 처음 선보였다.

— If you prefer having only one pair of **sunnies**, I would recommend getting **Wayfarers** because they're **versatile** and go with any outfit.
썬그리 한 개만 착용하는 것을 선호한다면 웨이퍼러를 구입하는 것이 좋다. 왜냐하면 다방면으로 유용하고 어떤 의상과도 잘 어울리거든.

— **Full face sunglasses** became a huge trend due to the pandemic.
팬데믹으로 인해 풀페이스 선글라스가 대유행이다.

— I don't care for **rimless sunglasses** because they seem so much more **breakable** than **framed** ones.
저는 무테 선글라스를 좋아하지 않아요. 무테는 테가 있는 것보다 훨씬 부러지기 쉬운 것 같아서요.

Vocabulary

wrap-around sunglasses 랩 어라운드 선글라스(p.84 참고)
angulate 모나게 하다
geometrical sunglasses 지오메트리컬 선글라스(p.84 참고)
aesthetic 미, 미적 특질
function 기능
cat eye sunglasses 캣 아이 선글라스(p.85 참고)
Kamina glasses 카미나 안경 (p.85 참고)
meme 문화 구성 요소, 밈(생물체의 유전자처럼 재현과 모방을 되풀이하며 전승되는 관습이나 문화)
butterfly sunglasses 버터플라이 선글라스(p.85 참고)
sunnies 썬그리(비격식)
Wayfarers 웨이퍼러(p.84 참고)
versatile 다재다능한, 다방면에 재능이 많은
full face sunglasses 풀페이스 선글라스(p.85 참고)
rimless sunglasses 무테 선글라스(p.84 참고)
breakable 잘 부러지는, 깨지는
framed 틀이 있는

Fashion Glossary
어떻게 부르는지 알아봐요!

What to Call Them

Wayfarers(웨이퍼러)
wayfarer는 '도보로 여행하는 사람'을 의미하며 전 세계적으로 가장 많이 팔리는 스타일의 선글라스로 어떠한 얼굴형에도 잘 어울리는 스테디셀러(steady seller) 중 하나다.

geometrical sunglasses(지오메트리컬 선글라스)
삼각형, 사각형에서 육각형까지 대담한 기하학적(geometry) 모양의 선글라스로 미니멀(minimal)하거나 넉넉한 프레임이 특징이다.

rimless sunglasses(무테 선글라스)
'rim(가장자리, 테두리)'과 'less(없는)' 두 단어가 합쳐져 테가 없는(無) 것을 의미한다.

tinted sunglasses(틴티드 선글라스)
'엷은 색을 입히다'라는 의미를 지닌 tint를 사용한 명칭으로 복고풍의 이미지와 세련미 두 가지를 모두 갖춘 선글라스다.

shield sunglasses(쉴드 선글라스)
랩 어라운드 선글라스의 종류로 shield는 '보호하다, 가리다'라는 의미를 지닌다.

wrap around sunglasses(랩 어라운드 선글라스)
전체 눈 영역을 고글(goggles)과 같이 하나의 대형 렌즈가 덮거나 사진과 같은 두 가지 유형이 있다. '주변(around)'을 '둘러싸다(wrap)'라는 단어를 사용한 명칭이다.

Outfit

이렇게 연출해봐요!

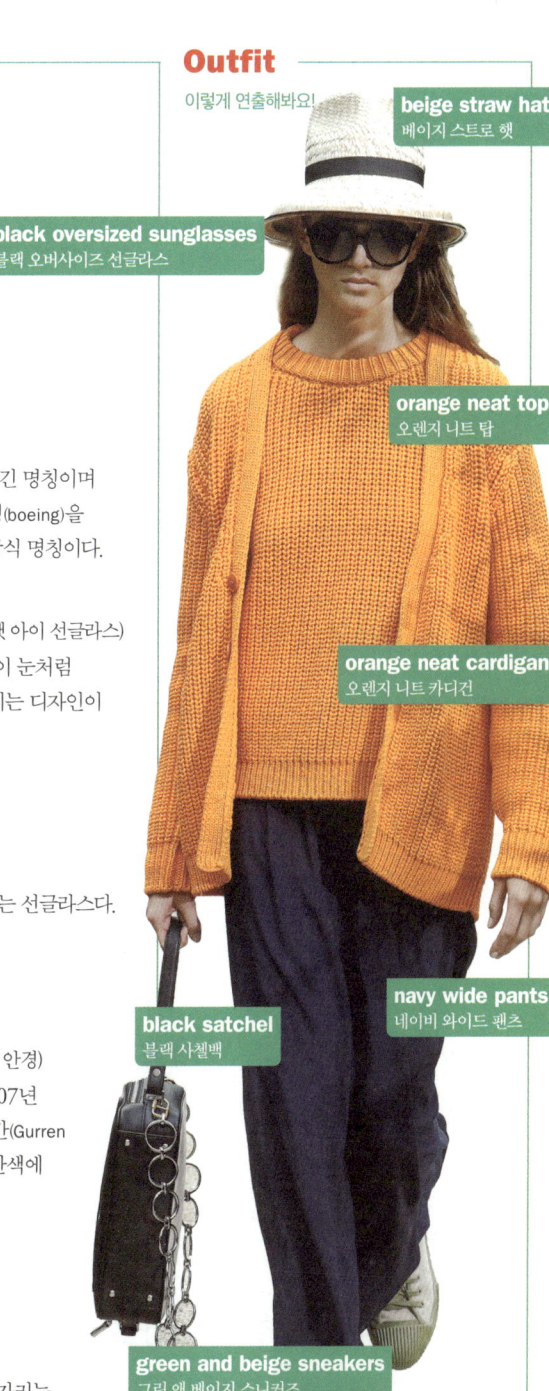

- **beige straw hat** 베이지 스트로 햇
- **black oversized sunglasses** 블랙 오버사이즈 선글라스
- **orange neat top** 오렌지 니트 탑
- **orange neat cardigan** 오렌지 니트 카디건
- **black satchel** 블랙 사첼백
- **navy wide pants** 네이비 와이드 팬츠
- **green and beige sneakers** 그린 앤 베이지 스니커즈

aviators(보잉 선글라스)
공군 비행사가 쓰기 시작해 생긴 명칭이며 '항공기'라는 의미를 지닌 보잉(boeing)을 사용한 '보잉 선글라스'는 한국식 명칭이다.

cat eye sunglasses(캣 아이 선글라스)
캣 아이 프레임(frame)은 고양이 눈처럼 섹시하면서도 여성미가 돋보이는 디자인이 특징이다.

butterfly sunglasses
(버터플라이 선글라스)
나비 날개 모양의 프레임이 있는 선글라스다.

Kamina glasses(카미나 안경)
Gar glasses라고도 하며 2007년 애니메이션 시리즈인 '천원돌파 그레라간(Gurren Lagann)'의 캐릭터 카미나(Kamina)가 착용해 생긴 명칭으로 빨간색에 삼각형 모양이 특징이다. 이는 밈(meme)을 통해 널리 퍼졌다.

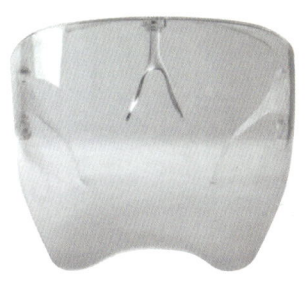

full face sunglasses
(풀페이스 선글라스)
팬데믹으로 인해 얼굴 전체를 가리는 선글라스가 점점 눈에 띄게 많아지고 있다.

자아도치(自我倒置)

영어와 한국어가 의미를 강조하는 방법은 확연히 다르다. 예를 들어, 한국어는 "나는 너를 사랑해!"를 강조하고 싶으면, "나는 너를 싸~~랑해!"라고 소리를 질러 강조하기도 한다. 반면, 영어는 "I love you."를 "I LO~VE you."와 같이 'LOVE'를 크게 말하기보다는, "I do love you."와 같이 오히려 'do'에 악센트를 넣어 의미를 강조한다.

● 영어는 순서가 중요!

사랑 이야기를 한 김에, 한국 드라마를 보면 대사들의 여운이 깊다. 예를 들면, "내 안에 ~ 너 있다.", "아파 ~ 마음이", "보고 싶었어 ~ 니가."와 같이 행동의 주체나 대상이 발화의 뒤에 위치한다.

이는 어순(語順)이 매우 중요한 영어에서는 있을 수 없는 일이다. "love I you!(사랑해 내가 너를!)"라고 하면 "What?"이라는 반응만 있을 뿐이다. "love I you!"는 의미 전달이 전혀 되지 않는 불편한 문장이다. 즉, 영어는 행동의 주체가 '나(I)'이면 반드시 "I love you."로만 사용한다.

영어는 내용과는 상관없이 발화 앞부분에서 "I don't~"라고 하면 이는 부정에 대한 내용이며, "Do I~?"라고 하면 이것이 의문문임을 알 수 있다. 이렇게 영어가 어순을 중요시하는 언어라는 점을 생각할 때 "Do I~"와 같이 의문문이 아님에도 주어와 동사의 위치를 바꾼다면(도치, 倒置) 그것은 분명히 이유가 있는 것이다. 영어권 사람들이 아침에 일어나면서, "오늘 심심한데, 하루 종일 도치로 말하고 다녀야쥐~." 이러지 않는다는 것이다. 즉 영어는 우리말처럼 여운이나 전달의 깊이를 주기 위해 어순을 마음대로 바꾸지 않는다.

단도직입적으로 말하면 'Not only I love you ~(나는 너를 사랑하지 않는 것뿐만 아니라~)'와 같이 말하면 틀리다. not은 '아닌'이라는 중요한 부정 의미가 있다. 이것을 강조하기 위해서 not을 맨 앞에 사용하려면 독특한 어순을 써야 한다. 즉 "Not only do I love you~"처럼. '나(자아)'를 동사 뒤에(도치) 쓰는 것이 바로 '자아도치(自我倒置)'의 문장이다.

● 강조하고 싶다면 순서를 바꿔!

강조의 정도가 다른, 다음과 같은 문장을 이해해 보자.

I exercise in the morning.
나는 아침에 운동을 한다. (점심, 저녁에는 운동을 하는지 알 수 없다.)

→ In the morning, I exercise.
아침에, 나는 운동을 한다. (꼭 아침에는 운동을 하며, 점심과 저녁에는 운동을 하지 않을 가능성이 높다.)

→ Only in the morning do I exercise.
아침에만 나는 운동을 한다. (점심, 저녁에는 절대 안 하는 것을 알 수 있다.)

요약하면, 강조하고 싶다면 소리를 지르기보다는 영어는 평범하지 않은, 즉 주어가 동사 뒤로 가는 도치 문장을 써야 한다는 것이다. 이렇듯 영어가 어순을 상당히 중요시한다는 점을 생각하고, 어순을 굳이 바꾸는 이유를 이해하면 영어가 다소 쉬워질 것이다.

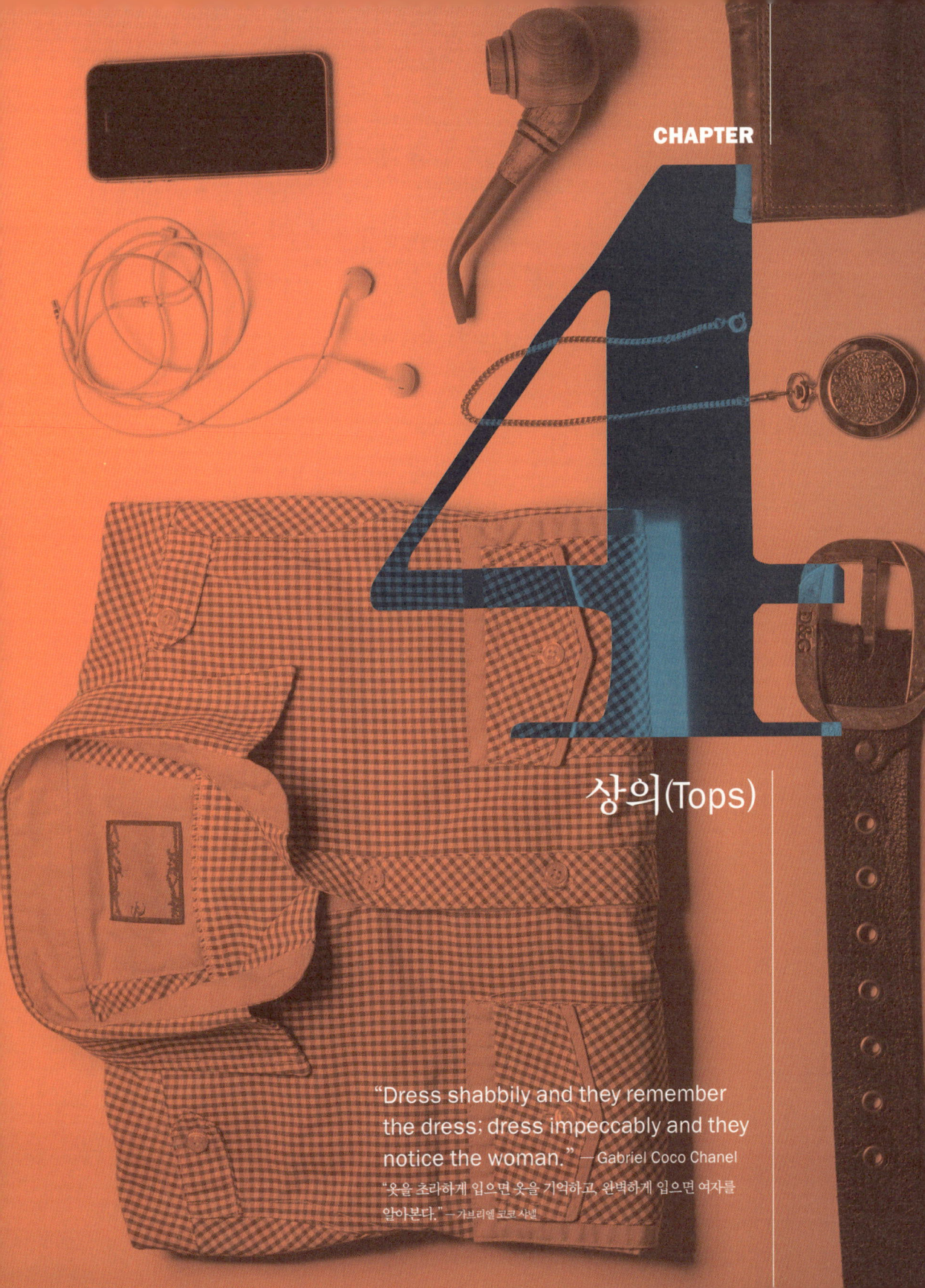

CHAPTER

4

상의 (Tops)

"Dress shabbily and they remember the dress; dress impeccably and they notice the woman." — Gabriel Coco Chanel

"옷을 초라하게 입으면 옷을 기억하고, 완벽하게 입으면 여자를 알아본다." — 가브리엘 코코 샤넬

1 — 벨리댄서가 록키에게 토스한 배꼽티

날씨가 더운 여름에는 상의의 일부분이 없는 옷을 찾게 된다. 특히 여성들 중에는 긴소매 부분이 없거나 복부 부분이 짧은 배꼽티를 입고 복근까지 뽐내는 이들도 적지 않다. 소매가 없는 티셔츠를 '민소매'라고 하는데, 이것의 일본어인 '소데나시(袖無し)'를 줄인 '나시'라는 단어는 우리에게 익숙하다. 영어로는 '소매(sleeves)'가 '없는(-less)'을 사용하여 'sleeveless shirt'라고 한다. 나시부터 배꼽티까지 다양한 상의를 살펴보자.

● 크롭톱(crop top)

복부가 드러나는 크롭톱은 흔히 '배꼽티' 또는 '크롭티'라고 한다. '크롭(crop)'은 '짧게 자르다'라는 의미를 지닌다. 윗부분이라는 의미인 top을 붙여 'crop top', 혹은 'cropped t-shirt, half shirt, midriff(배와 가슴 사이) top, cutoff shirt'들이 정확한 영어 단어다. 참고로, 남자의 짧은 헤어스타일을 '크롭컷(crop haircut)'이라고도 한다.

크롭톱은 여성 벨리 댄서들이 1893년에 "Little Egypt"라는 공연에서 입기 시작하면서 알려지게 되었다. 주로 여자들이 입던 크롭톱은 1970년대 들어서면서부터 남자들도 찾기 시작하다가 영화 '록키(Rocky, 1976)'에서 '실베스터 스탤론(Sylvester Stallone)'이 운동복으로 크롭톱을 입고 나와 크게 사랑받기 시작했다. 1980년대에는 미식축구 선수들이 선수복으로 크롭톱을 입기 시작했는데 90년대 이후에는 이것이 금지되었다. 미식축구 규정상 복부를 노출하는 운동복을 입을 수는 없지만 NFL(National Football

크롭톱처럼 운동복을 올려 입은 '에즈키엘 엘리엇'
ⓒ flickr.com

League) '댈러스 카우보이(Dallas Cowboys)' 팀에서 뛰고 있는 러닝 백(running back, 라인 후방에 있다가 공을 받아 달리는 공격 팀의 선수) '에즈키엘 엘리엇(Ezekiel Elliott)'은 본인의 jersey 상의를 크롭톱으로 올려 입기로 유명하다. 그는 인터뷰에서 "I just don't like how loose jerseys are at the bottom, so I just tuck it up and roll it.(저는 저지 밑부분이 헐렁한 것이 단지 싫어서 그냥 위로 집어넣어 돌돌 맙니다.)"라고 했다.

● 탱크톱(tank top)

탱크톱은 크롭톱과 다르게 소매가 없다. 탱크톱의 명칭은 'tank suit'에서 시작되었는데, 이는 아래위가 붙어 하나로 된 수영복을 말한다. 우리가 흔히 여성복을 원피스, 투피스라고 하지만 이 역시 콩글리시다. 영어의 '원피스(one-piece)'는 위와 아래가 이어진 수영복(one-piece bathing suit)을 말하고, '투피스'는 비키니를 뜻한다. 탱크톱은 1920년대 군인들이 입기 시작했으며 수영장을 'pool' 또는 'tank'라고 한 것에 유래하여 '탱크톱(tank top)'이라고 불린다. 탱크톱은 주로 복부를 덮으며, 배꼽티 탱크톱은 'cropped tank top'이라고 한다. 이 외에도 둥근 모양의 튜브처럼 생긴 '튜브톱(tube top)'은 어깨끈이 없으며 가슴 부분만을 가린 톱을 말한다. 어깨를 드러내면서 끈을 목뒤로 묶는 형식의 '말고삐'라는

청바지에 귀엽게 매치한 크롭탱크톱 (cropped tank top)

halter(말고삐)

　의미를 지닌 '홀터톱(halter top)'은 주로 비키니 위에 겹쳐 입기도 하며 이브닝드레스로도 디자인된다.

　한국에서는 영화 '서울 무지개(1989년)'에서 배우 '강리나(유라 역)'가 탱크톱을 처음 입고 등장하였다. 그러나 당시는 보수적인 시각이 커 유행하지 못하다가 1990년대 후반부터 2000년대 초까지 그룹 '룰라', 가수 '이효리' 등을 통해 탱크톱이 크게 유행하기 시작하였다.

　여성의 골반이 보여 주는 굴곡은 주로 팔꿈치 라인에서 시작된다. 배꼽이 보이는 것을 꺼린다면 '하이 웨이스트(high waist)' 스타일의 치마 혹은 청바지와 크롭톱을 함께 코디하면 배꼽을 가릴 수 있다. 상큼하고 귀여운 크롭톱을 다리가 길어 보이는 하이웨이스트 청바지 또는 힙합 분위기를 내는 조거팬츠(joggers)와 함께 연출하여 자신의 인스타그램에 #OOTD(Outfit Of The Day)로 해시태그를 달고 나의 하루 패션을 올려 보면 좋을 듯하다.

Talk about Fashion × English

영어 대화 속 패션 관련 표현을 알아봐요!

clerk Hi, how can I help you? Are you shopping for a gift?

customer No, **I am browsing for me.** I want to **pair** a **crop top** with these denim shorts.

clerk Sizing is a little limited in this store, but you can find your size online if you can't find it here.

customer Oh, what about these tank tops? Do they come in only small?

clerk Yes, unfortunately so. Have you checked on **new arrivals** over there? The yellow tank top is in style this summer, and **yellow is the new black** since Chloë wore it for a talk show. Plus, its sizing **runs big.**

점원 안녕하세요, 어떻게 도와드릴까요? 선물을 찾고 계세요?
손님 아니요, 제가 입을 거 구경하고 있어요. 이 데님 반바지에 크롭톱을 코디하고 싶은데요.
점원 이 상점은 사이즈가 좀 적어요, 근데 여기서 못 찾으시면 온라인에서는 손님 사이즈를 찾으실 수 있을 거예요.
손님 오, 이 탱크톱은요? 탱크톱 사이즈가 작게만 나오나요?
점원 안타깝게도 그래요. 저쪽에 신상 좀 보셨나요? 저 노란색 탱크톱이 이번 여름 유행이고요, 클로에가 토크쇼에 입고 나와서 저 노란색이 아주 핫합니다. 게다가 빅 사이즈도 나와요.

Vocabulary

browse 구경하다
pair 코디하다, 짝을 이루다
crop top 크롭톱, 크롭티
new arrivals 신상

● **I am browsing for me.**
보통 I am browsing for myself. 나 I am shopping for myself. 가 맞을 걸로 생각하기 쉽지만 둘 다 틀린 표현이다. I am browsing for me. 와 같이 재귀대명사가 아닌 목적격을 사용해야 하는 것에 주의한다.

● **Yellow is the new black.**
넷플릭스의 인기 미국 드라마 〈Orange is The New Black. (OTNB)〉 제목과 같이 the new black은 '유행하는, 요즘에 핫한'이라는 의미를 지닌다.

● **run big** 빅 사이즈가 '나온다'라고 할 때 come in 대신에 run을 사용하기도 한다. ex. Sizing runs small/big. (스몰/빅 사이즈가 나온다.)

Expressions for Fashion Trends

더 많은 트렌디한 표현을 알아봐요!

— I went for a cute look by **pairing** a **polka-dotted halter top** with denim **shorts**.
데님 반바지와 땡땡이 홀터톱으로 코디하면서 귀여운 룩을 시도해 봤어.

— Every woman needs a crop top in her **wardrobe**.
모든 여성은 옷장에 크롭톱이 필요해.

— I love this cropped top with stripes.
줄무늬가 있는 이 크롭톱이 맘에 들어.

— This **stretch** tank top is **form-fitting**.
이 신축성 있는 탱크톱은 몸에 꼭 맞아.

— I want to pair this top with high-waisted pants to show just a little bit of my **abs**.
약간의 복근을 보여 주기 위해 이 톱과 하이웨이스트 바지를 입고 싶어.

— I fell in love with this tank top at first sight.
이 탱크톱, 첫눈에 반했어.

— You can pair this crop top with anything.
이 크롭톱이랑은 아무거나 코디할 수 있어.

— This tank top is too tight on me.
이 탱크톱은 나한테 너무 타이트해.

— With this tank top, it's a perfect fit.
이 탱크톱이랑 입으니까, 핏이 완벽하다.

— I am going to post a selfie with my new tank top on Instagram.
내 인스타에 새로 산 탱크톱 셀피를 올릴 거야.

Vocabulary

polka-dotted 물방울무늬의
halter top 홀터톱 (p.95 참고)
shorts 반바지
wardrobe 옷장
stretch stretchy와 같은 의미이며 t나 y를 빼고 사용하기도 한다.
form-fitting 몸에 꼭 맞는
abs abdominal muscles (복부 근육)의 약자

Fashion Glossary
어떻게 부르는지 알아봐요!

What to Call Them

tube top(튜브톱)
복부가 보이며 어깨끈과 소매가 없어 마치 튜브 모양 같다.

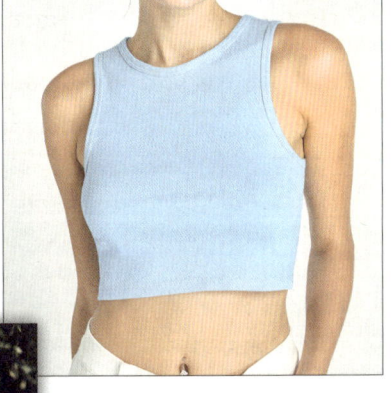

cropped tank top(크롭탱크톱)
복부가 보이며 소매가 없다.

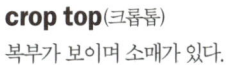

tank top(탱크톱)
복부를 가리며 소매가 없다.

halter top(홀터톱)
고삐(halter)가 목뒤에서 묶인다.

crop top(크롭톱)
복부가 보이며 소매가 있다.

Fashion Tips
Social media에 사용되는 패션 용어에 대해 알아봐요!

Outfit
이렇게 연출해봐요!

aviators
보잉 선글라스

white cropped tank top
화이트 크롭탱크톱

white denim hot pants
화이트 데님 핫팬츠

brown platform high heels
브라운 플랫폼 하이힐

Social Media English

#fromwhereistand
발밑에서부터: 선 상태에서 발밑을 찍은 사진. 줄여서 #fwis

#fashionblogger
패션블로거: 전문 사이트를 가지고 있는 블로거

#fashiondiaries
패션다이어리

#fashionista
패셔니스타

#fav
즐겨찾기: favorite의 약자

#instar fashion
인스타 패션

#kotd
오늘의 슈즈:
kicks of the day를 줄임.
kicks = shoes

#lotd
오늘의 룩:
look of the day를 줄임.

#momstyle
맘스타일: 엄마 스타일,
엄마와 자식 간의 스타일
#mummyanddaughter

#ootd
오늘의 코디:
outfit of the day를 줄임.

#personalstyle
나만의 스타일

#streetstyle
거리 패션

#stylish
스타일리시

#ootn
밤의 코디:
outfit of the night를 줄임.

#realoutfitgram
리얼코디그램: 패션 블로거가 전하는 소식: gram 소식

#whatiwore
내가 입었던 것

2 마크 저커버그의 후디 사랑

네크라인(neckline), 옷감 두께, 색상, 브랜드, 프린트, 팔 길이, 기장 등이 다르다는 이유로 셀 수 없이 많이 나오는 상의가 바로 후드와 맨투맨이다. '후드(hood)'라는 단어는 앵글로·색슨(Anglo-Saxon)족이 사용한 고대 영어 단어인 'hod'에서 유래한 것인데, 이는 영어의 'hat'과 유사하다.

옷에 모자를 다는 것은 12세기 유럽의 성직자들이 바람막이용으로 후드를 옷에 달아 망토처럼 입은 것에서부터 시작됐다. 그리고 1930년대 미국의 의류 회사인 Champion 사가 후드를 두꺼운 소재로 제작해서 판매하기 시작한 것이 운동선수나 야외에서 일하는 노동자들에게 큰 인기를 얻게 됐다.

성직자들의 바람막이용 후드

● 후디(hoodie)

'후디(hoodie)'는 후드의 애칭으로, 1970년대에는 힙합을 즐기는 젊은 층에게 많은 인기를 얻으며 패션의 아이콘으로 자리매김하게 되었다. 그리고 Champion 사가 학업의 정신(academic spirit)을 기린다는 목적으로 후디에 대학 이름을 로고로 새겨 대학가에 판매하기 시작하면서 미국 대학생들은 후디의 열풍에 한몫을 하게 된다.

하버드(Harvard) 출신의 페이스북(Facebook) 창립자인 마크 저커버그(Mark Zuckerberg)는 두 가지 상의를 즐겨 입는다. 회색의 Harvard 로고가 새겨진 풀오버 후디(pullover hoodie)와 후드 집업(hood zip-up)이다. 후드 집업은 지퍼(zipper)가 있는 후디를 말한다. 그렇다면 풀오버(pullover)가 지닌 의미는 무엇일까? 이는 pull(당기다)과 over(넘어)를 합친 단어로, 지퍼나

단추가 없어 '머리 위에서부터 끌어당겨 입는다(pull it over your head)'라고 해서 그 옷을 입는 방식 때문에 생긴 명칭이다.

● 맨투맨(man-to-man)

풀오버 후디에서 후드를 뺀 티셔츠를 맨투맨(man-to-man)이라고 하는데, 충격적인 것은 맨투맨이 콩글리시라는 사실이다. 올바른 영어 명칭은 운동할 때 땀(sweat)이 나거나 땀을 잘 흡수하는 셔츠라는 뜻에서 'sweatshirt(스웨트 셔츠)'이다. 스포츠 중 특히 농구나 필드하키에서 일대일 방어를 '맨투맨 방어'라고 하는데, 운동, 땀, 스포츠, 맨투맨 방어 등이 서로 연관되어 '스웨트 셔츠'를 우리나라에서만 맨투맨이라고 부른다. 그러나 한국의 S 섬유 회사가 땀을 잘 흡수하는 티셔츠를 개발해 셔츠의 이름을 'man to man 스웨트 셔츠'라고 칭하며 이 셔츠가 코카콜라처럼 제품명이 제품을 대표하는 대표 명사로 자리를 잡았다는 설도 있다.

여기서 한 가지 흥미로운 것은 자동차에도 후드가 있다는 것이다. 모자 종류 중에 하나인 '본네뜨(bonnet: 영어식 발음은 보닛)'를 우리는 자동차 덮개로 일컫지만 미국식 영어는 '본네뜨'라고 하지 않고 '후드(hood)'라고 한다. 아마 모자처럼 자동차를 덮고 있기 때문인 것 같다.

학창 시절 '맨투맨'이라는 영어책도 있었는데, 이 책으로 공부한 분들은 일대일 승부에 사활을 걸 듯 학력고사를 공부한 시절이 떠오를 듯하다.

후디(hoodie)를 입은 모델

Talk about Fashion × English

영어 대화 속 패션 관련 표현을 알아봐요!

clerk Welcome to the world of Top Hoodies. Hi, how can I help you?

customer Hi, I came here to buy a sweatshirt and a hoodie for my brother.

clerk You've come to the right place. We just opened this store last week, so you'll get a **BOGO sale.** How did you find this place?

customer Actually, I'm following you on **social media,** and I saw the hoodie that you posted a couple of days ago.

clerk Oh, the one with a big blue pocket? Do you know his size?

customer His size is about the same as mine. Maybe a slightly larger size.

clerk I can bring you a large size for the hoodie and a medium for the sweatshirt. You can **try** them **on** and see how they fit. Let's **head over to** the **fitting room**.

Vocabulary

try on 입어 보다
head over to ~로 가다
fitting room 탈의실

● **BOGO sale** BOGO는 Buy One Get One의 줄임말. 1+1(하나 사면 다른 하나는 공짜) 행사를 뜻한다.

● **social media** SNS는 콩글리시이며 Instagram, Facebook, Twitter, TikTok, Pinterest, YouTube와 같은 platform은 social media라고 한다.

점원 탑 후디스에 오신 걸 환영합니다. 안녕하세요, 뭘 도와드릴까요?
고객 안녕하세요, 제 남동생에게 줄 스웨트 셔츠랑 후디를 사러 왔어요.
점원 잘 오셨습니다. 저희 가게가 지난주에 오픈해서 1+1 행사를 하고 있어요. 여기는 어떻게 알고 오셨어요?
고객 사실 SNS로 팔로우를 하고 있었어요. 며칠 전에 올리신 후드 티를 봤어요.
점원 오, 큰 파란색 주머니 있는 거요? 동생 분 사이즈 아세요?
고객 저랑 사이즈가 비슷해요. 아마도 약간 큰 사이즈면 될 거예요.
점원 후드 티는 라지, 스웨트 셔츠는 미디엄을 가져다 드려 볼게요. 사이즈가 맞는지 입어 보셔도 돼요. 피팅룸으로 가시죠.

Expressions for Fashion Trends

더 많은 트렌디한 표현을 알아봐요!

- **She likes wearing a sweatshirt and short-shorts.**
  그녀는 스웨트 셔츠에 짧은 반바지 입는 걸 좋아해.

- **A sweater is better for a date than a sweatshirt.**
  데이트 하러 갈 때 스웨트 셔츠보다 스웨터가 나아.

- **I love you in that hoodie.**
  너는 그 후디가 잘 어울려.

- **I love this hoodie zip-up on● you.**
  이 후드 집업 너한테 잘 어울려.

- **This pullover is one of the new arrivals.**
  이 풀오버는 신상 중 하나야.

- **I can get a glimpse of your personal style in that sweatshirt.**
  이 스웨트 셔츠 입은 모습에 너의 스타일을 알 거 같아.

- **I chose this oversized pullover on purpose.**
  일부러 오버사이즈 풀오버를 골랐어.

- **This hoodie is the cutest thing ever!**
  내가 본 후디 중 이게 제일 귀여워.

- **Hmm ... this pullover is not me●.**
  음, 난 이 풀오버 별루야.

- **This sweatshirt is very comfy.**
  이 스웨트 셔츠 정말 편해.

Vocabulary

short-shorts 기장은 주로 허벅지 위까지로 짧은 반바지를 말함.
get a glimpse of 얼게 되다, 일별하다
oversized 사이즈가 큰
comfy comfortable의 약자로 비격식 표현

● **on** 〈on+사람〉, 〈in+옷〉과 같이 다른 전치사를 사용한다.

● **be not me** '~ is not me'는 '~ is not my style' 대신에 사용되는 비격식 표현이다.

Fashion Glossary

어떻게 부르는지 알아봐요!

What to Call Them

hoodie(후디)
모자가 있으며 앞부분에 트임이 없다.

pullover(풀오버) /
sweatshirt(스웨트 셔츠)
라운드 네크라인에, 손목과 허리에 단(rib) 처리가 되어 있다.

hood zip-up(후드 집업)
모자가 있으며 앞부분에 지퍼가 있다.

half zip-up(하프 집업)
모자가 없으며 목 부분에 지퍼가 있다.

Fashion Tips

자주 사용되는 Social Media English에 대해 알아봐요!

Social Media English

AFAIK
As far as I know
내가 아는 한

ASAP
As soon as possible
가능한 한 빨리

B4
Before
전에

BRB
Be right back.
바로 돌아올게.

BTW
By the way
근데

CUZ
Because
왜냐하면

CYA
See you.
나중에 보자.

FYI
For your information.
참고해.

Gr8
Great.
좋아.

GTG
(I) gotta go.
가야 해.

IMHO
In my humble opinion
비견[사견(私見)]으로는

JK
Just kidding.
농담이야.

LOL
Laughing out loud
큰소리로 웃다

MSG
Message
문자 메시지

MYOB
Mind your own business.
관심 꺼.

OMG
Oh my god!
오 마이 갓!

OMW
On my way.
가는 길이야.

PLS
Please.
제발.

POTD
Photo of the day
오늘의 사진

PPL
People
사람들

QOTD
Quote of the day
오늘의 명언

#MYOB

TGIF
Thank god, it's Friday.
야호, 금요일이다.

THNX
Thanks.
고마워.

TMI
Too much information
과도한 정보

w/
with
함께

XOXO
Kiss and hug
쪽쪽

YOLO
You only live once.
한 번 사는 인생이야.

YW
You're welcome.
천만에.

Outfit
이렇게 연출해봐요!

orange hoodie
오렌지 후디

denim shorts
데님 반바지

black calf socks
블랙 종아리 양말

black sneakers
블랙 스니커즈

3 보일 듯 말 듯 한 게 더 섹시해

요즘 바쁜 사회생활을 반영하듯 자동차에서 하차하지 않고 커피 전문점이나 패스트푸드점에서 주문 후 음식과 음료를 바로 받는 '드라이브스루(drive-thru)'가 많아졌다. 특히 코로나19 검사 상황까지 더해지면서 드라이브스루 서비스는 우리 생활의 일부가 되었다. '스루(thru)'는 through를 줄여 쓴 것으로 '통과하여'라는 의미를 지닌다.

● 시스루 룩(see-through look)

이제 '시스루 룩(see-through look)'을 이해하기는 어렵지 않다. '~을 투시하다, ~을 통과해서 보다'라는 의미로, 얇고 비치는 소재로 만들어 살갗이 비치는 패션을 의미한다. 이와 비슷한 표현에는 '시어 룩(sheer look)', '베어 룩(bare look)'과 같은 표현들이 있다. sheer는 '속이 다 비칠 정도로 얇은'이라는 의미이며, 맨발을 '베어 풋(bare foot)'이라고 하듯 'bare'는 '벗은'이라는 의미를 지닌다.

'시스루 룩'의 시작은 1960년대 말로 거슬러 올라간다. 1945년 제2차 세계대전 후 전쟁으로 잃은 인구수를 회복하려는

팬츠까지 다양한 방식으로 표현되는 시스루 룩 스타일

심리로 선진국을 중심으로 베이비 붐(baby boom)이 일어나게 된다. 미국에서는 1947~1949년 사이에 출생자의 수가 무려 50%나 증가했다. 특히 독일, 일본 등 일부 국가들을 중심으로 인구수가 급격히 상승했다. 당시에 태어난 아이들은 1960년대경에 10대 층을 이루면서 다양한 트렌드(trend)를 유행시키게 된다. 청년 문화가 사회 전체 분위기를 주도하면서 패션에도 청년 문화의 바람이 불게 되었다. 사회 변화를 반영하듯, 전통에서 벗어나 새로운 것을 추구하려는 청년 문화가 사회 전체 분위기를 주도하면서 청소년들이 패션 리더로 급부상하게 된 것이다.

여성의 아름다움을 드러내기 위해 1960년 말에 속이 비치는 패션이 등장하면서 이 패션은 여성스러움, 섹시함, 에로틱함을 고루 갖춘 패션으로 점차 발전했다. 주로 여성복은 안이 비치는 섹시한 여성미를 연출하는 블라우스 제품이 많으며, 남성복 셔츠 또한 특히 셀럽(celeb)들 사이에서 인기가 많다.

시스루 셔츠로 섹시한
여성미를 연출한 모델

Talk about Fashion × English

영어 대화 속 패션 관련 표현을 알아봐요!

daughter　Mom, have you seen my **fave** blouse?

mom　Which one? You need to get going; **otherwise**, you'll be late for school.

daughter　The **sheer** one with a **ruffled** neckline.

mom　Have you checked the laundry **bin**? I don't think it is appropriate for school, though.

daughter　I'm not gonna wear it. Olivia wants to borrow it for her birthday party. She wants to pair it with her skirt for a **Disneybound**° look.

mom　Those ruffled tops **were** really **in**° when I was younger, too. Funny how that works.

daughter　Ew, Mom, those looked so old-fashioned. At least this one's sheer.

Vocabulary

fave favorite의 줄임말. fav로도 표기 가능
otherwise 그렇지 않으면
sheer (직물 등이) 얇은
ruffled = frilled, (목, 손목 부분에 대는) 주름 장식이 달린
bin 통
● **Disneybound** 디즈니 영화에서 영감을 받아 디즈니 관련 의상을 입는 것이며, 어른에게서 유래했지만 의상은 어린이에 한하는 신조어
● **be in** '~이 유행이다'라는 의미. 'be out'이 반대 의미로 '~이 유행이 아니다'

딸　엄마, 내가 제일 좋아하는 블라우스 봤어?
엄마　어떤 거? 너 지금 안 나가면 학교에 늦겠어.
딸　목에 프릴 있는 시스루 블라우스.
엄마　빨래통 봤어? 근데 학교에 입고 가기엔 좀 그런데.
딸　내가 입으려고 하는 거 아냐. 올리비아가 생일 파티 때 입고 싶다고 빌려 달래. 디즈니바운드 룩을 연출하려고 치마랑 입으려나 봐.
엄마　엄마가 어렸을 때는 저 러플 블라우스도 정말 유행이었는데. 이렇게 입는다는 게 재미있네.
딸　으이그, 엄마. 저건 넘 유행에 뒤떨어져. 이건 최소한 시스루잖아.

Expressions for Fashion Trends
더 많은 트렌디한 표현을 알아봐요!

— She looks gorgeous with the see-through shirt.
그녀의 시스루 셔츠 입은 모습이 너무 멋져.

— Add something sexy with this see-through blouse.
이 시스루 블라우스로 섹시한 뭔가를 좀 더해 봐.

— I feel **snazzy** with this see-through shirt.
이 시스루 셔츠를 입으니까 세련된 느낌이야.

— Do you wanna try on this see-through shirt with some **leopard** print?
레오파드 문양의 시스루 셔츠를 입어 보시겠어요?

— He looks **kooky** in that see-through shirt.
그는 시스루 셔츠 입으니까 괴짜같이 보여.

— I just feel **frumpy** with this ruffled blouse.
이 러플 블라우스 입으니까 유행에 맞지 않는 느낌이야.

— If you want to look more sophisticated, how about this see-through top?
더 세련되어 보이고 싶으면, 이 시스루 상의는 어때?

— I love the type of zipper on this see-through shirt.
이 시스루 셔츠에 지퍼가 있는 게 맘에 들어.

— This is the most **decked out** shirt I've ever worn in my life.
이건 내가 살면서 입은 셔츠 중 가장 치장한 거야.

— We're gonna do a couple of little **tweaks** on the see-through shirt.
시스루 셔츠 사이즈를 몇 군데 잡아 드릴게요.

Vocabulary

snazzy = jazzy, 세련된(비격식 표현)
leopard 표범
kooky 엉뚱한(비격식 표현)
frumpy 유행에 맞지 않는, 촌스러운(비격식 표현)
deck out 치장하다(비격식 표현)
tweak 잡아당기다(핀 등으로 꽂아 옷을 고치다)

Fashion Tips
영어에 어울리는 collocation을 알아봐요!

Social Media English
한국어의 '멋진'은 사람과 사물 모두에 사용할 수 있지만 영어는 주로 어울리는 collocation이 있다.

- **collocation** 연어: 어떤 언어 내에서 특정한 뜻을 나타낼 때 흔히 함께 쓰이는 단어들의 결합

- **adorable**
사랑스러운 - 주로 아기, 동물, 물건에 사용하는 표현. adorbs로 줄여 쓰기도 함.
The cat is adorable.
고양이가 사랑스러워.

- **awesome**
멋있는 - 사람, 사물 모두 사용 가능. nice를 강조한 표현
She looks awesome.
그녀는 멋져.

- **beautiful**
아름다운 - 외모뿐만 아니라 내면의 아름다움도 표현 가능
Sophia is beautiful.
그녀는 아름다워.

- **chic**
멋있는 - 사람, 사물 모두 사용 가능
I got a chic hat.
나는 세련된 모자가 있어.

- **classy**
고급스러운 - 고급스러움이 풍기는 아름다움을 표현
The coat is classy.
코트가 고급스러워.

- **cool**
세련된 - stylish와 동의어
Cool T-shirt
세련된 티셔츠

- **cute**
귀여운 - 주로 물건에 사용되나 나이대가 어린 사람에게도 사용
What a cute dress!
드레스가 정말 귀엽다!

- **elegant**
우아한 - 주로 외모나 행동에 사용
She is elegant.
그녀는 품위가 있어.

- **fabulous**
멋진 - gorgeous와 동의어. fab으로 줄여 쓰기도 함.
You look fabulous.
너 정말 멋져.

- **fashionable**
세련된 - 사람, 사물 모두 사용 가능
You're fashionable.
넌 멋쟁이야.

- **gorgeous**

화려한 - 주로 사람에게 사용하는 칭찬의 표현
gorge로 줄여 쓰기도 함.

You look gorgeous.
너 정말 멋져.

- **in style**

세련된, 유행하는 - 주로 사물에 사용하며 in fashion의 동의어

It's in style this year.
올해 그게 유행이다.

- **lovely**

사랑스러운 - 사람, 사물 모두 사용 가능

lovely earings
예쁜 귀걸이

- **pretty**

예쁜 - 주로 여성적인 외모에 사용

She is pretty.
그녀는 예뻐.

- **sophisticated**

세련된 - 사람, 사물 모두 사용 가능

She is sophisticated.
그녀는 세련됐어.

- **stunning**

이쁜 - 말을 잊을 정도로 '멋지다'라는 뉘앙스

You look stunning.
너 정말 예뻐.

- **stylish**

세련된 - 감각이 있는 멋쟁이라는 뉘앙스

You are stylish.
넌 세련됐어.

She is elegant!

Fashion Glossary
어떻게 부르는지 알아봐요!

Outfit
이렇게 연출해봐요!

What to Call Them

ruffle blouse (러플 블라우스)
러플(ruffle)은 주름 장식(frill)이기에 frilled blouse라고도 한다. 주로 어깨, 소매, 목, 가슴 부분에 있는 주름 장식은 여성스러움을 더해 준다.

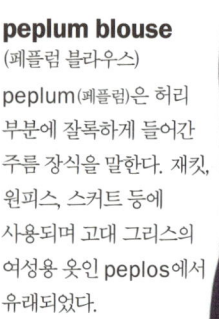

peplum blouse
(페플럼 블라우스)
peplum(페플럼)은 허리 부분에 잘록하게 들어간 주름 장식을 말한다. 재킷, 원피스, 스커트 등에 사용되며 고대 그리스의 여성용 옷인 peplos에서 유래되었다.

red oversized blazer
레드 오버사이즈 블레이저

black see-through blouse
블랙 시스루 블라우스

black A-line skirt
블랙 A라인 스커트

black walker boots
블랙 워커 부츠

4 와이셔츠가 why?

상당히 많은 사람들이 소확행을 느끼는
정리 정돈의 즐거움

우리는 '소확행(小確幸: 소소하지만 확실한 행복)'이라는 단어를 자주 사용한다. 이 단어는 일본의 소설가 무라카미 하루키(村上春樹)의 에세이 '랑겔한스섬의 오후(ランゲルハンス島の午後, 1986)'에 등장한 단어로, 작가가 갓 구운 따뜻한 빵을 손으로 찢어 먹을 때 느끼는 행복, 혹은 서랍 안에 잘 정리된 속옷을 볼 때 느끼는 행복을 분주한 일상생활에서 느끼는 작은 즐거움이라고 표현한 데서 유래한 표현이다.

패션과 관련한 익숙한 일본어 중에는 난닝구, 나시, 와이셔츠가 있다. 난닝구는 일본식 표현인 running-shirt에서 running의 '/g/(구)'까지 너무 솔직하게 발음되어 우리도 난닝구라고 부르게 되었으며, 다른 표현으로 '메리야스'라고 불리기도 한다. 메리야스는 스페인어 '메디아스(medias)'에 어원이 있으며, 이는 신축성 좋은 직물을 뜻하는데 양말이나 속옷에 많이 쓰였다.

● **dress shirt**(드레스 셔츠)

남성들의 필수 아이템인 와이셔츠는 목 부분이 'Y' 자처럼 생겨 와이셔츠(Y-shirts)라고 많이 알려져 있지만, 사실상 white shirt를 일본 사람들이 '와이샤쓰'로 발음한 데서 출발한 것이다. 올바른 영어 표현은 'dress shirt(드레스 셔츠)'다. 드레스 셔츠는 '스키르타(skyrta)'라는 명칭으로 스칸디나비아 지방에서 남성들이 입은 상반신용 속옷에서 출발하였다. 19세기 후반경 앞쪽에 단추를 달기 시작하면서 속옷에서 겉옷으로 변형되기 시작하였다.

타인에게는 모두 같은 옷으로 느껴지지만
본인에게는 모두 다른 옷인
신기한 매력의 드레스 셔츠

앞에 단추가 있어 button-up shirt(버튼업 셔츠)라고도 한다. 다소 혼동하는 부분이 있는데, button-down shirt는 칼라 부분을 버튼으로 고정하는 셔츠를 말한다. 드레스 셔츠는 남성들의 전유물이었다가 1930년대 미국 배우 캐서린 헵번(Katharine Hepburn)의 매니시 룩(mannish look)이 유행하면서 여성들 사이에서도 대유행하기 시작하였다.

청바지에 흰색 셔츠만 걸쳐도 맵시가 나는 와이셔츠는 칼라(collar), 소매, 단추 모양, 기장별로 여러 벌을 가지고 있게 마련이다. 흰색이라 색이 바래는 단점은 있지만, 쇼핑을 하다가 마음에 드는 셔츠를 구입하는 소확행의 즐거움은 누구에게나 있을 것이다.

Talk about Fashion × English

영어 대화 속 패션 관련 표현을 알아봐요!

john Whenever you're wearing a polo **tucked in**, you'll just want to **pull** it **out** a bit. You're not gonna have it too tucked in.

kyongho That's a good idea. I don't **hold** weight in my shoulders, but I do around my **midriff**.

john That's why you should get a slightly bigger size.

kyongho A polo is okay in a bigger size, but a dress shirt wouldn't.

john Then just roll up your sleeves. It'll make it look like the shirt **fits** you **properly**.

Vocabulary

tuck in 안에 넣다
pull out 밖으로 빼다
hold 가지다
midriff 몸통
fit 맞다
properly 적당히

존 폴로셔츠는 입을 때마다 바지 안에 넣고, 약간 밖으로 빼 봐.
　　너무 다 바지 안에 넣지 마.
경호 좋은 생각이야. 난 어깨에 살이 많지 않은데 가슴 부분에 살이 좀 있어.
존 그래서 주로 약간 큰 사이즈를 사야 해.
경호 폴로셔츠는 사이즈가 커도 괜찮은데, 와이셔츠는 그렇지 않아.
존 그럼 소매 부분을 접어 올려. 그렇게 하면 셔츠 핏이 적당하게 보일 수 있어.

Expressions for Fashion Trends

더 많은 트렌디한 표현을 알아봐요!

- Every man may have more than ten dress shirts in his wardrobe.
  모든 남성은 옷장에 한 10벌 넘는 와이셔츠가 있어.

- How do you feel about collarless shirts?
  차이나 칼라 셔츠는 어때?

- I wanna try putting on a polo shirt over this v-neck t-shirt.
  이 브이넥 티셔츠 위에 폴로셔츠를 입어 보고 싶어.

- Button-up shirts. This will be your go-to section.
  버튼업 셔츠. 네가 가야 할 섹션이야.

- Take this off and let me see you just with the **Henley** on.
  이거 벗고 차이나 칼라 셔츠 한번 입어 보자.

- All you're gonna do is put on a **button-down shirt** underneath.
  안에 버튼다운 셔츠를 입어 보면 돼.

- You definitely need a classic polo shirt for a **preppy look**.
  넌 프래피 룩을 위해서 클래식한 폴로셔츠가 꼭 필요해.

- You can pair this **denim shirt** with anything.
  이 청남방은 아무 것하고나 입어도 어울려.

- You can never go wrong with this **flannel shirt**.
  이 플란넬 셔츠는 안 어울릴 수가 없어.

- Is this **polo** kind of thing still **in fashion**?
  이 폴로셔츠가 아직도 유행이야?

Vocabulary

Henley = collarless shirt. 칼라가 없는 셔츠(p.117 참고)
button-down shirt 칼라에 단추나 버튼이 있어 고정되는 셔츠
preppy look 고급스러운 옷을 소탈하게 연출하는 것
denim shirt 청남방(p.116 참고)
flannel shirt 플란넬 셔츠(p.116 참고)
polo 폴로셔츠(p.117 참고)
in fashion 유행 중인

Fashion Tips

Social media에 사용되는 동사들에 대해 알아봐요!

Social Media English

to accept a friend request
친구요청을 수락하다

to make something private
친구공개로 하다

to send a friend request
친구요청을 보내다

to add as a friend
친구로 추가하다

to be online
방송 중이다

to edit
편집하다

to friend someone
친구요청을 하다

to unfriend someone
친구끊기를 하다 (facebook에서)

to reply
답변하다

to send a message
메시지를 보내다

to share
공유하다

to sign in
= to log in
로그인 하다

to sign out
= to log out
로그아웃 하다

to sign up
가입하다

to update/edit status
상태를 업데이트하다

to upload something
무언가를 업로드하다

Fashion Glossary
어떻게 부르는지 알아봐요!

What to Call Them

dress shirt (드레스 셔츠)
주로 흰색이 많아 white shirt로 통하지만 올바른 영어 명칭은 dress shirt 혹은 그냥 shirt/button up shirt라고도 한다.

denim shirt (데님 셔츠)
옷감이 질긴 데님으로 청남방이라고 불리며 가슴에 두 개의 주머니가 있는 것이 특징이다.

collar stand (칼라 스탠드)

collar (칼라)

button (단추)

placket (플래킷)

cuffs (커프스)

flannel shirt (플란넬 셔츠)
플란넬은 면이나 양모를 섞어 만든 가벼운 천을 말하며, 목욕 수건을 뜻하기도 한다. 주로 체크무늬가 많으나 단색 셔츠도 플란넬 셔츠라고 불린다.

Outfit
이렇게 연출해봐요!

polo shirt(폴로셔츠)
영국에서 말을 타고 공을 치는 polo 경기를 위해 유니폼으로 만들어 입은 셔츠가 폴로셔츠이며 이는 랄프로렌(Ralph Lauren) 사를 통해 대유행하게 되었다.

collarless shirt
(차이나 칼라 셔츠)
칼라가 없는 셔츠를 말하며, 적당히 포멀하면서도 캐주얼한 분위기를 연출할 수 있다. 영국의 Henley-on-Thames 지역의 사공이 유니폼으로 입어 헨리(Henley)라고도 불린다.

- white dress shirt / 화이트 드레스 셔츠
- pocket square / 포켓 스퀘어
- brown blazer / 브라운 블레이저
- gray cuffed pants / 그레이 커프드 팬츠
- black loafers / 블랙 로퍼

5 네크라인과 소매라인만 잘 선택해도 바디라인이 산다

상의에 가장 시선이 가는 부분은 네크라인과 소매라인이다. 특히 운동복일수록 네크라인 디자인에 심혈을 기울인다. 소매 부분은 팔의 형태를 아름답게 표현함과 동시에 움직임에도 중요하므로 상의를 디자인할 때 중요한 요소가 아닐 수 없다.

● crew neck(크루넥)

2020년 도쿄 올림픽 때 '배구 여제' 김연경이 입은 운동복은 IOC(The International Olympic Committee)의 제안으로 올림픽 박물관에 전시될 예정이다.

올림픽 박물관에 전시될 김연경 선수의 운동복 상의는 흰색 바탕에 빨간색이 어깨 부분을 덮고 있으며, 파란색이 네크라인을 감싸고 있다. 티셔츠에서 가장 흔히 사용되는 크루넥(crew neck)은 둥근 모양의 네크라인으로 collar가 없으며 목 부분은 다른 layer가 겹쳐 땀 흡수를 돕는다.

'배의 선원'이라는 의미를 지닌 crew는 1939년경에 노를 젓는 사람들(rowers)에서 유래됐으며, 크루넥은 미국 해군이 처음으로 군복으로 입기 시작했다.

땀 흡수를 돕기 위해 목 부분을 다른 layer로 겹쳐 만든 크루넥은 운동복에 특히 많이 사용된다.

● **mock neck**(모크넥)

"끝!"이라는 한 마디와 함께 금메달을 예언하고 화살을 쏜 양궁의 오진혁 선수(81년생)는 collar가 있는 티셔츠를 입었고, 2004년생 김제덕 선수는 셔츠 안에 mock neck(모크넥) 셔츠를 입고 있었다. mock neck(모크넥)은 '가짜의(mock)'라는 의미를 지녀, 접어서 입는 터틀넥(turtleneck)에서 하프 터틀(half turtle)보다 약 1/2 정도 더 짧은 반 폴라에 가까운 목폴라를 말한다. 김제덕 선수 또한 은퇴할 즈음에는 올림픽 위원회가 그가 입은 mock neck 셔츠를 탐내기를 바라 본다.

● **scoop neck**(스쿠프넥)

scoop은 아이스크림을 사 먹을 때 사용하는 "한 스쿠프, 두 스쿠프"의 '스쿠프'로 우리에게 익숙한 단어다. '숟갈, 뜨다, 파다'라는 의미를 지니며, 네크라인이 가슴 쪽으로 움푹 들어간 라인을 의미한다. 한국 여자 체조 최초로 기계 체조 도마에서 동메달을 획득한 여소정 선수는 여홍철 선수의 딸로 최초 부녀 올림픽 메달리스트로 등극하며 2020년 도쿄 올림픽에서 25년 전 아버지의 영광을 재현했다. 여소정 선수는 주로 스쿠프 네크라인의 운동복을 입고 경기를 뛰었으나 동메달을 딴 도마 연기에서 입은 운동복은 골드라인이 가슴 부위에 'U' 자와 'V' 자가 겹쳐 새겨져 scoop line과 같이 보이는 mock(가짜의) scoop neckline을 한 독특한 운동복을 입고 연기했다.

매 올림픽 대회마다 모든 이들의 가슴을 움푹 파 놓으며 안겨다 주는 영웅들의 감동은 박물관에 전시되는 운동복과 함께 영원할 것이다.

Talk about Fashion × English
영어 대화 속 패션 관련 표현을 알아봐요!

Chan I love the Korean national soccer team's **uniform**. Have you seen it?

Greg Sure, the new soccer **jersey's** neckline is like a **combination** with a crew and a V neckline, not too deep and not too round.

Chan Its sleeves are slightly **above** the **elbow**, and the traditional red color has been a little **toned down**.

Greg You're right. We should be careful where to buy them because many websites are already selling **knockoffs** online.

Vocabulary
uniform 유니폼
jersey (운동 경기용) 셔츠
combination 조합
above ~ 위에
elbow 팔꿈치
tone down (색상) 은은하게 만들다
knockoff 복제품

찬 한국 축구 대표 팀 새 유니폼 너무 좋더라. 봤어?
그레그 그럼, 새 축구 저지 네크라인이 약간 크루랑 V 네크라인을 조합한 거 같아.
그렇게 깊지 않고 둥글지도 않아.
찬 소매도 팔꿈치에서 약간 위고 전통적인 붉은색도 살짝 톤다운 됐어.
그레그 맞아. 이미 많은 사이트에서 짝퉁을 팔고 있기 때문에 어디서 구매할 건지 신중해야 해.

Expressions for Fashion Trends

더 많은 트렌디한 표현을 알아봐요!

— **Should I roll up the sleeves?**
소매를 올릴까요?

— **I like the sleeves rolled up.**
소매 올린 게 마음에 들어.

— **Wide sleeves are trending this spring.**
넓은 소매가 이번 봄에 유행이야.

— **The dress's halter neckline is one of a kind.**
그 드레스 홀터 네크라인이 특이하더라.

— **She looks chic in that cold shoulder shirt.**
그녀는 콜드숄더 셔츠 입으니까 세련돼 보여.

— **The neckline elevates the outfit.**
네크라인이 너의 복장(수준)을 한결 높여 줘.

— **The boat neck would suit you better it would show off your collarbones.**
넌 쇄골이 예뻐서 보트 네크라인이 더 어울려.

— **The crew-neck suits many different face shapes.**
크루넥은 여러 가지 얼굴형에 다 어울려.

— **This v-neck shirt comes in a variety of colors to match any outfit.**
이 브이넥 티셔츠는 어떠한 옷에나 어울리게 다양한 색상으로 나와.

— **Steve Jobs was almost always seen wearing his signature black turtleneck.**
스티브 잡스는 늘 그의 시그니처인 검은색 터틀넥을 입었어.

Vocabulary

one of a kind unique와 같은 의미
cold shoulder 콜드숄더(p.125 참고)
elevate 높여 주다, 상승시키다
boat neck 보트넥(p.123 참고)
collarbones = beauty bones, 쇄골
come in 나오다, 출시되다
turtleneck 터틀넥(p.123 참고)

Fashion Glossary
어떻게 부르는지 알아봐요!

What to Call Them

v-neck (브이넥)
V 자 모양의 네크라인으로 둥근 얼굴형에 어울리며 특히 남성분들이 셔츠 안에 이너웨어로 즐겨 입기도 한다.

crew neck (크루넥)
collar가 없으며 목 부분은 다른 layer가 겹쳐 땀 흡수를 돕는다. '배의 선원(crew)'이라는 의미를 가지고 있으며 미국 해군이 처음 군복으로 입기 시작했다.

mock neck (모크넥)
'가짜의(mock)'라는 의미를 지녀 접어서 입는 터틀넥(turtleneck)에서 하프 터틀(half turtle)보다 약 1/2 정도 더 짧은 반 폴라에 가까운 목폴라를 말한다.

u-neck (유넥)
U 자형인 유넥은 크루넥보다 깊고 스쿠프넥보다 다소 깊이가 얕다.

turtleneck (터틀넥)
바다거북 목처럼 생겼다고 하여 붙여진 명칭이다. 접어서 입는 형태로 주로 추운 날씨에 많이 찾게 된다.

halter neck (홀터넥)
말의 halter는 고삐를 의미하며 어깨와 등이 드러나도록 묶는 끈이 목뒤에 있는 형태로 주로 수영복에도 많이 사용된다.

boat neck (보트넥)
배 바닥 모양을 하여 붙여진 명칭이며 쇄골(collarbones) 부분을 보이는 것이 특징이다.

cowl neck (카울넥)
여러 겹 늘어지듯 접히게 되어 있는 모양이 특징이다. cowl(수도승들이 머리에 쓰는 고깔, 두건) 후드 역할을 한 cowl에서 유래된 명칭이다.

scoop neck (스쿠프넥)
scoop는 아이스크림을 사 먹을 때 "한 스쿠프, 두 스쿠프"로 익숙한 단어다. '숟갈, 뜨다, 파다'라는 의미를 지니며 가슴 쪽으로 움푹 들어간 라인을 말한다.

Fashion Glossary
어떻게 부르는지 알아봐요!

What to Call Them

sleeveless(민소매)
접미사인 -less는 '없는', '적은'이라는 의미를 지녀 소매가 없다는 뜻이다.

short-sleeves(짧은 소매)
팔꿈치보다 짧은 소매이며 긴소매의 반대되는 소매를 총칭한다.

three quarter sleeves(7부 소매)
어깨에서 손목까지 덮는 소매를 10부라고 한다면 대략 7/10 길이이기 때문에 7부라고 일컫는다. 이것을 영어로는 3/4 길이로 표현한다.

puff sleeves(퍼프소매)
르네상스 시대에 만들어진 소매로 어깨 끝이나 소매 끝에 주름을 넣어 약간 부풀게 한 것이 특징이다.

cap sleeves(캡소매)
어깨를 덮는 소매 부분이 극히 적어 마치 모자(cap)를 씌워 놓은 모양과 같다고 해서 붙여진 명칭이다.

dolman sleeves(돌먼 소매)
dolman은 터키어로 robe(예복)를 뜻하며, 겨드랑이 아랫부분이 넓고 허리나 팔꿈치 방향으로 좁아지는 디자인이 특징이다.

off-the-shoulder(오프더숄더)
어깨 전체가 드러난 것이 특징이다. **off**는 '~에서 떨어진'이라는 의미를 지니며 영어 표현에서는 off-the-shoulder와 같이 the를 사용해야 한다.

cold shoulder(콜드숄더)
오프숄더에서 어깨 부분만 노출된 디자인이다.

one shoulder(원숄더)
한쪽 어깨만 완전히 노출된 디자인이다.

balloon sleeves(벌룬소매)
퍼프소매보다 더 부푼 모양을 지니며 풍선과 같아서 붙여진 명칭이다.

Fashion Tips

인스타그램이나 페이스북에 사용되는 표현들과 해시태그들에 대해 알아봐요!

Outfit

이렇게 연출해봐요!

Social Media English

Ask Me Anything (#**AMA**)
뭐든지 물어봐.

Find me on Instagram.
인스타에서 날 찾아봐.

Follow me on Instagram.
내 인스타 팔로우 해.

Laughing My Ass Off (#**LMAO**)
배꼽 빠져.

Like Back (#**LB**)
네가 '좋아요' 누르면 나도 눌러 줄게.

Please Let Me Know. (#**PLMK**)
알려 줘.

This photo cracks me up.
이 사진 엄청 웃긴다.

Rolling On the Floor Laughing (#**ROFL**)
넘 웃겨 바닥을 구르겠음.

I am on Instagram.
나 인스타 해.

You crack me up.
너 엄청 웃겨.

You still haven't friended me on Facebook. (#**FRIENDED**)
페북에서 친구추가를 아직 안 했네.

- white turtleneck / 화이트 터틀넥
- gray blazer jacket / 그레이 블레이저 재킷
- white slim fit jeans / 화이트 슬림핏 청바지
- gray suede loafers / 그레이 스웨이드 로퍼

"No Where Now Here."···
언어의 마술사는 어디에?

노래 가사 '님에 점 하나만 찍으면 남'이 되듯 한 끝 차이가 의미의 전환을 가져온다. "No Where Now Here."은 띄어쓰기 하나 차이로 "어디에도 없던 게, 지금 여기 있다."라는 의미가 된다. 학창 시절에 맨투맨, 성문종합영어, 보카 삼만삼천을 달달 외우며 "왜 이렇게 단어가 비슷한데 의미는 완전히 다를까?"라고 하며 헷갈리는 단어만 모아 단어장을 여러 개 만들었던 기억이 난다.

BTS와 콜라보로 유명한 Jason Derulo & Jawsh 685의 팝송 'Savage Love(잔인한 사랑)'와 'Salvage Love(구조 사랑)', 그리고 fetal(태아의)과 fatal(죽음을 초래하는), hostility(적대심)와 hospitality(환대) 등은 두 단어가 발음과 철자는 비슷하지만 의미에서 상당히 차이가 있는 표현들이다.

'pun'은 '말장난'이라는 의미를 지닌다. 한국어나 영어의 말장난을 즐기려면 띄어쓰기, 고유명사, 유머 코드 등 여러 가지를 이해해야 한다. MBC에서 방영 중인 '놀면 뭐하니'를 통해 결성된 'MSG 워너비' 멤버였던 '별루지(지석진)'의 이름을 패러디하는 실시간 채팅방이 있었다. 비밀스러운 이야기를 꺼내려는 '별루지'를 향해 실시간으로 채팅하는 이들이 '지다무래곤, 지만편한세상, 지스커버리'라며 한보따리 별명을 쏟아내는 것을 보며 웃으면서도, 이들의 순발력 있고 참신한 아이디어에 놀라지 않을 수 없었다.

마녀 빗자루가 영어로 broom

"No Where Now Here."… 언어의 마술사는 어디에?

● 끝까지 들어야

한국어뿐만 아니라 영어도 끝까지 들어 봐야 하는 pun들이 있다.

Korean
"너 보구 시퍼~~~~~~~~~~렇게 질렸어."
"절 사랑하세요? ~~~~~~~~~~ 전 교회를 사랑합니다."
"나 묻고 싶은 게 있는데~~~~~~~~~~ 삽 좀 줘."

→ 잔뜩 기대하게 했다가 주먹을 부르게 하는 말장난이다.

English That baseball player was such a bad sport. He stole third base and then just went home!
그 야구 선수는 정말 지는 것에 화를 내는 사람이야. 삼루를 도루하고 홈까지 갔어.

→ 이 문장에서는 도루를 steal(훔치다)로 표현했고, home은 야구에서 home base를 의미하며 bad sport는 경기에 지면 흥분하거나 화를 내는 사람을 뜻한다.

In a world of worriers, be the warrior.
걱정스러운 세상에서 전사가 되십시오.

→ 이 문장은 끝부분에 비슷한 운(rhyme)을 사용한 교훈적인 문장이다.

넷플릭스 영화 'He's All That'에는, 수많은 팔로워들을 보유한 틱톡(TikTok) 인플루언서(influencer)인 여자 주인공이 바람피우는 남자 친구에게 '크로캉부슈(Croquembouche, 탑처럼 쌓아 올린 케이크)'를 던지는 장면이 있다.

그 사건이 있은 다음 날 크로캉부슈를 던지는 영상 하단에 "#YouGetWhatYouDessert"라고 해시태그(Hashtag)를 달며 비아냥거리는 장면도 등장한다. 이는 'You get what you deserve.'를 패러디한 것으로, 문장을 끝까지 읽어야 하는 재미있는 해시태그이다.

● 눈과 귀를 크게 열어야

띄어쓰기, 발음, 철자를 유심히 봐야 하는 pun들도 있다.

Korean "'내 여자 친구는 소' 개입니다."(영화, 내 여자 친구를 소개합니다.)

"바나나를 먹으면 나한테 바나나?"

→ 정말 바나나를 던지고 싶어지는 말장난이다.

English Ladies, if he can't appreciate your fruit jokes, you need to let that mango.
숙녀 여러분, 그가 당신의 과일 농담을 이해할 수 없다면 망고를 놓아야 합니다.

→ "그 남자를 가게 놔둬야 한다.(let that man go)"에서 띄어쓰기를 mango(망고)로 한 말장난이다.

Why was Dumbo sad? He felt irrelephant.
왜 덤보가 슬펐을까? 상관없다고 느껴서!

→ 귀가 큰 아기 코끼리 덤보 때문에 irrelevant(무관한, 상관없는)을 irrelephant로 재미있게 표현한 것이다.

My wife is dyeing.
내 와이프가 염색하고 있어요.

→ 잘못 들으면 dying(죽어 가는)으로 들릴 수 있는, 유사 발음을 사용한 pun이다.

● 고유명사를 알아야

고유명사를 사용한 재미있는 말장난들이 많다. 이를 이해하기 위해서는 원래 제목이나 문맥의 이해가 필요하다.

"No Where Now Here." … 언어의 마술사는 어디에?

> **Korean** '달려라 뭐하니'(달려라 하니)
> '신밧드의 보험'(신밧드의 모험)
> '니 이모를 찾아서'(니모를 찾아서)
> '황홀해서 새벽까지'(황혼에서 새벽까지)
>
> → 이 외에도 아동에서 성인 버전까지 참신한 패러디들이 셀 수 없이 많다.

> **English** What did the sushi say to the bee? Wasabee!
> 스시가 벌에게 뭐라고 말했니? 와사비!
>
> → 설명이 필요 없는 fun한 pun이다.
>
> Apple is designing a new automatic car. But they're having trouble installing Windows!
> 애플 사는 새로운 자동차를 설계하고 있다. 하지만 윈도우를 설치하는 데 문제가 있다!
>
> → Window는 어두가 대문자이기 때문에 창문이 아니라 마이크로소프트 사의 Window를 말한다.
>
> The guy who invented the door knocker got a no-bell prize.
> 문을 두드리는 쇠를 발명한 사람은 노벨상을 받았다.
>
> → 우리도 식당에서 벨이 없는 테이블에 앉았을 때 '노벨상(no-bell 밥상)'을 받았다고 하듯 Nobel Prize를 no-bell prize로 바꾼 것이다.

fun한 pun을 즐기려면 여러 가지 요소가 필요하지만, '어디에도 없던(No Where)' 기발한 것을 만들어 내는 진정한 언어의 마술사는 '바로 여기(Now Here)', '여러분'들이다.

CHAPTER

5

겉옷(Outers)

"Fashion is a language that creates itself in clothes to interpret reality." — Karl Lagerfeld

"패션은 현실을 해석하기 위해 옷에서 스스로 만들어지는 언어이다." — 칼 라거펠트

1 — 전쟁에서 유래된 아우터들(outers)

● 트렌치코트(trench coat)

전쟁 중 적의 포탄으로부터 몸을 숨기고 보호하기 위해 흙을 파서 만든 '도랑' 또는 '참호'를 영어로 '트렌치(trench)'라고 한다. 제1차 세계대전(1914~1918) 당시 혹독한 겨울 날씨를 참호 속에서 견디기 위해 트렌치코트(trench coat)가 만들어졌으며 이 코트를 처음 디자인한 사람이 바로 '토마스 버버리(Tomas Burberry, 1835~1926)'다. 그는 전 세계적인 브랜드 버버리(Burberry)사의 창시자이자 설립자다.

전쟁터에서 입어야 하는 옷이기 때문에 옷감과 기능성을 갖춘 디자인이 중요했다. 그래서 원단은 방수가 잘되고 잘 찢기지 않는 단단한 것이었고, 색상은 주로 짙은 카키색 혹은

1856년부터 이어져 온 세계적인 브랜드 버버리의 매장 모습

베이지색이었다. 지금도 많이 사용되는 개버딘(gabardine) 원단은 견고하고 촘촘하게 짜인 직물로 현재 유니폼(uniform), 바람막이(windbreaker)에 많이 사용된다. 토마스 버버리는 1879년에 이 개버딘 원단을 발명하였고, 1902년 육군 장교의 비옷을 디자인하여 '영국 전쟁 사무소(the United Kingdom War Office)'에 보내기 시작하면서부터 영국 군인들이 트렌치코트를 입기 시작했다. 트렌치코트는 제2차 세계대전을 거쳐 프랑스, 벨기에, 네덜란드, 핀란드 등 다른 유럽 국가의 군인들에게까지 보급되면서 전쟁이 끝난 뒤에도 120년간 전 세계인들의 사랑을 받고 있다. 이 코트는 버버리 코트로도 불린다.

● 무스탕(mustang)

올바른 발음은 사실 '무스탕'이 아니라 '머스탱'이다. 최근 무스탕이 다시 유행하는 것을 보면 패션은 돌고 돈다는 말이 맞는 듯하다. 연예인들의 공항 패션으로도 자주 등장하는 무스탕의 명칭은 6.25 전쟁 당시 사용된 P-51 전투기 이름이다. 당시 공군 조종사들에게는 보온성이 좋은 가죽 재킷이 공급되었고, 그 재킷이 뭐냐는 질문에 한 호주 군인이 "This is Mustang.(이건 머스탱입니다.)"이라고 답한다. 그는 공군기를 묻는 질문으로 착각해 이같이 대답했는데, 덕분에 재킷 이름이 된 것이다. 무스탕은 한국에서만 통용되는 패션용어이며, bomber coat(항공 점퍼-겨울용), shearling coat(시어링 코트)라고 한다. Shearling은 '깎은 양털'이라는 뜻으로 가죽 코트 안에 양털이 있어 이렇게 부른다. 최근 레트로에 맞춰 세련된 디자인으로 출시되고 있다. 예전에는 털이 있는 보온성 재킷도 bomber jacket이라고 했으나 요즘은 주로 얇고 빳빳한 옷감으로 된 재킷을 말한다.

● **치노팬츠**(chino pants)

우리가 즐겨 입는 면바지도 이와 비슷한 유래의 설이 있다. 쇼핑하다 보면 면바지가 치노팬츠(chino pants)로 명시되어 있는 것을 자주 보게 된다. Chino는 스페인어로 '중국'을 뜻한다. 1898년 스페인과 미국 간의 전쟁 시 중국에서 가져온 면직물 바지가 카키색(Khaki) 작업복으로 염색되어 장병들에게 보급되었고, 그 후 일반인들에게까지 널리 보급되었다. 바지의 직물을 중국에서 들여왔다고 치노팬츠라고 한 것이 다소 흥미롭다. 바지의 출처를 궁금해하던 장병들이 대화 중 "이 시원한 바지 어디서 났어?"라는 질문에 "보급관이 뭐라고 하더라. '치노'라고 한 거 같아."와 같이 답한 담화에서 유래되었다는 설이 있다.

카키색이었던 치노팬츠는 이와 같이 다양한 색상으로 제작된다.

● 카디건(cardigan)

카디건은 크림 전쟁(the Crimean War, 1853-1856) 중 발라클라바 전투(the Battle of Balaclava)에서 경기병 돌격을 지휘한 영국 육군 소장인 7대 카디건 백작 제임스 브루데넬(James Brudenell, 7th Earl of Cardigan, 1797~1868)의 이름에서 유래되었다. 그는 모(wool)로 짠 조끼를 입었으며, 카디건 경이 전쟁 후 얻은 명성으로 인해 그의 의류까지 인기를 끌게 되었다.

카디건 백작

　카디건은 원래 니트 민소매 조끼만을 지칭했으나 시간이 지남에 따라 다른 유형의 의복으로 확장되었다. 목이 꽉 끼는, 입고 벗기가 불편했던 기존의 니트보다는 앞에 트임이 있는 것이 전쟁 때의 부상병들도 입고 벗기에 간편했다. 카디건은 코코 샤넬(Coco Chanel)이 이러한 점을 여성복에 적용하여 소개하면서 대중적으로 큰 인기를 얻기 시작했다. 단추로 앞트임이 처리되어 봄, 가을에는 아우터로 입고 겨울에는 니트 대용으로 입기도 하여 일 년 내내 사랑받는 필수템이다.

우리가 입는 옷들이 누가, 언제, 어디서, 어떻게, 왜 그와 같이 불리게 되었는지를 찾다 보면 옷에 장착된 작은 기능들은 단순히 멋을 위한 것뿐만 아니라 각각 그에 따른 기능들이 있다는 것이 늘 흥미롭다.

Talk about Fashion × English

영어 대화 속 패션 관련 표현을 알아봐요!

codi Take a look at this a photo taken by **paparazzi** this morning. You seem to have a **boho-chic** moment with these **earth tones**. Where did you get those clothes?

Olivia Oh, I got them for free for a **promotional campaign** from the Earthy Boutique. Jeez, I look **uber-conservative** in that pic.

codi I brought a striped cardigan for you. You're gonna **shoot** the reality program wearing it this afternoon?

Olivia I'm not feeling the **horizontal** stripes because they would make me look bigger.

codi Well, we can always **zhuzh** it **up** with some accessories. I'll be right back.

Vocabulary

paparazzi 파파라치
earth tone 어쓰 톤, 흙과 같은 톤
promotional campaign 프로모션 행사
uber 최고의, 최대의 (비격식, 독일어)
uber-conservative 매우 보수적인
shoot 촬영하다
horizontal 가로의
zhuzh up 멋지게 꾸미다 (= zhoosh up, zhoozh up)
● **boho-chic** 보호시크, 보헤미안(bohemian), 히피(hippie)의 영향을 받은 스타일. 보호(21세기 초에 유행한 여성 패션 스타일의 하나. 헐렁한 상의와 긴 치마, 넓은 벨트, 부츠로 이뤄짐.)

코디 오늘 아침에 파파라치한테 찍힌 사진 한번 봐 봐. 이런 어쓰 톤으로 보호시크 스타일을 만끽하는 것처럼 보여. 어디서 났어?
올리비아 아, 그거 얼띠 부티크 행사에서 협찬해 준 거야. 어휴, 이 사진에서는 완전 보수적으로 보이네.
코디 줄무늬 카디건 가지고 왔어. 오늘 오후에 이거 입고 리얼리티 프로그램 촬영할 거지?
올리비아 나 가로줄무늬 싫어하는데, 몸집이 더 커 보여서 말이야.
코디 음, 몇 가지 액세서리로 멋을 좀 내 보자. 금방 올게.

Expressions for Fashion Trends

더 많은 트렌디한 표현을 알아봐요!

— I love these **fatigues**.
나는 이 야전 점퍼가 마음에 들어.

— This trench coat is not as boxy as I thought it would be.
이 트렌치코트는 내가 생각한 만큼 박시 하지 않아.

— You look very on trend with that **bomber jacket**.
항공 점퍼 입으니까 세련돼 보여.

— He always wears a **camo** jacket with **wide leg pants**.
그는 항상 야전용 재킷이랑 배기팬츠를 입어.

— This is my first custom-made trench coat.
이건 내 취향에 맞게 디자인한 첫 번째 트렌치코트야.

— This trench coat is very durable so you can wear it to death.
이 코트는 질겨서 아마 죽을 때까지 입을 거야.

— This **ribbed** cardigan is probably one of the softest sweaters in my wardrobe.
골이 지게 짜인 이 카디건은 아마도 내 옷장에 있는 옷 중 가장 부드러운 스웨터일 거야.

— Camos are part of the **garrison** uniform and combat dress of many armies, but nowadays you can find them on the street.
야전 재킷은 수비대 유니폼이나 군인들의 전투 복장인데, 요즘은 누구나 입어.

— This **shearling jacket** has a fur-lined hood for that classic **puffer coat** look.
이 시어링 재킷은 클래식한 푸퍼코트 룩을 위해 모피 안감이 달린 후드가 있어.

Vocabulary

fatigue 군복 문양이 들어간 야전 점퍼를 말하며 khaki라고도 한다.

bomber jacket 항공 점퍼 (p.138 참고)

camo camouflage(변장)의 줄임말, 야전용 재킷

wide leg pants 통이 넓은 바지로 배기팬츠(baggy pants)라고도 한다. 배기팬츠는 다소 오래된 용어이다.

ribbed 골이 지게 짜인

garrison 수비대

shearling jacket 시어링 재킷 (p.139 참고)

puffer coat 패딩 코트

Fashion Glossary
어떻게 부르는지 알아봐요!

What to Call Them

cardigan(카디건)
크림 전쟁 당시 부상당한 병사들이 입고 벗기에 편리하도록 앞트임을 한 것이며 전쟁을 승리로 이끈 백작의 이름을 땄다.

trench coat(트렌치코트)
처음으로 디자인 한 토마스 버버리의 이름을 따 흔히 버버리 코트(Burberry coat)라고도 불린다.

bomber jacket(항공 점퍼)
짧은 기장에 팔과 어깨 부분의 펑퍼짐함이 특징으로, 공군이나 항공 대원들이 보온을 위하여 입는 점퍼. flight jacket이라고도 한다.

sailor jacket(세일러 재킷)
어깨를 덮는 큰 옷깃은 바람 때문에 소리가 잘 안 들릴 경우 깃을 세워 바람을 막거나 바다에 빠졌을 경우 옷을 찢어 헤엄치기 위함이었다. 영국 해군이 입기 시작했으며 일본 학생들의 교복으로 잘 알려져 있다.

shearling jacket(시어링 재킷)
무스탕과 가장 흡사한 스타일로 가죽이며 양털이 안쪽에 있는 게 특징이다.

field jacket(야전용 재킷)
야전(field operations)을 위해 입었다. 눈에 잘 띄지 않도록 변장하기 위해 풀 모양의 문양을 한 것도 있으나 일상복으로 입기 위해 주로 카키색으로 디자인되며 앞에 포켓이 많은 것이 특징이다. 군복의 문양이 있는 재킷은 camouflage를 줄여 주로 camo라고 한다.

Outfit
이렇게 연출해봐요!

- **large pave hoop earings** 라지 페이브 후프 귀걸이
- **beige shearling coat** 베이지 시어링 코트
- **white flared pants** 화이트 플레어드 팬츠
- **brown leather bag** 브라운 가죽 가방
- **dark beige boots** 다크 베이지 부츠

2 뽀글이에서 겨울 패딩까지

'Retro(레트로)'는 '추억'이라는 의미를 지닌 'retrospect'의 약어로, 과거의 추억이나 전통 등을 그리워하는 성향을 말한다. 레트로보다 더 자주 접하게 되는 신조어인 'new-tro(뉴트로)'는 'new(새로운)'와 'retro(과거를 그리워하는)' 두 단어가 합쳐진 합성어이다. 즉, 과거에 유행했던 것이 현재에 다시 유행하지만 현재 대중들의 기호에 맞춰 패션을 다시 재해석해 만든 것을 '뉴트로 패션'이라고 한다.

패션 분야에는 특히 외래어, 영어식 표기가 많은 것이 사실이다. 이와는 다르게 레트로의 느낌을 더해 주는 몇 개의 우리식 명칭이 귀에 쏙 남는다. 예를 들면, 운동화나 겨울 재킷을 여미는 용도로 흔히 쓰는 velcro(벨크로)는 그 소리 때문에 '찍찍이'라고 하며, 누벼서 만든 조끼는 '누빈다'는 의미를 지닌 '퀼티드 재킷(quilted jacket)'이라는 명칭보다 안의 재질이 까끌해서 '깔깔이'로 통한다. 뉴트로 패션의 선두주자로 양털처럼 생긴 '뽀글이'를 빼놓을 수 없다. 양털이라는 의미를 지닌 '플리스(fleece)'가 다소 정감은 없지만 올바른 영어 명칭이다. 우리식 발음으로 흔히 '후리스'라고도 한다.

날씨가 추워지면 거리에 검은색 롱 패딩이 물결을 이룬다. 특히 중고등학생들이 교복처럼 입어 이러한 물결에 한몫을 하는 롱 패딩은 자세히 보면 종류가 여러 가지다. 패딩은 사실 콩글리시이며 'padded coat, down coat'가 올바른 표현이다. 또는 '푸퍼(puffer)'라고도 한다. puffer의 사전적 의미는 '뻐끔뻐끔 담배를 피우다', '~을 불룩하게 부풀리다', 배가 볼록한 '복어'다. '푸퍼코트(puffer coat)'는 '버블코트(bubble coat)'라고도 불리며 방울처럼 보이게 하는 '퀼팅(quilting-누빔)' 기법을 사용하여 귀여우면서도 레트로(retro-복고)의 이미지를 보여 줌과 동시에 세련된 색감과 '숏 푸퍼코트(short puffer coat)' 등 길이를 다양하게 조절한다. 뉴트로식 푸퍼코트가 점차 세력을 확장하여 롱 패딩을 갈아 치운 지 오래다.

뽀글이만큼이나 정감 있는 떡볶이 코트는 단연 단추 디자인이 여느 코트와는 확연히 다르다. 떡볶이처럼 생긴 단추 여러 개가 코트에 붙어 있는 듯 보여서 그런지 우리는 '더플코트(duffle coat)'를 떡볶이 코트라고 부른다. Duffel은 벨기에의 지명이자 그곳에 나는 직물 이름이기도 하다. 북유럽이기에 추운 겨울철에 어부들이 보온성이 좋은 더플 직물로 모자를 달아 코트를 만들어 입은 데서 유래하였다.

'발마칸코트(balmacaan coat)'는 더플코트와 더불어 뉴트로 대열에 함께하고 있는, 오랫동안 사랑받고 있는 코트 중 하나다. 북유럽의 스코틀랜드 인버네스(Inverness) 지역 부근의 이름을 코트명으로 사용한 것이다. 추운 날씨와 잦은 비로, 무릎 밑까지의 길이와 래글런 소매(raglan sleeve)가 특징이다. 래글런 소매는 옷의 어깨 부분과 소매 부분을 구분하는 선이 없이 한 줄의 박음질을 하여 비를 맞게 되어도 옷에서 비가 막힘없이 흘러내리도록 한 것이 특징이다.

이렇듯 오랜 동안 사랑받는 아우터들은 뉴트로 열풍을 타고 돌고 도는 패션 아이템이기에 버리지 못하고 늘 옷장에 간직하게 마련이다.

Talk about Fashion × English
영어 대화 속 패션 관련 표현을 알아봐요!

designer　Do you remember the **duffle coat** that you had in school? This is a cooler version of that.

model　Wow, it's very comfortable, and it's even **tapered** at the bottom.

designer　Wearing the coat over the jacket will **tone down** the loud print. You're not gonna see as much of it.

model　The **proportions** make me look taller than I actually am.

designer　Style doesn't stay long – it goes after a season. Style should be dressing the way that makes you feel confident.

Vocabulary
duffle coat 더플코트
taper 아래쪽으로 갈수록 폭이 좁아지다
tone down 톤을 낮추다
proportion 비율

디자이너　학생 때 입었던 이 더플코트 기억해? 이건 그 코트의 좀 더 세련된 버전이야.
모델　와우, 정말 편안하고, 심지어 아래 좁아지는 라인이 마음에 들어요.
디자이너　재킷 위에 이 코트를 입으면 큰 프린트 문양을 약간 진정시켜 줄 거야. 프린트가 그리 많이 보이지 않을 거야.
모델　이 의상의 비율이 제 키보다 좀 더 커 보이게 하는 것 같아요.
디자이너　스타일은 그리 오래 가지 않아. 시즌 후면 희미해져. 스타일은 네가 자신감을 가질 수 있도록 입는 거야.

Expressions for Fashion Trends

더 많은 트렌디한 표현을 알아봐요!

- I love this **furry ebony** fur coat.
  이 푹신푹신한 에보니 퍼코트가 맘에 들어.

- This classic duffel coat in **maroon** goes with almost any look.
  이 클래식 마룬 더플코트는 어떤 룩이랑도 다 어울려.

- You look trendy with a **teddy coat**.
  테디코트를 입으니까 (유행을 따르면서) 세련돼 보여.

- I got this cream coat on sale at H&M.
  이 크림색 코트 H&M에서 샀어.

- Is this coat machine **washable**?
  이 코트 물빨래 가능한가요?

- Could you **put** this **turquoise** coat **on hold** for me?
  이 터키옥색 코트 잠깐 빼 놓으시겠어요?

- This kind of **fleece** is timeless.
  이런 종류의 플리스는 유행을 안 타.

- You'll look gorgeous with this **viridian** puffer coat.
  이 터키옥색 푸퍼코트 입으면 환상적일 거야.

- That crimson coat's taken a decade off you.
  그 진홍색 코트가 십 년은 젊어 보이게 해.

- That purple coat makes you look so **luxe**.
  그 보라색 코트 입으니까 럭셔리해 보여.

Vocabulary

furry 털로 덮인
ebony 흑단색
maroon 밤색 (p. 147 참고)
teddy coat 테디베어 인형 털처럼 생겨 붙은 이름 (p. 146 참고)
washable 물빨래가 가능한
put something on hold 뭔가 마음에 들 때 '잠깐 가지고 있어 달라'라는 의미
turquoise 터키옥색 (p. 146 참고)
fleece 플리스 (p. 144 참고)
viridian 청록색 (p. 147 참고)
luxe luxurious의 약자

Fashion Glossary
어떻게 부르는지 알아봐요!

What to Call Them

fleece (플리스)
양털(fleece) 모양을 하고 있으며 실제 폴리에스테르(polyester) 계열의 직물을 사용하여 보온성이 좋고 가벼운 것이 특징이다.

duffle coat (더플코트)
toggle(토글: 외투 등에 다는 짧막한 막대 모양의 단추)을 루프(loop)에 끼우는 것이 특징이다. 더플은 벨기에에 위치한 duffel이라는 지역에서 생산되는 직물 이름이며 코트명은 주로 duffle로 표기한다.

cocoon coat (커쿤코트)
cocoon은 (누에)고치를 말한다. 밑단으로 향할수록 좁아지는 실루엣이 특징이다.

chesterfield coat (체스터필드코트)
19세기 영국의 체스터필드 4세 백작이 입었던 데서 유래한 명칭이다. 폭이 좁고, 길이는 무릎 밑까지 다소 긴 것이 특징이며 남성복으로 시작되었으나 여성용도 생산된다.

cape coat (케이프코트)
망토처럼 두르는 코트이며 팔 부분이 이음새 부분으로 나오는 것이 특징이다.

pea coat (피코트)
엉덩이 길이, 더블 단추, 75~90도를 이루며 만나는 부분에 노치가 있는 노치트 라펠(notched lapel)이 특징이며 네덜란드어인 '파이(pij)'와 '이엑컬(-jekker)'이 합쳐진 파이엑컬(pijjekker)에서 유래된 명칭이다.

balmacaan coat (발마칸코트)
발마칸이라는 단어는 스코틀랜드 인네버스 근처의 개인 사유지인 Balmacaan이라는 지명에서 따왔다. 바람이나 비를 막는 용도의 외투(overcoat)로 사용되었으며 어깨선에 이음새가 없는 래글런슬리브(reglan sleeves)가 특징이다.

puffer coat (푸퍼코트)
거위 털을 넣은 것을 구스다운(goose-down)이라고 하듯 down coat, padded coat라고도 하며 puffer는 퀼트(quilting) 박음질로 부푼 모양이 특징이다.

Fashion Tips
패션을 위한 꿀팁!

fur coat (퍼코트)
퍼(fur)는 모피라는 의미로, 방한용뿐만 아니라 사치를 위해서도 이용되는 고가의 코트라고 인식되어 왔으나 동물 모피가 아닌 인조 모피로 된 코트까지 총칭하는 단어로 사용된다.

teddy coat (테디코트)
곰 인형인 테디 베어 모양과 비슷하다고 하여 붙여진 이름이며 플리스보다 털이 더 뽀송뽀송한 것이 특징이다.

Clothing Tips
색감을 표현하는 단어들의 모음

 silver 은색

 vermilion 주홍색

 gold 금색

 bronze 구릿빛

 magenta 자홍색

 fuchsia 선명한 보라색

 lavender 연보라색

 violet 보라색

 salmon pink 연어 살색

 lilac 연보라색

 coral 산호색

 indigo 남색

 peach 복숭아색

 turquoise 터키옥색

 dusty pink 회색을 띤 분홍색

 cobalt blue 암청색

rose 장미색

lapis lazuli 선명한 청색

crimson 진홍색

 cyan 남색

scarlet 진홍색

 blue green 청록색

Outfit
이렇게 연출해봐요!

- **dark orange fedora** 다크 오렌지색 페도라
- **green sweater** 녹색 스웨터
- **dark orange fur coat** 다크 오렌지색 퍼코트
- **black handbag** 블랙 핸드백
- **terra cotta corduroy pants** 적갈색 코르덴 팬츠
- **terra cotta pumps** 적갈색 펌프스

●	**lime green** 라임빛 녹색	●	**mustard** 겨자색
●	**emerald green** 진녹색	●	**terra cotta** 적갈색
●	**mint green** 민트 그린	●	**tan** 황갈색
●	**olive** 황록색	●	**camel** 낙타색(담황갈색)
●	**viridian** 청록색	●	**chocolate** 초콜릿색
●	**forest green** 짙은 황록색	●	**ochre** 황토색
●	**off-white** 황백색	●	**maroon** 밤색
●	**milky white** 유백(乳白)색	●	**amber** 황색(호박색)
●	**cream** 우윳빛	●	**ash-gray** 회백색
●	**nude color** 누드컬러, 살색	●	**ebony** 흑단색
●	**lemon yellow** 담황색	●	**toffee** 토피색

3 - 남자 슈트의 정석 턱시도(tuxedo)

각종 시상식에 등장하는 레드 카펫(red carpet)의 붉은 융단은 귀빈을 환영한다는 뜻으로 귀빈이 맨땅을 밟지 않게 하겠다는 극진한 환영과 영접의 뜻을 담고 있다. 또한 이 빨간색은 권위를 상징해 귀족과 왕실에서만 사용하던 것이다. 레드는 중세 시대 염색 공장에서 가격이 가장 비싼 색이었다고 한다. 이러한 이유로 레드 카펫은 'Give someone red carpet treatment(누구를 극진히 대접하다)'가 사전적 의미이다.

시상식에서 레드 카펫을 밟고 등장하는 남자 셀럽들의 옷은 대부분 턱시도다. 턱시도의 대표적인 소재로는 주로 벨벳(velvet)과 실크(silk)가 있다. 벨벳은 거죽에 곱고 짧은 털을 촘촘히 돋게 짠 비단으로 우리가 흔히 '비로도'라고도 발음한다. '비로도'는 벨벳을 'veludo(벨루도)'라고도 하는 것에서 유래됐다.

● 보이는 그대로가 명칭

턱시도라는 명칭은 뉴욕(New York)주 오렌지카운티(Orange County)에 있는 마을 이름이기도 하다. 1886년 켄트 담배를 생산하는 기업의 소유주가 각계의 지위가 높은 인사들을 모시고자 만든 사교 클럽의 이름이 '턱시도'였다. 턱시도라고 불리는 공원(Tuxedo Park)에서 모임이 시작되면서 남성들이 입고 등장한 연미복이 공원 이름과 같은 '턱시도'가 된 것이다.

턱시도가 일반 양복과 다른 점은 재킷, 셔츠, 펼쳐진 나비의 날개 모양을 한 '보타이(bow tie)'다. 우선, 턱시도 재킷의 가슴 부위를 덮는 부분을 '라펠(lapel)'이라고 부른다. 라펠은 크게 피크 라펠(peak lapel, 'V'자를 거꾸로 놓은 것과 같은 뾰족한 라펠), 숄 라펠(shawl lapel, 여자들이 두르는 숄처럼 둥근 라펠), 남성 양복에서도 흔히 볼 수 있는 가장 평범한 노치 라펠(notch lapel)로 나뉜다.

셔츠는, 일반적인 칼라(collar)를 한 레귤러 셔츠를 입기도 하지만 영화 '타이타닉(Titanic)'에서

'레오나르도 디카프리오(Leonardo Dicaprio)'가 입은, 칼라의 끝부분이 날개처럼 뾰족한 윙 칼라(wing collar) 셔츠가 턱시도의 멋을 더해 주기도 한다. 윙 칼라 셔츠는 앞부분을 아주 좁게 잡아서 박았다고 하여 핀턱(pin tuck)이라고 불리는 가는 주름을 특징으로 한 디자인도 있다.

재킷의 포켓 또한 크게 두 가지로 나뉜다. 주머니를 덮는 부분이 밖으로 보이는 패치(patch) 포켓과 여민 부분이 안으로 들어간 제티드(jetted) 포켓이다.

레오나르도 디카프리오는 타이타닉에서 턱시도와 어울리는 '보타이(bow tie)'를 매고 등장했다. 'bow'는 운동화 매듭과 같이 양쪽이 넓게 묶이는 매듭을 의미한다. 그래서 펼쳐진 나비의 날개 모양인 넥타이를 '보타이'라고 부른다.

넥타이는 매는 매듭 모양에 따라 다양한 명칭들이 있다. 그중 가장 흔한 매듭은 Y형 타입으로 이는 '포 인 핸드(four-in-hand)'라고 불린다. 이는 '네 마리의 말이 하나의 마차를 끈다.'라는 의미를 지닌다. 이와 같은 표현은 마부가 말의 고삐를 Y형으로 매고 말을 몰았다는 데서 유래되었다.

이 밖에도 블레이저(blazer)라고 불리는 재킷은 패치 포켓과 금속 단추가 특색이다. 올림픽 경기 등의 심판 유니폼이나 남학생들의 교복 상의에 이용되기도 한다. 블레이저는 '불꽃, 섬광'이라는 의미를 지닌 블레이즈(blaze)를 이용한 것으로, 1870년대 옥스퍼드 대학과 케임브리지 대학의 보트 경기(Oxford vs Cambridge University Boat Race)에서 유래되었다. 선수들이 경기 시작 전에 입고 있던 진홍색 유니폼 상의를 일제히 공중에 벗어서 던졌는데, 이 모습이 불이 타오르는 모습과 같다 해서 사용되기 시작하였다.

이처럼 남성복의 이름은 고유명사나 눈으로 보이는 모습을 묘사한 것이 의류의 명칭이 된 것이 많다.

Talk about Fashion × English
영어 대화 속 패션 관련 표현을 알아봐요!

tailor　Is there any area you are **self-conscious** of?

customer　I don't like my **muffin top**.

tailor　You should tuck in your shirt slightly in the front. It makes your waist look a little slimmer. It's called the **French tuck**. Why don't you try putting this jacket over it?

customer　I like the **partial** tuck, but I'm **drowning in** this suit.

tailor　Your shirt sleeve should hit the **palm** of your hands, and this part of your jacket should be a third of an inch shorter than that.

customer　I always thought the sleeve of the jacket had to cover over the shirt, but I guess that styles change.

Vocabulary

self-conscious 신경 쓰는, 남의 시선을 의식하는
partial 부분의
be drowning in ~에 푹 빠지다 (내용상 옷이 너무 크다.)
palm 손바닥의 평평한 부분
● **muffin top** 머핀 윗부분처럼 생긴 뱃살(치마나 바지허리 부분 위로 불룩 튀어나오는 뱃살)을 말한다.
● **French tuck** 셔츠의 앞부분을 살짝 바지 안에 넣은 후 밖으로 자연스럽게 약간만 뺀다.

재단사　신체 부위에서 가장 신경 쓰이는 부분이 어디예요?
고객　제 뱃살이에요.
재단사　셔츠 앞부분을 살짝 안에 넣으면, 허리 부분이 조금 슬림해 보여요. 프렌치 턱이라고 하죠. 이 재킷을 위에 입어 보시겠어요?
고객　일부만 넣는 게 마음에 드는데, 이 양복이 너무 커요.
재단사　셔츠 소매는 손바닥까지 와야 하고, 양복 소매는 셔츠 소매보다 1/3인치 짧아야 해요.
고객　저는 재킷 소매가 항상 셔츠를 덮어야 한다고 생각했는데, 스타일이 변하는 것 같아요.

Expressions for Fashion Trends

더 많은 트렌디한 표현을 알아봐요!

— You don't look like your **average Joe** in that **tux**.
넌 턱시도 입으니까 평범한 남자로 안 보여.

— Just a couple of tweaks of the blazer can make it really fit to your body.
블레이저를 몇 가지만 수선하면 핏이 정말 딱 맞을 거야.

— This blazer is a good cross between a casual jacket and a formal jacket.
이 블레이저는 그렇게 캐주얼하지도 않고 그렇게 포멀하지도 않은 재킷으로 적당해.

— I'd like to make this tuxedo into something that can represent the true you, making you feel confident about yourself.
나는 자신감을 느끼게 하면서 진정한 너를 표현해 주는 그런 턱시도로 만들고 싶어.

— A cool denim jacket is exactly what you need for a casual look.
청재킷은 캐주얼 룩을 위해 꼭 필요한 거야.

— I love a neutral brown on you. This brown blazer isn't too bright, and relatively **subdued**.
뉴트럴 브라운이 잘 어울린다. 이 브라운 블레이저는 그다지 밝지 않아서 튀지도 않아.

— You are **eyeing** this suit, but you don't wear a suit in general.
너 양복을 눈여겨보는구나. 근데 보통 정장 안 입잖아.

— I went for a semi-formal look by pairing chinos with a blazer.
나는 면바지에 블레이저를 입고 세미 정장 룩을 연출했어.

— Denim jackets **are back** this autumn.
청재킷이 올가을에 다시 유행이야.

Vocabulary

average Joe 평균적인 남자, 보통 남자(guy와 같은 평범한 남자를 말함.)
tux 턱시도(tuxedo)를 짧게 표현한 것
subdued 잔잔한, 튀지 않는
eye 무엇을 눈여겨보다
be back 다시 유행이다

Fashion Glossary
어떻게 부르는지 알아봐요!

What to Call Them

blazer(블레이저)
왼쪽 가슴에 패치 포켓이 특징이며 일반적인 남성 재킷을 총칭하기도 한다.

tuxedo(턱시도 재킷)
결혼식, 시상식과 같은 행사 때 입는 남성복 재킷. 벨벳이나 실크 소재로 화려하면서 고급스러운 디자인이 특징이다. dinner suit 또는 tux라고도 한다.

denim jacket(청재킷)
1930년대에 Levi Strauss(리바이스트라우스)사가 질긴 데님으로 청바지에 맞게 상의를 만든 것이 청재킷의 시초가 되었다.

Fashion Tips

색의 디테일함을 표현하기 위한 단어들을 알아봐요!

Outfit

이렇게 연출해봐요!

Clothing Tips

shade of color
색조

gradation
그러데이션 (서서히 연해지는 색)

color combination
색 조합

fluorescent colors
형광색

primary colors
원색

neutral colors
중성색

warm colors
따뜻한 색

cold colors
차가운 색

autumn colors
가을 색

pastel colors
파스텔 톤

earth tone colors
흙빛 색

smoky colors
스모키 색

bluish
청색을 띤

reddish
붉은빛을 띤

whitish
하얀빛을 띤

blackish
검은빛을 띤

grayish
회색빛을 띤

bright
밝은

vivid
선명한

soft
부드러운

light
가벼운

pale
희미한

deep
깊은

dark
어두운

tricolor
삼색

bicolor
투톤

trend color
유행 색

tone
톤

similar color
유사 색

opposite color
반대 색

glossy
윤이 나는

opaque
불투명한

basic colors
베이식 컬러 (기본 색)

accent color
악센트 컬러 (강조 색)

monotone
단조로운

fade
바랜

light blue button-down shirt
밝은 청색 버튼다운 셔츠

blue suit
파란색 양복

print tie
프린트 타이

black Oxfords
블랙 옥스퍼드

이름이 먼저냐? 심리가 먼저냐?

일반명사처럼 사용되는 코카콜라, 포스트잇, 대일밴드, 자쿠지와 같은 제품명은 고유명사에서 시작되었다는 공통점이 있다. 심리학 용어를 공부하다 보면 제품명과 같이 고유명사가 특정한 심리 증상과 연관되어 있음을 알 수 있다. 그 유래와 그것이 나타내는 의미를 살펴보자.

● 가스라이팅(gaslighting)

영국 작가 '패트릭 해밀턴(Patrick Hamilton, 1904~1962)'이 1938년에 연출한 연극 '가스등(Gas Light)'에서 유래되었다. 이 연극은 1944년에 영화로 개봉되어 큰 인기를 끌었으며, '가스라이팅'은 정신분석가이자 심리치료사인 '로빈 스턴(Robin Stern)'이 2007년에 처음으로 그 개념을 정립한 심리학 용어이다.

아내의 재산을 노리고 결혼한 남편이 멀쩡한 아내를 정신병자로 만드는 과정에서 집안의 가스등을 일부러 희미하게 해 놓고 아내가 어둡다고 할 때마다 아내를 압박하고 핀잔을 주어 현실감을 잃도록 함으로써 아내 스스로가 자신을 믿지 못하고 남편에게 의존하게 되는 과정이 주 내용이다. 이야기에 등장하는 남편과 같이 타인의 심리를 지배하고 조종하는 행위를 하는 사람을 '가스라이터(Gaslighter)'라고 한다. 영화 '가스등'은 아카데미 3회 수상 기록을 보유한 스웨덴 출신의 여배우 '잉그리드 버그먼(Ingrid Bergman, 1915~1982)'이 남편에게 조종당하는 아내 역을 연기하여 크게 화제가 된 영화이기도 하다.

주변에서도 이러한 내용의 사례를 확인할 수 있다. 가족, 직장, 종교 단체, 그리고 연인 관계에서까지. 피해자는 사기, 범죄에 대한 판단과 분별력을 상실한 상태로 가해자에게 정신적 조종을 당하여, 가해자에게 맹목적 헌신을 하게 되면서 심하면 범죄에까지 이르는 경우도 적지 않다.

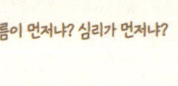# 이름이 먼저냐? 심리가 먼저냐?

● **스톡홀름 증후군**(Stockholm Syndrome)

1973년 스웨덴 스톡홀름에 위치한 한 은행에서 실제로 벌어진 강도 사건에서 유래된 범죄 심리학 용어이다. 6일간의 인질극이 있은 후 인질들은 극적으로 경찰에 의해 구조되었다. 그러나 조사 과정 중 인질들은 경찰에게 적대감을 보이며 인질범들에게는 애착을 보임과 동시에 오히려 가해자를 옹호하는 행동을 보였다. 이는 두려움과 공포를 극복하려는 심리와 함께 생존하기 위한 본능에서 보이는 비이성적 행동이다. 이는 주변에서 데이트 폭력, 부모의 아동 학대와 같이 폭력을 가하는 남자 친구나 부모에게 반항하지 못하고 비이성적인 애착을 가짐과 동시에 자존감을 잃은 상태로 복종과 순종하는 사례로 발견된다.

스톡홀름 증후군을 다룬 넷플릭스 영화인 '365 Days'에서는 폭력성과 다정함의 양면성을 보이는 인질범에게 매력을 느끼며 사랑에 빠지는 인질과 인질범의 사랑 이야기가 나온다. 이는 범죄를 미화했다고 하여 큰 이슈를 불러일으키기도 했다.

● **로미오와 줄리엣 효과**(Romeo & Juliet Effect)

한 심리학 실험에서, 연구자들이 학생들에게 미(美)의 기준으로 10개의 포스터를 골라 보라고 요청하였다. 연구자들은 실험이 끝나고 나면 실험 참여에 대한 대가로 10개 중 한 개의 포스터를 가져갈 수 있다고 학생들에게 약속하였다. 그러나 학생들이 과제를 끝냈을 때, 세 번째로 가장 아름답다고 선택된 포스터는 학생들이 가지고 갈 수 없다고 말했다. 그러고 나서 학생들에게 처음부터 다시 포스터 10개의 순위를 매겨 보라고 요청하였다. 결과는 학생들이 가져갈 수 없는(즉, 세 번째로 순위를 매긴) 포스터가 가장 아름다운 포스터로, 그 순위가 바뀌었다. 이 실험은 '로미오와 줄리엣 효과'를 보여 주는 한 예이다. 셰익스피어의 비극인 로미오와 줄리엣처럼, 그들의 사랑이 허락되지 않을 때 서로에게 가장 매력을 느낀다는 것을 보여 준 것이다. 사람들은 가질 수 없다는 것을 알게 될 때, 그 대상에 더욱 끌림을 느끼기 시작하기 때문이다.

이처럼 심리학에서는 연극 제목, 지명, 배역 이름 등이 특정 심리 현상을 가리키는 용어로 사용되는 경우가 적지 않다.

    짝사랑하는 여자의 아버지가 범죄자라는 사실을 알고도 전혀 흔들림 없이 정의를 위해서 싸우는 '스파이더맨'의 톰 홀란드(Tom Holland, 피터 파커 역)가 키는 좀 작아도 로미오보다 멋있다는 생각을 하면서 '피터 효과(Peter Effect)'라는 용어가 생겼으면 하는 바람을 문뜩 가져 본다.

CHAPTER

6

하의(Bottoms)

"Fashion is what you're offered four times a year by designers. And style is what you choose."
— Lauren Hutton

"패션은 디자이너들에 의해 일 년에 네 번 제안받는 것이며, 스타일은 당신이 선택하는 것이다." — 로렌 허튼

1 — 빌리진 Not My Lover, 블루진 My Lover

은막의 스타이자 시대의 아이콘이었던 제임스 딘(James Byron Dean, 1931년 2월 8일 ~ 1955년 9월 30일)이 생전에 즐겨 입었던 청바지는 세월이 흐른 지금도 젊음의 상징으로 사랑받고 있다. 하지만 우리는 청바지에 대해 깊이 알지 못한다.

● **브라운진에서 출발한 블루진**

우선, 블루진(blue jeans)이라는 명칭은 청바지의 원료인 면직물 데님(denim)이 나는 곳인 이탈리아의 제노아(Genoa)에서 시작되었다. 이를 영국식으로 진(Gene 또는 Jean)이라고 발음하게 되었고, 바지를 트라우저즈(trousers), 팬츠(pants)와 같이 복수형으로 사용하면서 진(jean)이 진스(jeans)가 된 것이다.

청바지는 처음에 청색이 아닌 황색이었다고 한다. 인디고 페라(Indigofera) 잎에서 추출한 파란색 염료를 바지에 사용해, 인디고(indigo)색을 황색 바지에 입혀 현재 우리가 입는 청바지가 된 것이다.

청바지의 역사는 1850년대 샌프란시스코(San Francisco)에서 시작된 골드러시(Gold Rush)로 거슬러 올라간다. 많은 이들이 금을 캐기 위해 마차를 타고 샌프란시스코로 몰려들기 시작했다. 독일 태생인 리바이스트라우스(Levi Strauss)는 미국으로 이민을 오게 되면서 금을 캐는 광부들을 보고 그들에게 잘 찢기지 않는 바지를 만들어 판매하기 시작했다. 바지는 황색을 띤 질긴 마차의 천막 천으로 만들어 처음에는 황색이었다. 그런데 어떻게 바지를 청색으로 만들 생각을 했을까?

탄광 지역에는 특히 뱀이 많았다. 뱀은 시력이 거의 없어 혀로 온도와 냄새를 감지해 먹이를 찾는 파충류다. 적외선 감지기를 통해서 보면 청색이 낮은 온도로 표시되듯이 청색 옷이 광부들에게 도움이 될 것이라는 생각에 황색 바지에 파란색인 인디고색을 입혀 팔기 시작한

것이 바로 블루진이라는 설이 있다.

　금을 캐는 광부들에게 인기 있던 청바지는 대성공을 거두며 그의 이름을 딴 리바이스(Levi's) 공장이 샌프란시스코에 문을 열고 본격적인 청바지 사업이 시작되었다. 이어 1873년에 재단사인 제이콥 데이비스(Jacob Davis)가 쉽게 뜯어지는 주머니 부분에 황색의 리벳(rivet)을 만들어 붙이게 되었으며, 천을 보관한 상자가 501번이라는 이유로 청바지에 최초로 일련번호를 붙여 판매한 것이 그 유명한 Levi's 501이다. 이어 미국을 상징하는 독수리의 날개 모양을 뒷주머니에 새기게 된다. 두 개의 마차가 당겨도 찢어지지 않는다는 가죽 패치를 달고 Levi's의 501 청바지는 전 세계적으로 대성공을 거두었다.

　1900년대에 접어들면서 미국이 산업화 물결을 타며 청바지는 작업복이 아닌 평상복의 이미지로 탈바꿈을 하게 된다. 청바지가 사랑을 받던 중, 앞서 언급한 미국의 유명 배우인 제임스 딘(James Dean)은 1955년 9월 30일에 불의의 교통사고로 사망하게 된다. 사고 3일 후인 10월 3일에 그가 주연한 영화가 개봉되었는데, 그것이 '이유 없는 반항(Rebel Without a Cause)'이다. 그가 영화에서 내내 입고 나온 옷이 바로 청바지였으며, 영화 주인공의 이미지 때문에 청바지는 젊음, 반항, 자유를 상징하게 된다. 이러한 이유로 학교에서 청바지를 입는 것이 금지되었던 적도 있었다고 한다.

● 역사를 입고 또 다른 역사를 남기고 간 스티브 잡스

2000년대는 스마트폰 시대다. 아이폰을 남기고 세상을 떠난 애플 사의 창업자 스티브 잡스(Steve Jobs)도 한결같이 Levi's 501을 입고 있었다. 그는 2010년 6월 검은색의 터틀넥(turtleneck), 리바이스 501, 뉴발란스 운동화 차림으로 아이폰을 선보이는 프레젠테이션을 하였는데, 이때부터 전 세계는 그의 상품에 열광하게 된다. 그때 그가 입은 청바지는 의미가 남다르다.

　스티브 잡스는 엘리트 코스를 밟은 빌 게이츠와는 대조적으로, 입양아로 자라면서 어려운 환경 속에서도 도전, 실험, 창의적 정신을 잃지 않고 애플 사를 창립하였다. 그가 입은 청바지는 대중과의 소통, 자유, 노동자 계급 출신을 상징하기도 했지만, 본인이 튀지 않는 옷을 입음으로써 자사 제품을 돋보이게 하기 위한 전략적 옷차림이기도 했다. 그의 옷차림에 대한 질문에 "That's what I wear. I have enough to last for the rest of my life.(제가 입는 게 바로 청바지 차림입니다. 내 남은 일생 동안 함께할 만큼 충분히 가지고 있습니다.)"라고 답할 만큼 그는 청바지 애호가로 유명하다.

이처럼 미국과 함께한 청바지의 역사는 170년이 넘는다. 청바지를 입는 것은 미국의 역사를 입는 것이다. 금을 캐기 위하여 광부들이 입기 시작한 청바지는 자유, 혁신, 도전 정신을 거듭하면서 현재까지도 대중이 사랑하는 옷 중 하나다. 2세기가 다 되도록 사랑받는 청바지는 도전 정신 때문인지 그 스타일과 종류도 다양하다. 오랜 역사를 함께한 청바지가 '패션은 돌고 돈다'는 말에 가장 앞장선다. 그래서 찢어도 보고 반바지로 리폼(reform)도 하려고, 거금을 주고 산 옛날 청바지들이 옷장에 차곡차곡 쌓여만 가는 듯하다.

Talk about Fashion × English

영어 대화 속 패션 관련 표현을 알아봐요!

clerk How do you like the **slim-fitted** jeans?

customer I do wear a lot of jeans, but they are the **hip-huggers** and **bell bottoms**. I really like this slim fit.

clerk It's amazing what a bit of **stretch** does for your jeans. We also have them in **high-waisted**, and you also can try on a **lighter wash** if you want.

customer Then, can I try on a **mid-wash** jean? I already have dark blue for a **backup pair**.

clerk Sure, I think they are at an **appropriate length**. I'll be right back with a lighter pair.

점원 슬림핏 청바지 어떠세요?
고객 저는 청바지를 많이 입는데 다 힙허거스랑 벨보텀이에요. 이런 슬림핏이 너무 좋아요.
점원 청바지에 약간의 신축성이 있다는 것이 놀랍죠. 저희는 하이웨이스트로도 있고요, 원하시면 더 밝은 워시를 입어 보셔도 돼요.
고객 그럼 미드워시를 입어 볼까요? 비치용으로 이미 다크 블루진이 있거든요.
점원 그럼요, 제가 보기에 길이는 적당한 거 같아요. 그럼 라이트워시 진을 바로 가져올게요.

Vocabulary

slim-fitted 몸에 밀착된
hip-huggers 허리춤이 낮은 바지
bell bottoms 하단 부분이 나팔 모양처럼 넓은 핏
stretch 신축성
high-waisted 웨이스트라인 (waistline)을 유방 밑까지 올린 스타일
lighter wash 더 밝은 워시
mid-wash 청바지 색이 약간 밝은 색
backup pair 항상 비치해 두는 (청바지) 한 벌
appropriate length 적당한 길이

161

Expressions for Fashion Trends

더 많은 트렌디한 표현을 알아봐요!

— My jeans are my usual for a **going-out look**.
내 청바지는 주로 나의 외출복이야.

— **Skinny jeans** are designed in a way that they will make you look slimmer.
스키니 진은 더 날씬해 보이기 위해 디자인 되었어.

— With this solid-colored shirt, you can **cycle through** different jeans.
단색 셔츠랑 여러 가지 청바지를 번갈아 입을 수 있어.

— Your jeans are not at an appropriate length.
너 청바지 길이가 잘 안 맞아.

— Why don't you **roll up** the bottoms like **boyfriend jeans**?
보이프렌드 진처럼 밑단을 접어 봐.

— You can also roll up the bottom to show off your ankles.
발목을 보이기 위해 밑을 접어 올릴 수도 있어.

— I really like this **buttoned-up** look.
밑을 접어 올린 게 넘 맘에 들어.

— You should **hem** your jeans.
청바지 밑단을 접어 봐.

— If you fold a hem in your jeans, it will give your jeans a **tapered** look.
청바지의 단을 접으면, 아래로 점점 좁아지는 것처럼 보여.

— These jeans are little tight for my **thighs**.
이 청바지는 허벅지 부분이 좀 타이트해.

Vocabulary

going-out look 외출 룩
cycle through = rotate through, 돌려 입다
roll up 접어 올리다
boyfriend jeans 보이프렌드 진 (p. 164 참고)
buttoned-up 밑을 접어 올린
hem 밑단을 접다
tapered (밑으로 갈수록) 점점 가늘어지는 형태의
thigh 허벅지

Fashion Glossary
어떻게 부르는지 알아봐요!

What to Call Them

belt loop(벨트 루프)
바지허리에 다는 좁은 고리. 허리띠를 꿸 수 있도록 하는 역할을 한다.

rivet(리벳)
주머니 상단에 박혀 있는 금속 장식. 주머니가 쉽게 뜯어지지 않게 하는 역할을 한다.

coin pocket(코인 포켓)
동전 주머니

button-fly(버튼 플라이)
바지의 여밈 부분이 지퍼가 아닌 단추로 되어 있는 것

bottom hem(바텀 헴)
청바지에서 접어 올리는 밑단 끝부분을 말한다.

selvage(셀비지)
selvage는 원래 원단의 양쪽 가장자리를 지칭한다. 청바지에서의 selvage는 원단을 제작한 후 직물이 풀리거나 해지는 것을 막기 위해 일부러 끝쪽을 마감해 주는 것을 말한다.

Fashion Glossary
어떻게 부르는지 알아봐요!

What to Call Them

boyfriend jeans (보이프렌드 진)
남자 친구 바지가 길어 하단 부분을 접어 입어 생긴 명칭으로 하단을 두 번 정도 접는 것이 특징이다.

skinny jeans (스키니 진)
몸에 딱 붙는 청바지의 디자인으로, 바지는 skinny라고 표현하나 사람의 체형은 skinny라고 하면 다소 부정적이므로 slender, slim이라고 표현하는 것이 좋다.

straight-leg jeans (스트레이트 진)
클래식한 디자인으로 허벅지에서 발목까지 일자 모양이 특징이며 Levi's 501로 시작된 디자인이다.

bootcut jeans (부트컷 진)
부츠(boots)가 바지 안으로 들어가도록 무릎에서부터 통이 넓어진다.

2 냉장고 바지는 K-Fashion

베트남이 통일되기 전의 South Vietnam을 '월남'이라고 불렀고, 베트남 전쟁(1960~1975)을 월남 전쟁이라고도 한다. 8년간(1965~1973) 한국 군인이 월남에 파병되었는데, 군인들이 월남에서 돌아올 때 선물용으로 치마를 사 왔다. 이 치마는 알록달록한 무늬가 있는 일자형 통치마로, 허리가 고무줄로 되어 있어 입고 벗기에 편했다. 이 치마가 1970년대에 크게 인기를 끌었고, '월남치마'로 불리게 되었다.

월남치마의 화려한 무늬를 그대로 지닌 몸뻬 바지의 유래는 월남 전쟁 이전으로 거슬러 올라간다. '몸뻬'가 일본어인지 모르는 사람들이 많다. '몸뻬'는 일본어로 '/몬페/(もんぺ)'로 발음되며 일본 도호쿠 지방에서 전통적으로 입던 바지였다. 이것이 일제 강점기 때 우리나라 부녀자들에게 강제로 보급된 것이다. 몸뻬 바지는 고무줄로 된 허리, 힙 아래쪽의 여유, 통은 넓지만 아래로 갈수록 좁아지는 라인 등 편안함과 화려한 무늬가 특징이다.

여름이면 등장하는 냉장고 바지는 월남치마의 무늬와 몸뻬 바지의 디자인을 이어받아 흔히 '폴리'라고 불리는 폴리에스터(polyester) 소재를 사용한 것으로, 열에 약하고 주름이 잘 가지 않아 시원함과 편안함을 주는 바지이다.

냉장고 바지는 미국 CNN 방송에서 폭염을 이기는 한국의 'Cool Fashion'이라는 제목으로 냉장고 바지(refrigerator pants)라고 소개된 적도 있었다. 냉장고 바지와 비슷한 디자인을 찾아보면 '밴디드팬츠(banded pants)'가 그나마 가장 유사하다.

한국의 냉장고 바지 소개 (출처: CNN)

그러나 선물을 포장하듯 리본을 앞에 묶은 '페이퍼백 팬츠(paperbag pants)'가 더욱 유행이다. 이는 몸뻬 바지의 현란한 문양이 없는 주로 단색으로 역시 고무줄로 된 허리가 특징이며, 허리 라인에 핀턱(pintuck)이 들어간 배기팬츠(baggie pants) 스타일까지 가미되어 다소 슬림(slim)하며 볼륨감 있는 롱 보디라인을 갖춘 것이다. '핀(pin)'으로 꽂아 주름을 잡기 위해 밀어 넣는다(tuck)'고 해 주름을 '핀턱'이라고 한다. 페이퍼백 팬츠는 냉장고 바지와 같은 친근감은 없지만 편안함을 지닌 것이 유사하다.

붕어빵 안에 붕어가 없듯이 베트남에 가면 월남치마를 찾아볼 수 없다. 베트남에서는 아오자이(Áo dài)라는 전통복을 입고 자전거를 타는 여성들을 쉽게 볼 수 있다. 베트남어로 '아오'는 '襖(도포 오)', '자이'는 '𨱽(길다)'라는 뜻으로, '아오자이'는 직역하면 "긴 옷"이다. 겉은 치마처럼 보이나 안에 통이 넓은 긴바지가 있다.

냉장고 바지, 몸뻬 바지, 고무줄 바지, 월남치마의 특징은 단연 깨알 같은 문양이다. 문양의 정감, 고무줄의 편안함, 선풍기를 단 것 같은 폴리의 시원함이 한 번도 안 입어 본 사람은 있어도 한 번만 입은 사람은 없게 만드는 듯하다.

와이드 레그 팬츠와 튜브톱으로
개성 있게 연출한 모델

Talk about Fashion × English

영어 기사 속 패션 관련 표현을 알아봐요!

Is South Korea's government's power-saving campaign, which has included drastic **measures** like turning off air conditioners at 19,000 public organizations, **to blame for** the rise of "refrigerator pants?"

Unlike, say, the past 20 fashion trends that all South Koreans **embraced** and **discarded** before anyone else knew they were a thing (neon skinny jeans, winged sneakers, lightning-bolt-shaped plastic earrings, platform Converses), the latest hottest fashion trend is based on the "cooling" **functionality**.

Made from **wrinkle-free polyester** fabrics, refrigerator pants are **flying off the shelves** at online and offline shopping malls as the heat **surges** on.

"They're **airy** and don't stick and I also like the comfortable **elastic** waist."

출처: https://edition.cnn.com/2013/08/13/world/asia/south-korea-refrigerator-pants/index.html
CNN 기사 일부 (Updated 1343 GMT (2143 HKT) August 13, 2013)

Vocabulary

measure 방침, 조치
to blame for ~에 대한 책임이 있다
embrace 받아들이다
discard 버리다
functionality 기능성
wrinkle-free 주름이 안 생기는
polyester 폴리에스테르
fly off the shelves 날개 돋친 듯 팔리다
surge (재빨리) 밀려들다
airy 통풍이 잘되는
elastic 신축성이 있는

19,000개 공공기관 에어컨 끄기 등 과감한 대책을 내놓은 정부의 절전운동이 "냉장고 바지"의 바람을 불러일으킨 걸까?
다른 사람들은 그런 것들이 진짜 있었나 알기도 전에 한국 사람들이 모두 수용하고 버린 과거 20가지 패션 트렌드(네온 스키니진, 날개 달린 운동화, 번개 모양의 플라스틱 귀걸이, 플랫폼 컨버스)와 달리 최근 가장 핫한 패션 트렌드는 "시원함"의 기능을 기반으로 한다. 구김이 없는 폴리에스테르 원단으로 제작된 냉장고 바지가 무더위와 함께 온 오프라인 쇼핑몰에서 판매되고 있다.
"바람이 잘 통하고 달라붙지 않고 편안한 신축성 있는 허리도 마음에 듭니다."

Expressions for Fashion Trends

더 많은 트렌디한 표현을 알아봐요!

— There's so much stretch in these pants.
이 바지는 신축성이 좋아.

— I'm gonna wear refrigerator pants with a **flowy** top in this hot weather.
이렇게 더운 날씨에는 헐렁한 상의에 냉장고 바지를 입을 거야.

— Those **baggy pants** don't highlight areas of your body.
그런 배기팬츠는 너의 신체 부위를 드러내지 않아.

— The stretchy fabric **skims** your legs.
이렇게 신축성이 있는 옷감은 다리 부분에 흘러내려.

— You look like a **frumpy** grandma with those refrigerator pants.
그 냉장고 바지를 입으니 촌스러운 할머니 같아.

— Those oversized pants do not **match well with** your crop top.
오버사이즈 팬츠는 크롭톱이랑 잘 안 어울려.

— I like your **paperbag pants** and the black **shacket**.
네가 입은 페이퍼백 팬츠랑 셔킷이 맘에 들어.

— **Overstated** baggy pants would make you look like a little girl wearing her grandma's clothes.
너무 큰 배기팬츠는 할머니 옷을 입은 소녀처럼 보이게 할 거야.

— You **come across** as **amiable**, wearing those refrigerator pants.
냉장고 바지를 입으니까 정감 있어 보여.

— You will feel a lot cooler if you wear these **airy pants**.
공기가 잘 통하는 이 바지를 입으면 훨씬 시원할 거야.

Vocabulary

flowy 헐렁한
baggy pants 배기팬츠(다소 old term이긴 하지만 여전히 사용함.)
skim 스치듯 지나가다
frumpy 촌스러운
match well with 잘 어울리다
paperbag pants 페이퍼백 팬츠 (앞부분에 포장지의 리본 묶음이 있는 바지)(p.174 참고)
shacket 셔츠와 비슷한 가벼운 재킷(shirt(셔츠)와 jacket(재킷)의 합성어)
overstated 실제보다 과장된
come across 분위기를 주다
amiable 정감 있는
airy pants 통풍이 잘되는 바지

Fashion Glossary
어떻게 부르는지 알아봐요!

Patterns (문양)

● Stripes (스트라이프)

diagonal stripe
사선 스트라이프

vertical stripe
세로 스트라이프

horizontal stripe
가로 스트라이프

● floral prints (꽃무늬)

floral/flower print
플로럴/플라워 프린트

small flower print
스몰 플라워 프린트

● camouflage prints (카무플라주 프린트)

forest camouflage
포레스트 카무플라주

desert camouflage
데저트 카무플라주

black and white camouflage
블랙앤화이트 카무플라주

● **animal prints** (애니멀 프린트)

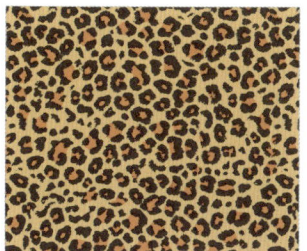

leopard print
레오파드 프린트

zebra print
지브라 프린트

tiger print
타이거 프린트

cow print
카우 프린트

dalmatian print
달마티안 프린트

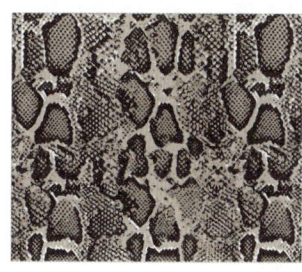

snake print
스네이크 프린트

tortoise shell print
거북등 프린트

giraffe print
기린 프린트

Fashion Glossary
어떻게 부르는지 알아봐요!

● **plaids**(체크무늬)

tartan
타탄

madras
마드라스

gingham
깅엄

glen
글렌

checkered
체커드

houndstooth
하운드투스

argyle
아가일

graph check
그래프 체크

woven
우븐

● **other patterns**(기타 패턴)

star print
스타 프린트

polka dot
폴카 도트

geometric print
지오메트릭 프린트

pin dot
핀 도트

botanical print
보태니컬 프린트

damask print
다마스크 프린트

paisley print
페이즐리 프린트

다양한 패턴들의
행커치프

Fashion Glossary
어떻게 부르는지 알아봐요!

What to Call Them

paperbag pants(페이퍼백 팬츠)
포장하듯 앞에 리본을 묶은 디자인으로 하이 웨이스트(high-waisted)로도 많이 입는다.

banded pants(고무줄 바지)
허리 부분이 고무줄로 되어 있어 벨트가 필요 없다. 고무줄로 묶는 바지라고 하여 band(묶는 끈)를 사용한 명칭이다.

wide-leg pants(통바지)
바지통이 넓다고 해서 wide(넓은)를 사용한 용어. 바지통이 넓은 여성용 바지를 팔라조 팬츠(palazzo pants)라고도 한다.

refrigerator pants (냉장고 바지)
한국에서만 사용되는 명칭이며 신축성이 있는 폴리에스테르(polyester) 옷감과 현란한 문양이 특징이다.

Outfit
이렇게 연출해봐요!

yellow turtleneck
옐로 터틀넥

checkered suit
체커드 슈트

houndstooth print neat
하운드투스 프린트 니트

yellow converses
옐로 컨버스

3 - 라떼는 말야 판탈롱이 멋스러웠지

요즘 패션 잡지를 읽다 보면 영어 단어가 부쩍 많아졌다는 걸 알 수 있다. 사전을 통해 그 단어의 뜻을 알고 나서야 왜 그러한 표현을 사용하는지 이해할 수 있다.

외래어나 영어 표기를 지양하는 북한식 표현은 굳이 사전의 도움 없이도 단어가 무엇을 의미하는지 쉽게 짐작할 수 있다. 예를 들어, '손톱 물감(매니큐어)', '입술연지(립스틱)', '눈썹먹(마스카라)', '살결물(스킨)'과 같은 단어들이 있다. 다소 촌스럽지만 의미 전달만큼은 매우 솔직함을 느낄 수 있다.

● 정감 있는 라떼들의 팬츠

많은 패션 아이템 중에 오늘은 바지와 관련된 표현들을 알아보자. 찾아보면 우리말에도 어떠한 모양새를 의미하는지 바로 알 수 있는 표현들이 적지 않다. 예를 들면, 소시지 바지, 건빵바지, 뽀빠이바지, 나팔바지가 그것이다.

'소시지 바지'는 '조거팬츠(jogger pants)', '건빵바지'는 '카고팬츠(cargo pants)', '뽀빠이바지' 혹은 '멜빵바지'는 '오버롤즈(overalls)', '나팔바지'는 '와이드 팬츠(wide pants)' 또는 '플레어 팬츠(flare pants)'로, 패션 잡지는 이렇게 영어 공부를 하게 만든다.

하나씩 다시 살펴보면, 조거팬츠는 트레이닝복과 같이 바지의 끝부분이 좁은 것이 특징으로 jogger(조깅하는 사람)가 입는다고 해서 조거팬츠라고 한 것이다. 카고팬츠는 원래 군인들이 입었던 바지로 옆에 건빵 모양처럼 생긴 주머니가 있는 것이 특징이다. 화물을 나르는 작업자들이 입기 시작해 이를 카고(cargo, 화물)팬츠라고 한 것이다. 오버롤즈는 가슴 부분으로 올라오는 멜빵(suspenders) 때문에 생긴 명칭이다.

코카콜라(coca cola), 클리넥스(Kleenex)와 같이 대박 상품들이 그 제품류를 대표하는 경우가 있다. 선수들이 입을 법한 남자 수영복을 스피도(speedo)라고 하는데, 이는 제조사의 이름을 사용한 것이다. 코가 큰 아들이 걱정이 되어 엄마한테 물었더니, 엄마 왈~ "니 코가 복 코다."라는 우스개 농담까지 낳았던 니코보코 바지는 20세기 초에 유명했던 프랑스 회사인 니커버커스(Knickerbockers)가 처음으로 선보인 바지이다. 이 바지는 무릎 바로 밑 길이가 특징으로 일명 호박바지라고 불리기도 한다. 이는 니커스(knickers)로 짧게 줄여 사용되기도 했으며, 무릎 밑으로 길이가 얼마나 길어지느냐에 따라 plus-fours, plus-sixes, plus-eights, plus-tens 명칭이 덧붙여졌다. 1925년 옥스퍼드 대학교(Oxford University) 학부생은 교실에서는 니커스를 입지 못하였다. 그래서 이를 대신해 길게 헐렁하게 입기 시작한 바지가 있는데, 이를 옥스퍼드 백스(Oxford Bags)라고 불렀고, 배기팬츠(baggy pants)라는 명칭이 이에서 유래되었다.

요즘은 영어가 공용어다 보니 웬만한 어휘력으로는 이해하기 힘든 표현들이 적지 않다. 어려운 패션 잡지를 읽다 보면, '소시지 바지'처럼 정감 있는 표현들이 그리울 때도 있다.

니커버커스를 입은 시어도어
루스벨트(Theodore Roosevelt) 대통령
©Picryl.com

Talk about Fashion × English
영어 대화 속 패션 관련 표현을 알아봐요!

clerk　Hello, can I help you with anything today?

customer　Yes, I'm looking for some **bottoms** to wear to work.

clerk　We have a lot of customers who come here to purchase **business casual wear**. These pants are a **straight-cut** kind of pant but made with a **jogger material**.

customer　Actually, I'm looking for something closer to **yoga pants**? Do you have any that are **boot-cut**?

Vocabulary

bottoms 하의(치마, 바지 모두)
business casual wear 회사에 입고 가는 캐주얼웨어
straight-cut 일자 컷
jogger material 조거팬츠 옷감 (편안하고 신축성 있는 옷감)
yoga pants 요가 팬츠
boot-cut 부트컷(무릎 아래부터 폭이 넓어서 부츠 위로 편하게 입을 수 있도록 만든 바지)

점원　안녕하세요. 제가 오늘 뭐 좀 도와드릴까요?
고객　네, 회사에 입고 갈 만한 하의를 찾고 있어요.
점원　비즈니스 캐주얼을 찾는 분들이 저희 가게에 많이 오고 계세요. 이 바지는 일자 컷인데, 조거 옷감으로 만들어졌어요.
고객　사실은, 요가 팬츠랑 좀 비슷한 걸 찾고 있어요. 밑이 약간 부트컷 같은 거 있나요?

Expressions for Fashion Trends

더 많은 트렌디한 표현을 알아봐요!

— I don't know, that store looks kind of **sketch**.
잘 모르겠지만 이 상점 약간 독특한 거 같아.

— Most **basic girls** go for a **beanie**, a jean jacket, and leggings.
대부분의 베이식걸은 비니를 쓰고, 청재킷, 레깅스를 입어.

— How would you style those sweatpants?
스웨트 팬츠를 어떻게 연출하려고 해?

— I'm really feeling these cool printed joggers.
나는 멋지게 프린트 된 이 조거가 좋아.

— Yoga pants are not just for exercise — they're the **staple** for **athleisure** wear.
요가 팬츠는 운동을 위한 것만은 아니다. 애슬레저가 주 용도이다.

— If you don't like how those leather pants fit you, I'd recommend the **pleather leggings**.
만약 가죽 팬츠의 핏이 싫으시면, 플레더 레깅스를 추천해 드려요.

— Lately **pattern-matching** is all the **rage**.
요즘에 두 패턴을 믹스한 문양이 대세야.

— The **jersey** material feels really cheap for its price.
저지 옷감이 가격 대비 많이 싼 거 같아.

— Hold on — I want to post a **pic** of this as my **OOTD**.
잠깐만, 나 '오늘의 패션'에 이 사진 좀 올리고 싶어.

— That brand of leggings is expensive because it's made of **sweat-wicking fabric**.
이 레깅스 브랜드는 땀을 흡수하는 원단으로 만들어서 비싸.

Vocabulary

sketch = suspicious = dubious = abnormal, 이상한 기운이 도는 (비격식)
basic girls 스타벅스(Starbucks)를 거의 매일 가고, 어그부츠(Ugg)를 신고, 타이트한 바지를 입고 몸매를 자랑하려고 하는 젊은 여자를 일컫는 말
beanie 비니 (머리에 딱 맞는 동그란 털모자)
staple 주된 것, 주요 요소
athleisure 애슬레저 (일상에서 입을 만한 가벼운 운동복, athletic(운동 경기의)과 leisure(여가)의 합성어)
pleather leggings 레깅스 같은 가죽 바지로 합성섬유로 된 바지 (p.181 참고)
patter-matching 두 패턴이 믹스된 문양
rage 대세
jersey 저지 (부드럽고 곱게 직조한 직물. 주로 운동복으로 사용됨.)
pic 사진(picture)의 줄임말
OOTD '오늘의 패션'이란 의미로 Outfit Of The Day의 줄임말
sweat-wicking fabric 땀을 흡수하는 원단

Fashion Glossary
어떻게 부르는지 알아봐요!

What to Call Them

joggers (조거)
밑위는 넉넉하고 아래로 갈수록 서서히 좁아지는 바지로 조깅(jogging)하는 바지라고 붙여진 명칭

leggings (레깅스)
타이츠처럼 몸에 딱 붙는 바지

Hammer pants (해머팬츠)
미국의 힙합 가수 엠씨 해머(MC Hammer)가 입어 유행하게 된 바지로 현재까지 그의 이름을 사용하고 있다.

4 - 이름에 숨겨진 팬츠의 역사

패션 아이템들의 명칭 유래는 사람 이름, 지역 이름, 다른 외국어 등 다양하다.

　나팔바지를 흔히 판탈롱이라고도 한다. 프랑스어로 판탈롱(Pantalon)은 '긴바지'라는 의미를 지닌다. pantalon은 16세기 중반 이탈리아의 희극 배우 '판탈로네(Pantalone)'가 무대에서 입기 시작한 것이 시초다. 그의 이름이 바지 이름으로 일반화된 것은 남자의 긴바지가 보급된 19세기 초. 여자의 경우, 스커트 밑에 입던 긴 속바지를 판탈렛(pantalettes)이라고 하였다. Pantalon의 영어식 표기는 Pantaloon이다. 희극인이 연극 무대에서 입기 시작한 것이 프랑스 혁명 이후 여러 차례 디자인의 변형을 거쳤고, 바지 아랫부분이 넓어진 것이 여성들 사이에서 널리 착용되면서 판탈롱이라고 불리게 되었다. 하지만 현재는 판탈롱은 스페인어로 단순히 '바지'라는 의미로 사용되며 flare pants, wide-legs pants가 일반적으로 두루 쓰인다.

이탈리아 희극 Commedia dell'arte의 어릿광대 역인 판탈로네(Pantalone)
ⓒ wikimedia commons

● 해머팬츠, 버뮤다팬츠, 카프리, 치노팬츠

영화 파피용(Papillon, 1974년)에서 죄수가 입은 굵은 줄무늬 때문에 줄무늬 바지를 '파피용 바지'라고 부르며, 1980~1990년대 힙합 가수 MC Hammer가 입어 유행한 바지를 여전히 해머팬츠(Hammer pants)라고 한다.

　지역 이름을 사용한 버뮤다팬츠(Bermuda pants)의 특징은 무릎까지 오는 길이와 넓은 폭으로 주로 남성들이 여름에 즐겨 입는다. 이 팬츠는 1914년 버뮤다 태생인 나다니엘 콕슨(Nathaniel Coxon)이 tea shop을 운영할 때 유니폼 바지를 무릎 위까지 잘라 단(hem)을 붙여 직원들에게 제공한 것에서 시작되었다. 제1차 세계대전 당시 버뮤다에 머물던 영국 군인들이 더운 날씨를 견디기 위해 입기 시작하였으며, 워크 팬츠(walk pants), 버뮤다 쇼츠(Bermuda shorts), 하프 팬츠(half pants)라고 한다. 1920년에서 30년대 사이에 버뮤다 쇼츠는 스포츠 복장으로 인기를 얻기 시작하였고, 이는 양말, 드레스 셔츠, 타이, 블레이저와 함께 세미 정장으로 연출되면서 비즈니스 복장으로도 애용되었다.

　버뮤다팬츠보다 기장이 길며 발목 위까지 오는 카프리(Capri) 또한 이탈리아의 섬인 카프리(Capri)를 사용한 명칭이다. 이는 1950년에서 60년대 사이에 유행하였다. 카프리는 3/4(three quarter) legs, crop pants라고 하는데, 우리는 이를 7부 바지라고 부른다. 여기서 '부(分)'는 1/10을 의미하므로 10부, 9부, 7부 순으로 점점 짧은 길이를 의미해 영어는 3/4, 우리는 7부라고 하는 것이다.

　바지 섹션을 가게 되면 우리가 면바지라고 하는 치노팬츠(chino pants)가 진열되어 있다. 앞에서 언급되었듯 Chino는 스페인어로 '중국'이라는 뜻이다. 1898년 스페인과 미국 간의 전쟁 시, 중국에서 가져온 면직물 바지가 카키(Khaki)색 작업복으로 염색되어 장병들에게 보급되었고, 그 후 일반인들에게까지 널리 보급되었다. 바지의 직물이 중국에서 들어왔다고 해서 치노팬츠(chino pants)라고 불린 것이다.

　이렇듯 우리가 현재 즐겨 입는 바지들은 짧게는 수십 년 길게는 수 세기에 걸쳐 디자인이 변형되어 왔다. 세월과 함께 디자인의 변형을 보이고는 있지만 인명, 지명, 또는 다른 외국어에서부터 시작되어 오랜 역사를 함께한 명칭의 유래가 늘 흥미롭다.

Talk about Fashion × English
영어 대화 속 패션 관련 표현을 알아봐요!

Christine: I hear that **cargo** pants **are in** right now.

Joey: Ugh, really? I don't like them because they give off the camp counselor **vibe**.

Christine: I saw Stacey wear them the other day, but they didn't look like your usual cargo **shorts** — they're more like pants, and look much more comfortable.

Joey: Really? Would it be easy to **pull off**?

Christine: I think so — I saw some in the mall, and they came in a rainbow of colors and patterns. There's a lot of **Instastories** of people posting themselves wearing them.

Joey: Huh. Who would've thought that cargo pants would **make a comeback**?

Vocabulary

cargo 화물, 선박의 의미로 카고팬츠는 화물선을 탄 작업자들이 입은 것에서 유래

be in = in style = in fashion, 유행인

vibe 분위기

shorts 반바지

pull off = look good, (옷이나 스타일 등을) 잘 소화하다, 잘 어울리다

Instastory 인스타 스토리, 인스타그램에 이미지와 비디오를 슬라이드쇼 형식으로 게시한 콘텐츠

make a comeback 돌아오다

크리스틴: 요즘 카고팬츠가 유행이래.
조이: 정말? 난 캠프 카운슬러 같은 분위기를 줘서 싫던데.
크리스틴: 지난번에 스테이시가 입은 거 봤는데, 니가 입은 평범한 카고 반바지랑 다르고 팬츠 같고 편안해 보이더라.
조이: 그래? 잘 어울려 보일까?
크리스틴: 어, 쇼핑몰에서 무지개 색과 문양으로 나온 걸 몇 개 봤어. 사람들이 인스타스토리에 많이들 입고 올렸더라.
조이: 오, 카고팬츠 유행이 다시 돌아올지 누가 알았겠어?

Expressions for Fashion Trends
더 많은 트렌디한 표현을 알아봐요!

- That pant design is **sick**.
  저 팬츠 디자인 죽인다.

- Do you think that I can **dress up** these chinos for a more formal look?
  약간 정장 룩을 위해 이 면바지로 차려입을 수 있을까요?

- These flared jeans **hit** at an awkward part at my waist.
  이 나팔바지는 허리 부분이 약간 어색해.

- I heard that **Hammer pants** are coming back now.
  지금 해머팬츠가 다시 유행이래.

- You can pair Bermuda shorts with this cropped top for an athleisure **moment**.
  애슬레저 연출을 위해 버뮤다 쇼츠랑 크롭톱을 같이 입어 봐.

- I don't think those hot pants will be appropriate for the office.
  핫팬츠는 사무실에서 입기에 적합하지 않아 보여.

- If you don't like the way those pants hit you at the ankle, you can always **have them tailored** for a capri look.
  바지 발목 부분에 닿는 게 싫으시면, 카프리 룩을 위해 언제든지 수선할 수 있습니다.

- Boyfriend jeans just don't go with my **cankles**.
  보이프렌드 진은 나의 두꺼운 발목이랑 안 어울려.

- These **Palazzos** are perfect to **lounge around** in.
  이 팔라초는 어슬렁거리며 입기에 완벽해.

- Long **culottes** just make me look shorter.
  긴 큐롯은 내 키를 작아 보이게 해.

Vocabulary

sick = cool, 멋진(길거리 용어 = street term)

dress up 차려입다

hit = come up to, ~까지 이르다

Hammer pants 가수 MC Hammer가 입어서 유행한 바지 (p.180 참고)

moment = outfit, 차림

have something tailored ~을 수선하다(사역동사 have)

cankle 정강이(calf)와 발목(ankle)을 합친 신조어로 종아리와 두께가 비슷하게 두꺼운 발목(비격식)

Palazzos 팔라초(통이 넓은 여성용 바지)

lounge around 어슬렁거리다

culottes 통이 넓은 바지로 프랑스어. '짧은 바지'라는 의미(p.187 참고)

Fashion Glossary

어떻게 부르는지 알아봐요!

What to Call Them

flare pants(플레어팬츠)
나팔바지로 wide leg pants라고도 흔히 불린다.

short shorts(핫팬츠)
반바지를 shorts라고 하는데 매우 짧아 short를 앞에 붙인다.

chino pants(면바지)
직물이 수입된 중국을 스페인어로 Chino라고 하여 생긴 명칭이며 우리는 면바지라고 부른다.

cargo pants(카고팬츠)
화물, 선적의 의미를 지닌 cargo를 사용한 명칭으로 옆에 주머니가 여러 개 있으며 우리는 건빵바지라고도 한다.

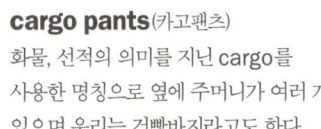

Outfit
이렇게 연출해봐요!

- **blue gray beret** 블루 그레이 베레모
- **blue turtleneck** 블루 터틀넥
- **tweed checked blazer** 트위드 체크 블레이저
- **blue shoulder bag** 블루 숄더백
- **wide leg jeans** 와이드 레그 진 팬츠
- **white ankle boots** 화이트 앵클부츠

bermuda shorts(버뮤다 쇼츠)
이탈리아 섬 이름인 버뮤다(Bermuda)를 사용한 명칭으로 주로 밑단을 접는 것이 특징이다.

capris(카프리 팬츠)
7부 바지라고 하며 발목과 종아리 사이(cankle) 부분이 보이는 길이가 특징이다.

culottes(큐롯팬츠)
짧은 바지처럼 두 갈래로 갈라져 있지만 바짓자락이 넓어서 스커트처럼 보이는 바지로 큐롯(culotte)은 프랑스어로 '짧은 바지'라는 의미를 지닌다.

한류(Hanryu)라는 단어를 사전에 등재시킨 한국 드라마의 힘!

456억 원의 상금이 걸린 서바이벌 게임에 참가한 사람들이 최후의 승자가 되기 위해 목숨을 걸고 극한의 게임에 도전하는 이야기를 담은 '오징어 게임(Squid Game)'이 전 세계적으로 놀라운 열풍을 일으켰다.

넷플릭스는 전 세계 해당 국가에서 가장 인기 있는 TV 프로그램과 영화 Top 10의 순위를 보여 주는데, '오징어 게임'은 넷플릭스 사상 최장 1위 기록을 세우기도 했다. 이 드라마에는 한국인만 아는 게임, 한국적 소재, 한국식 표현들이 가득한데도 말이다. 전 세계적 K-Drama 열풍에 놀라지 않을 수 없었다.

한국 정서를 담은 표현과 소품들이 각국의 외국어로 어떻게 번역되었는지가 9편의 에피소드를 보는 내내 궁금했다.

● **한국 발음을 그대로 사용한 단어들**

'딱지(Ddakji)', '공기(Gonggi)', '깐부(Gganbu)'는 영어 단어에 존재하지 않아 고유 명사처럼 한국어 발음을 그대로 사용한 예들이다.

marbles(구슬들)라니…
구슬치기라고 불러 줘야 맛이 살지~

● **외국 문화에서 이해하기 힘든 부분**

서양 문화에는 대리 기사 서비스가 없다. 외국인에게 '내가 술을 마셔서 나의 차를 남이 운전해 주는 것'을 설명하면 외국인들은 'lucrative business(돈을 벌어들이는 사업)'라고 앞다퉈 해 보고 싶다고 말한다. '오징어 게임'에서 대리 기사는 'chauffeur'로 번역되었으나 이는 고급차나 주요한 인물을 위해 운전하는 기사를 의미하기 때문에 한잔을 기울인 후 "대리 불러."라는 표현의 영어 번역은 사실상 불가능하다.

두 명씩 짝을 짓는 게임에서 짝을 못 찾은 한 명을 '깍두기'라고 하는데 이는 'weakest link(약자)'로 자막 처리 되었다. 무의 윗부분은 네모의 깍두기 모양이 나오지 않아 그 부분만을 모아 무김치를 만든 것에서 유래해 경기나 놀이에서 약한 이를 깍두기라고 부르게 된 것을 서양 문화에서 이해하기란 어렵다.

● 영어 단어로 번역된 표현들

'비석치기(hopscotch)', '술래잡기(tag)', '얼음땡(free tag)', '조개탄(briquette)', '무궁화꽃이 피었습니다(Red light, Green light)'의 번역은 영어 단어가 사용되었다. 게임 방법이 다소 다르지만 '무궁화꽃이 피었습니다'는 'What's the time Mr. Wolf?'라는 유사한 게임이 있으며, '달고나'는 'sugar honeycomb'으로 자막 처리 되었다. 실제 달고나와 비슷한 맛을 가진 'honeycomb toffee'가 있기는 하지만 달고나를 만들어 모양을 뽑는 것은 우리 고유의 놀이다. 우리의 문화에 존재하는 것이 서양 문화에도 존재하기에 고무줄은 elastics, 실뜨기는 cat's cradle, 줄다리기는 tug-of-war, 한국적인 예쁜 구슬은 아니지만 구슬치기는 marbles, 유리 징검다리 건너기는 glass stepping stone으로 번역되었다.

● 맛깔스러운 번역이 아쉬웠던 표현들

'야바위(pull a scam)', '따뜻한 아랫목에 앉다(go sit in a coffee chair)', '독고다이(You're not going to win in this place.)', '아직도 허세냐?(Are you actually serious?)', 왕초인 덕수가 새벽한테 부하로 들어오라

는 대사인 '내 밑으로 들어와.(Come and join us.)', '간이 커졌구나.(You got bold.)', '입이 짧아(never eat much)', 4화의 제목인 '쫄려도 편 먹기(Stick to The Team)', '깔라(stupid drunks)', '꼬붕(minion)', '윗대가리(honcho)', '빨갱이(communist)', '도망가다'의 비속어인 '토끼다(run)' 등은 맛깔스러운 한국식 표현을 영어 표현이 그 뉘앙스를 받쳐 주지 못한 예들이다.

사실 번역은 다의어를 사용한 유머 코드를 그 나라 말로 전달하기가 가장 힘들다. 주식으로 파산한 상우에게 투자 방식인 '선물(先物, futures)'을 '선물(膳物, gift)'로 잘못 알아듣고 기훈이 "선물로 그 돈을 써? 누구 선물을 얼마나 비싼 걸 한 거야? 여자 생겼냐?"라고 하는 대사를 "You bet on your future? What kind of bet was it that you used that much money? Did you get a girlfriend?"(직역: 미래를 건 거야? 무슨 베팅이기에 그만큼의 돈을 써? 여자 생겼냐?)와 같이 최대한 futures를 사용하여 표현해 의미 전달에서 센스를 보였다고 할 수 있다.

각국의 언어로 이 부분을 전달하기가 쉽지 않았을 것 같다. 참고로 스웨덴어는 '선물(先物, terminsavgift)'과 '학기(termin)'의 발음의 유사성을 이용해 "등록금에 그 많은 돈을 쓴 거야? 학기로 다시 가야 했어?"와 같이 표현하면서 말장난을 최대한 살리려고 했다. 이 점을 보면 다른 외국어의 번역이 궁금해진다.

구슬치기를 할 때 깐부를 맺은 일남이 기훈에게 "깐부끼리는 니 꺼 내 꺼가 없는 거야."라고 하는 대사가 있다. 이는 "Gganbu always share everything with each other no matter what."으로 자막 처리 되었는데, 라임(rhyme)이 딱 떨어지는 '니 꺼 내 꺼'를 영어로 대체할 수 있는 표현이 없음도 아쉬웠다.

이는 영화 '기생충'에서 '짜파구리'가 라면과 우동을 합친 'Ram-Dong'으로 번역되어 아쉬움이 있한류(Hanryu)라는 단어를 사전에 등재시킨 한국 드라마의 힘!

는 것과 같다. 기생충이 만들었던 영화 시장에서의 열풍을 넷플릭스 드라마인 '오징어 게임'이 이어갔으며, 다른 문화를 가진 세계 90개국의 사람들이 우리와 같은 정서로 드라마를 1위에 올려놓았는지 궁금하면서도 신기할 따름이다.

'오징어 게임'은 탐욕, 욕심, 갈등, 생존, 과욕 등과 같은 인간의 어두운 면을 많이 다루고 있다. 그럼에도 불구하고 전 세계적으로 그 열풍이 대단했다. 빛의 속도로 전개되는 빠른 줄거리, 실제 게임 참가자가 된 듯한 긴장감, 반전의 결말, 주인공들뿐만 아니라 깐부치킨 광고 제안까지 받았다는 배우 오영수(일남 역), 배우 김주령(미녀 역), 배우 정호연(새벽 역)의 신선한 연기가 '오징어 게임' 열풍의 주역들이다.

K-Drama의 열풍을 보면서, '오징어 게임'이 한국 정서,
한국적 표현, 한국만의 고유한 게임이라는 도구를
사용하긴 했지만 인간이 느끼는 갈등,
슬픔, 욕심, 흥미, 재미는 문화와 언어가
달라도 깐부처럼 니 꺼 내 꺼가
없는 듯하다.

영화 '기생충'을 통해 탄생한 '한우 채끝 짜파구리'

CHAPTER 07

신발(Shoes)

"Shoes transform your body language and attitude. They lift you physically and emotionally."
— Christian Louboutin

"슈즈는 당신의 보디랭귀지와 태도를 변화시킨다. 당신을 육체적으로 감정적으로 업(up) 시켜 준다."
— 크리스찬 루부탱

1 ― 마스크는 close 슈즈는 open

코로나19로 인해 마스크(face mask)를 써야 하기에 얼굴을 가리고 생활하는 것이 일상화되었다. 그래도 시간은 흐르고 계절은 변화를 거듭한다.

계절의 흐름은 주로 아우터(outer)의 변화에서 느낄 수 있다. 또한 여성분들의 패션에서는 신발이 계절의 변화를 알 수 있게 한다. 신발의 종류는 참으로 다양해서 남녀 신발의 명칭과 종류를 모두 다 이해하려면 기초 수준의 어휘집 한 권 분량은 정독해야 할 정도로 그 내용이 상당히 많다.

● 신발 명칭 살짝 엿보기(peep)

여기에서는 우리가 흔히 즐겨 찾는 몇 가지 신발 명칭에 대해서만 알아보고자 한다. 발등과 발목을 덮는 신발로 겨울을 보냈기에, 봄이 되면서 여성들은 서서히 발등을 드러내며 페디큐어(pedicure)까지 하면서 발에 신경을 쓰기 시작한다. 발등을 드러내는 가장 기본적인 구두를 펌프스(pumps)라고 한다. 굽은 대략 6cm~8cm 정도이며 정장이나 캐주얼에 모두 어울리는 가장 기본적인 신발이다. 명칭은 1500년대 남녀 하인들이 굽 없이 편하게 신은 신발을 펌프스(pumps)라고 한 것에서 유래되었으며, 여기에 굽을 단 것이 여성 슈즈를 대표하는 지금의 펌프스가 된 것이다.

굽은 구두의 생명이기 때문에, 앞부분이 마음에 들어 구두를 계산대로 가져가려다 굽을 보고 다시 내려놓게 되는 경우가 많다.

굽은 발뒤꿈치라는 의미를 지닌 힐(heel)을 사용한다. 그래서 굽이 높은 신발을 흔히 하이힐(high-heels)이라고 한다. 그리고 굽의 모양이 독특한, 여러분도 한 켤레 정도는 가지고 있을 스틸레토(stiletto)가 있다. 스틸레토는 펌프스보다 힐이 높고 힐의 굵기는 체기가 있을 때 손가락을 따도 될 정도로 바늘처럼 뽀쪽한 것이 특징이다. 방패도 뚫는 단검을 의미하는 스틸레토를 안다면 구두의 모양이 어떤지 짐작할 수 있을 것이다.

따뜻해진 날씨 덕분에 앞코가 트인 신발을 신고, 예쁘게 꾸민 페디큐어를 살짝 open하고 싶을 때가 있다. 구두 앞부분이 트여 대략 발가락(toe) 세 개 정도가 보이는 구두를 핍토(peep toes)라고 하는데, 여기서 'peep'은 '살짝 훔쳐보다, 엿보다'라는 의미를 지닌다. 역시 peep의 의미를 안다면 어떤 구두인지 남성분들도 쉽게 짐작할 수 있을 것이다.

더운 여름이 찾아오면 제일 편한 신발은 단연 슬리퍼(slippers)다. 심지어 겨울에도 패딩에 슬리퍼를 끌고 다니는 사람을 쉽게 볼 수 있을 만큼, 슬리퍼는 계절과 상관없는 스테디셀러(steady seller)다.

우리말에 '꼬까신'이라는 예쁜 표현이 있다. '노란 꽃 그늘 아래 가지런히 놓여 있는 꼬까신 하나~.' 듣기만 해도 꼬까신이 어떤 모양을 한 것인지 쉽게 짐작할 수 있다. 이렇듯 명칭이 그 모양을 자연스럽게 연상하도록 하는 것이 있는 반면 어느 정도 어휘력이 있어야 신발의 명칭과 생김새를 이해할 수 있는 것이 적지 않으니, 진정한 패셔니스타(fashionista)는 변화하는 트렌드(trend)뿐만 아니라 관련된 어휘 공부도 부지런히 해야 한다.

코로나19로 얼굴은 가리지만 꼬까신처럼 신발장에 가지런히 놓여 있는 가벼운 슈즈를 신고 봄을 맞이해 보는 것은 어떨까?

Talk about Fashion × English

영어 대화 속 패션 관련 표현을 알아봐요!

Jane The weather is getting warmer, so I want to buy new **peep toes**. Do you know any stores around here?

Olivia Have you tried Model Shoes on 5th Street? I bought classic **pumps** and **stilettos** there, and I got a 15% discount. They are very **trendy** and sell at good prices.

Jane Really? I should go there and check it out today.

Olivia Go ahead, Jane. I am sure you will find some pairs you'd like. They also have a good selection of **sandals**.

Vocabulary

peep toes 핍토(발가락이 살짝 보이는 구두), peep-toed shoes라고도 한다. (p.199 참고)
pumps 펌프스, 발등이 깊이 파져 있는 여성용 구두 (p.198 참고)
stilettos 뾰족구두 (p.198 참고)
trendy 유행의
sandals 샌들 (p.200 참고)

제인 날씨가 따뜻해지니까, 핍토를 사고 싶어. 이 근처에 아는 가게 있어?
올리비아 5번가에 있는 모델 슈즈 가 봤어? 난 정장 펌프스랑 스틸레토 거기서 샀는데, 15프로 할인 받았어. 트렌디하면서 가격도 좋아.
제인 정말? 오늘 가 봐야겠다.
올리비아 그래 가 봐, 제인. 니가 좋아하는 거 분명 있을 거야. 샌들도 많아.

Expressions for Fashion Trends
더 많은 트렌디한 표현을 알아봐요!

- **I'm looking for a pair of red sandals to wear with the dress.**
  이 드레스랑 신을 만한 빨간색 샌들을 찾고 있어요.

- **May I try on those shoes in the window?**
  진열된 신발 신어 봐도 되나요?

- **Do you have the same ones in other colors?**
  같은 걸로 다른 색이 있나요?

- **Do you have these shoes in size seven?**
  이 신발 사이즈 7 있나요?

- **If you can't find them on the rack, they may be out of stock. Let me look in the stockroom.**
  선반에 없으면 아마도 품절일 거예요. 그래도 창고에 있나 찾아볼게요.

- **Do you have a larger size?**
  더 큰 사이즈 있어요?

- **Do they fit all right?**
  잘 맞으세요?

- **This pair is too big/tight for my feet.**
  약간 커요/작아요.

- **I'll go with this one.**
  이걸로 할게요.

- **Can I reserve these sandals and pick them up later?**
  이 샌들 여기에 맡겨 놓고 나중에 찾아가도 되나요?

Vocabulary
rack 선반, 걸이
be out of stock 품절되다
stockroom 창고
go with 구매하다
reserve 맡기다

Fashion Glossary
어떻게 부르는지 알아봐요!

What to Call Them

stilettos (스틸레토)
굽이 가늘고 뾰족한 것이 특징이다.

pumps (펌프스)
가장 일반적인 여성 구두로 굽이 5~7cm 정도 되며 발등 부분이 보이는 구두

French heels (프렌치 힐)
굽의 끝부분이 납작하며 중간 부분이 살짝 들어가 있다. French heels는 Louis heels라고도 한다.

flats (플랫 힐)
flat(납작한) 굽으로 신발의 앞부분과 높이가 거의 같다.

chunky heels (청키 힐)
chunky는 두꺼운 굽을 총칭하는 단어로 형용사로는 '땅딸막한', 명사로는 '덩어리'라는 의미를 지닌다.

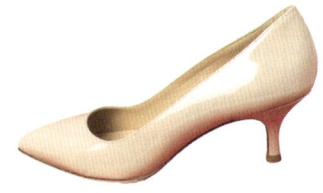

kitten heels (키튼 힐)
아기 고양이라는 의미의 kitten을 사용하여 작고 귀여운 굽을 표현하였으며 굽 높이는 대략 3~5cm 정도다.

platforms(플랫폼)

platform(연단)이라는 의미로 구두의 앞부분에도 굽이 있어 지어진 명칭이다.

peep toes(핍토)

peep은 '살짝 엿보다'라는 의미. 발가락 2~3개 정도가 보이는 구두로 open toes(오픈토)라고도 한다.

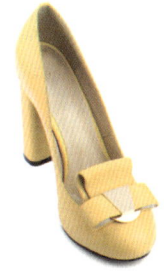

round toes(라운드 토)

둥근 모양의 앞부분이 특징이다.

square toes(스퀘어 토)

구두 발끝 모양에서 네모진 느낌을 주는 것이 특징이며 펌프스, 부츠에서도 자주 볼 수 있는 형태이다.

slingbacks(슬링백)

발뒤꿈치로 스트랩을 돌려 벨트처럼 고정하는 신발로 스트랩의 일부가 고무로 된 타입도 있다. sling은 '매달다'라는 의미

ankle strap heels (앵클 스트랩 힐)

ankle(발목) 부분의 스트랩이 특징이다. ankle은 ankle boots나 ankle-length와 같이 부츠나 옷의 길이를 나타내는 데도 자주 사용된다.

Fashion Glossary
어떻게 부르는지 알아봐요!

T-strap heels(T 스트랩 힐)
발등으로 스트랩이 'T' 자로 된 타입으로, 'X' 자에 교차하는 스트랩은 crisscross strap이라고도 한다.

ballet flats(발레 플랫)
발레 신발과 비슷한 타입. 부드러운 가죽이나 천 등으로 만든 신발로 영어로는 ballet shoes가 아니라 ballet flats라고 한다.

gladiator sandals(글래디에이터 샌들)
여러 가죽 스트랩으로 발등에서 발목을 덮은 디자인. 고대 로마 검투사인 gladiator의 신발을 연상시키는 디자인이 특징이다.

lace-up sandals
(레이스업 샌들)
끈으로 묶게 되어 있는 신발을 lace-up이라고 한다. 발목에 빙글빙글 감는 타입으로 ankle-wrap sandals 라고도 한다.

espadrilles(에스파드릴 샌들)
espadrille은 프랑스어로 '황마를 짠 밧줄'이라는 의미를 지닌다. 레이스업, 발가락이 닫힌 것, 바닥이 플랫인 것 등 다양한 타입이 있다.

thong sandals(통 샌들)
thong은 '가죽끈'을 의미하며 엄지발가락과 집게발가락 사이에 끈이 있는 것이 특징이다.

Outfit
이렇게 연출해봐요!

Mary Janes(메리제인)
낮은 뒤꿈치에 둥근 앞부분이 전형적인 디자인이지만, 1902년 미국의 인기 만화 버스터 브라운(Buster Brown)에서 주인공의 여동생 메리 제인이 신고 있던 것에서 유래되었다.

slides(슬라이즈)
slippers(슬리퍼)라고도 하며 특히 영국에서는 sliders라고 한다. 최근 모피가 달린 플랫 샌들은 faux fur slides라고 한다.

sports sandals(스포츠 샌들)
스포츠와 같은 의미를 지닌 athletic을 사용하여 athletic sandals라고도 한다. 하이킹이나 워킹 등 아웃도어 스포츠에 적합한 샌들이다.

mules(뮬)
뒤꿈치 뒤를 덮는 부분이 없는 형태로 발가락이 열려 있는 것도 닫혀 있는 것도 있다. 원래는 유럽에서 실내화로 사용되었다.

flip-flops(플립플롭)
걸을 때 "파타파타" 하고 나는 소리를 흉내 낸 의성어를 사용한 명칭으로 나라나 지역에 따라서는 thongs와 flip-flops를 번갈아 사용한다.

- black blouse 블랙 블라우스
- brown pencil skirt 브라운 펜슬 스커트
- beige ankle strap heels 베이지 앵클 스트랩 힐

2 10년 전 부츠를 꺼내어

무슨 영화를 볼까 고민하다가 '추천 로맨스 영화'를 검색하면, 라이언 고슬링(Ryan Gosling)과 레이첼 앤 맥아담스(Rachel Anne McAdams) 주연의 '노트북(The Notebook)'이 빠지지 않고 등장한다.

젊은 세대들은 제목으로 '컴퓨터'가 쓰여, 요즘 영화인 줄 알고 봤다가 1930~1940년대를 배경으로 하는 영화에는 소형 컴퓨터가 등장할 수 없음을 알게 된다. 이 영화는 알츠하이머병(Alzheimer's disease)에 걸린 부인을 위해 노트북에 빽빽이 적은 메모를 읽어 주는 남편의 실화를 바탕으로 한 감동적인 영화다. 2004년에 개봉되었다가 10년이 훨씬 넘은 2020년에 재개봉되었고, 사람들에게 꾸준히 사랑받고 있다.

우리가 말하는 소형 컴퓨터는 영어로 노트북이라고 하지 않고 '랩톱(laptop)'이라고 한다. 무언가를 위(top)에 올려놓기 편한 부위가 랩(lap, 무릎)이기에 소형 컴퓨터를 laptop이라고 부른다.

다리 부위의 명칭에는 허벅지(thigh), 무릎(knee), 종아리(calf), 발목(ankle), 발뒤꿈치(heel) 등과 같은 것들이 있다. 신발 명칭은 다리 부위 명칭을 이용하는 경우가 많다. 가장 흔히 알고 있는 것은 '하이힐(high-heels)'이며, 이 외에도 발목까지 덮는 부츠는 '앵클부츠(ankle boots)', 종아리까지 오는 부츠는 '카프 부츠(calf boots)'라고 한다. '환불원정대'의 센 언니들이 신고 나온 무릎 위까지 오는 부츠는 '랩 부츠(lap boots)'라고 하지 않고 '니 하이 부츠(knee high boots)'라고 한다.

● 첼시 부츠, 조퍼스 부츠, 인디 부츠

신체 부위뿐만 아니라 고유명사가 신발의 명칭이 된 경우도 있다. 영국 빅토리아 시대(1837~1901) 때 착용하던 승마용 부츠가 그것이다. 승마용 부츠는 굽이 일반적인 부츠보다 약간 높은 편이며, 옆선에 신축성 있는 고무 소재를 붙여 만든다. 이 부츠는 영국의 '첼시(Chelsea)' 지역에서 유행하기 시작해 '첼시 부츠(Chelsea boots)'라고 부른다. 승마를 즐기는 분들은 승마 용품에 '조퍼스(Jodhpurs)'라는 명칭이 따라다니는 것을 알고 있을 것이다. 승마 바지는 '조퍼스 팬츠(Jodhpurs pants)', 승마 부츠는 '조퍼스 부츠(Jodhpurs boots)'라고 한다. Jodhpurs는 인도의 한 지역 이름으로, 1920년대 한 폴로(polo) 선수가 그 지역에서 처음으로 이 부츠를 신은 후 많은 인기를 얻어 지역 이름이 승마 용품에 사용되고 있는 것이다. 첼시 부츠는 주로 고무 밴드가 있는 반면, 조퍼스 부츠는 스트랩(strap)이 둘려 있는 것이 특징이다.

영어는 긴 명칭을 짧게 줄여 사용하는 것을 선호한다. '조나단(Johnathan)'을 존(John)으로 '필라델피아(Philadelphia)'를 '필리(Philly)'라고 하는 것과 같이 사람들은 기억에 잘 남는 간단한 애칭을 선호한다. 상남자 스타일의 남성화로 널리 사랑받는 '인디 부츠(Indy boots)'가 이러한 예에 해당한다.

젊은 세대들에게는 다소 생소할 수 있는 스티븐 스필버그(Steven Spielberg) 감독의 '인디아나 존스(Indiana Jones)'라는 영화가 있다. 극 중 주인공 이름이 영화 제목과 같은 이름으로, 주연 배우인 해리슨 포드(Harrison Ford)는 4편 내내 탐험하기에 끄떡없어 보이는, 끈으로 묶는 튼튼한 부츠를 신고 나온다. 영화 속 주인공의 애칭이 '인디(Indy)'인데, 이를 이용해 주인공이 영화에서 신은 부츠를 '인디 부츠(Indy boots)'라고 부른다. 이 영화는 1982년 1편 개봉을 시작으로 2023년 5편 개봉을 앞두고 있다. 인디아나 존스 팬들은 '인디 부츠'를 신은 해리슨 포드를 기대하고 있을 것이다.

오랜만에 옷장과 신발장을 정리하다 보면 본인이 가지고 있던 신발과 옷이 반가우면서도 이런 것을 갖고 있었나 하고 놀랄 때가 있다. 부츠는 그 명칭처럼 수백 년, 몇 십 년 동안 같은 스타일이 오랫동안 사랑을 받고 있기에 다른 패션 아이템에 비하여 그다지 유행을 많이 타지 않는 것이 특징이다. 특히 여성분들은 그 오래전에 거금을 들여 산 부츠를 아직까지 신발장에 보관하고 있는 경우가 적지 않을 것이다.

먼지가 가득 쌓인 채 보관되어 있는 10년 전 부츠를 꺼내, 마음이라도 가벼워지도록 여자는 승마 패션으로 남자는 인디아나 존스 패션으로 레트로 멋에 빠져 보자.

Talk about Fashion × English
영어 대화 속 패션 관련 표현을 알아봐요!

employee Hello, can I help you find anything?

customer Yes, I'm looking for a pair of **cowboy boots**.

employee Are you looking for something that's more **functional**, or for style?

customer Style, really. I'm looking for ones that come up **mid-calf**.

employee We carry **genuine** leather. I'd recommend finding ones that are made with **vegan leather** or **pleather**.

customer Where can I find them?

employee The ones that are genuine leather are marked with a pink sticker. You'll also know by the difference in prices.

Vocabulary

cowboy boots 카우보이 부츠, 미국 서부의 카우보이들이 신은 부츠로 웨스턴 부츠(western boots)라고도 한다. (p.208 참고)
functional 기능적인
mid-calf 종아리 중간
genuine 진짜의, 진품인
pleather 인조 가죽
● **vegan leather** 비건 가죽. faux leather라고도 하며 주로 폴리우레탄(polyurethane)으로 만들어지는데 모조 가죽으로 동물 애호가 사이에서 특히 많은 사랑을 받고 있다.

직원 안녕하세요. 제가 찾으시는 걸 도와드릴까요?
고객 네, 저는 카우보이 부츠를 찾고 있어요.
직원 기능적인 걸 원하세요, 아님 스타일리시한 걸 원하세요?
고객 스타일리시한 거요. 종아리 중간 정도까지 오는 걸 찾고 있어요.
직원 저희 가게에서 진짜 가죽 제품을 취급하는데요. 비건 가죽이나 모조 가죽 제품을 추천 드려요.
고객 어디에 있나요?
직원 진짜 가죽 제품은 핑크색 스티커로 표시되어 있어요. 가격 차이로 구별하실 수도 있어요.

Expressions for Fashion Trends

더 많은 트렌디한 표현을 알아봐요!

— **Did you see the new Ugg slippers that went on sale?**
할인 시작한 새 어그 슬리퍼 봤니?

— **Chelsea boots are a basic staple that will never go out of style.**
첼시 부츠는 절대 유행에 뒤떨어지지 않는 기본 아이템이다.

— **These Doc Martens will complete your outfit for an edgy look.**
이 닥터마틴은 세련된 룩을 위해 너의 의상을 완성해 줄 거야.

— **I don't understand why socks boots are all the rage this fall.**
삭스 부츠가 올가을에 왜 갑자기 유행인지 이해가 안 가.

— **If you're cold while wearing boots, throw on a pair of boot cuffs.**
부츠를 신어도 추우면, 부츠 커프스를 한번 신어 봐.

— **Look for a wide base for a heeled boots if you're looking to move around a lot in them.**
신고 많이 돌아다니려면 밑창이 넓은 힐 부츠를 찾아 봐.

— **Slip on a pair of brightly-colored booties for a pop of color.**
튀는 색을 원하면 색상이 밝은 부츠를 신어 봐.

— **Thigh-high boots can be difficult to put on, even if they look really cool.**
멋있어 보이긴 해도 싸이하이 부츠는 신기 불편할 수 있어.

— **Skinny-heeled booties are making a comeback this year.**
스키니 힐 부츠가 올해 다시 유행할 거래.

Vocabulary

Ugg 어그 부츠로 유명한 미국 회사로 브랜드 이름이 부츠를 대표하는 이름이 되었다. (p. 207 참고)

Chelsea boots 첼시 부츠 (p. 207 참고)

staple 상품, 제품

Doc Martens 영국 신발 회사명으로 Dr. Martens, Docs or DMs라고도 하며 특히 군화 (combat boots)가 요즘 인기가 많다.

socks boots 양말처럼 딱 달라붙는 부츠

all the rage 일시적인 대유행

boot cuffs 부츠 위에 신을 수 있는 털로 된 발 토시

wide base 넓은 밑창

heeled boots 힐이 있는 부츠

slip on '미끄러지다'라는 의미를 지니고 있으며 미끄러지듯 '신어 보다'라는 의미로 사용된다.

thigh-high boots 싸이하이 부츠 (p. 208 참고)

comeback 컴백, 복귀

Fashion Glossary
어떻게 부르는지 알아봐요!

What to Call Them

Chelsea boots(첼시 부츠)
런던의 첼시 지역에서 시작되어 붙여진 명칭으로 옆에 고무줄이 있어 신고 벗기가 편리한 것이 특징이다.

Indy boots(인디 부츠)
해리슨 포드가 영화 인디아나 존스에 신고 나와 붙여진 명칭이며 가죽으로 만들어져 단단함이 특징이다.

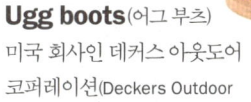

Ugg boots(어그 부츠)
미국 회사인 데커스 아웃도어 코퍼레이션(Deckers Outdoor Corporation)이 소유하고 있는 패션 신발 및 의류 브랜드이며 폭신한 털이 안에 있고 납작하며 뒤꿈치 부분에 Ugg라는 로고가 있는 것이 특징이다.

Oxford shoes(옥스퍼드 슈즈)
끈으로 묶는 단화를 총칭하며 1600년대에 영국의 옥스퍼드 대학교 학생들이 신기 시작해서 붙여진 명칭이다. 발 앞부분에 아무 장식이 없는 플레인 토(plain toe)가 기본형이다.

wingtip Oxfords(윙팁 옥스퍼드)
날개(wing)란 단어를 사용한 이유는 신발 앞부분의 조각(tip)이 날개와 같은 'W' 자형을 하고 있기 때문이다. 구멍의 디자인도 특징이다.

western boots
(웨스턴 부츠)
미국 서부에서 시작된 부츠이며 카우보이들 사이에 널리 애용되어 카우보이 부츠(cowboy boots)라고도 한다. 뾰족한 앞부분과 높은 굽이 특징이다.

thigh-high boots (싸이하이 부츠)
허벅지(thigh) 부분까지 높게 올라와 생긴 명칭으로 높은 굽과 화려한 디자인이 특징이다.

Outfit
이렇게 연출해봐요!

brown hoodie 브라운 후디

gray duffle coat 그레이 더플코트

boyfriend jeans 보이프렌드 진

tan suede Oxford shoes 갈색 스웨이드 옥스퍼드 슈즈

3   어글리 슈즈 신고 뉴트로 따라잡기

두 단어를 합쳐 그 의미를 짐작하게 하는 합성어가 날로 늘어나고 있다. 이는 고유명사에서 쉽게 찾아볼 수 있는데, 그중 하나가 '인스타그램(Instagram)'이다. 'Instant camera(즉시 찍는 카메라) + telegram(전송) = Instagram(즉시 찍어 전송한다)'이라는 의미를 지닌 인스타그램은 복고풍의 폴라로이드 사진 비율을 가진 것이 특징이다.

사람들은 인스타그램이나 페이스북을 통해 팔로워들(followers)과 자신의 패션을 공유하게 마련이다. 스마트폰 시대가 연 'SNS(Social Network Services/Sites)'라는 표현은 사실 콩글리시이며 정확한 영어 표현은 소셜 미디어(social media)라고 한다.

● 뉴트로 패션을 이끈 아재

패션 잡지를 읽다 보면 '아재 패션, 4050 패션, 뉴트로 패션'과 같은 표현을 쉽게 접하게 된다. 이 중 뉴트로(Newtro)는 'new(새로운) + retro(복고풍의) = newtro'라고 하여 새로움과 복고라는 상반되는 의미의 두 단어를 합친 합성어다. 아재 패션, 4050 패션(40대 50대의 패션), 힙스터(hipster) 패션, 청청 패션 등은 '뉴트로'와 연관이 있다.

힙스터는 1940년대 미국에서 사용하기 시작한 속어로, 유행이나 대중의 흐름에 흔들리지 않고 본인의 고유한 패션이나 음악을 추구하는 부류를 일컫는 표현이다. 청청 패션은 4050 세대에게 인기 있었던 홍콩 배우 '유덕화'를 연상하게 하는 청재킷과 청바지 패션으로, 아래위를 모두 데님으로 코디해 복고풍의 느낌을 내는 패션을 말한다.

뉴트로 패션을 대표하는 핫한 아이템 중 하나가 바로 어글리 슈즈(ugly shoes)다. 울퉁불퉁하고 높은 밑창과 독특한 컬러 배색으로, 투박하면서도 못생긴 디자인이 어글리 슈즈의 특징이다.

'삐삐' 울리는 소리 때문에 '삐삐'라고 불렀던 호출기에, 문자를 보내지 못해 숫자로 8282(빨리빨리), 5454(오빠 사랑해), 1004(천사), 100(돌아와), 505(S.O.S), 2848(이판사판), 486(사랑해)' 등을 찍었던 시절, 스마트폰이 없어 투박한 사진기를 목에 걸고 큰 렌즈로 사진을 찍었던 시절, '아이러브스쿨'이라는 소셜 미디어가 이어 준 동창 모임에 갈 때는 꼭 챙겨 갔던 폴라로이드 사진기, 찍으면 바로 나온(instant) 사진을 입으로 후후 불던 시절, 바랜 사진을 지갑에 넣고 다녔던 시절. 이 모두는 4050 세대들이 생생히 기억하고 있는 추억일 것이다. 그 시절 추억을 생생하게 재현해 주는 'TV는 사랑을 싣고'라는 텔레비전 프로그램도 있었다.

빠른 정보 전달과 전 세계를 연결해 주는 social media 시대가 가끔은 정겨웠던 복고 시대를 그립게 한다. 복고풍의 '뉴트로'라는 신조어의 등장은 '패션은 돌고 돈다'는 말을 증명하면서 추억의 패션들을 다시 되살려 주고 있다.

Talk about Fashion × English

영어 대화 속 패션 관련 표현을 알아봐요!

Jessie **Balenciaga** just released their fall collection — did you see?

Sally I did! But I'm not so sure about some of the things they put out for it — the **toe heels** don't look very attractive, to be honest.

Jessie I thought that they didn't look as bad as **Tevas**. It would be really hard to get all those toes in.

Sally You would need toed socks in order to fit those shoes, too.

Jessie You don't have to worry about it. There's a **hefty** price tag with those shoes.

Sally Aren't they sold out already? I think I saw them on the site.

Jessie And you're right. I wonder who is in the market for shoes like those.

Vocabulary

toe heels 발가락 힐(p.214 참고)

hefty 엄청난

● **Balenciaga** 발렌시아가. 신발에서 가방까지 다양한 아이템을 출시하는 유명 하이 브랜드. 실제로 toe heels를 출시하여 이슈화된 바 있다.

● **Teva** 브랜드명. 스포츠 샌들의 원조로 불려 브랜드명이 스포츠 샌들을 대표한다. 복수 형태인 테바스(Tevas)가 테바 스포츠 샌들(Teva sport sandals)을 의미한다.

제시 발렌시아가에서 막 가을 컬렉션을 출시했어. 봤어?
샐리 봤지. 근데, 가을 컬렉션의 몇 가지는 잘 모르겠어. 토우 부츠 같은 건 솔직히 좀 별로더라.
제시 테바스 제품만큼 나쁘지는 않다고 생각했는데. 발가락에 다 신기가 너무 어렵겠더라.
샐리 그 신발 신으려면 발가락 양말도 필요해.
제시 걱정 안 해도 돼. 가격이 엄청나더라고.
샐리 이미 품절 아니야? 사이트에서 본 것 같은데.
제시 맞아. 시중에 나온 그런 신발을 누가 사려는지 궁금해.

Expressions for Fashion Trends

더 많은 트렌디한 표현을 알아봐요!

— **No matter what anyone says, Crocs will never be in style.**
누가 뭐라고 해도 크록스는 세련될 수 없어.

— **Jelly shoes are making a comeback on the streets, but those aren't for me.**
젤리 슈즈가 거리에 컴백하고 있지만 나한테 젤리 슈즈는 아닌 것 같아.

— **Dad shoes look and feel really clunky.**
데드 슈즈는 정말 투박해 보이는 거 같아.

— **People wear Birkenstocks more for convenience than for fashion — wearing socks with them makes it worse.**
사람들은 패션보다는 편의를 위해 버켄스탁을 더 많이 신어 — 양말을 같이 신으면 더 이상해 보여.

— **Everyone seems to be on board for the platformed loafers, but I don't think that they'll last.**
모두 플랫폼 로퍼를 신은 것 같지만 오래 가지 못할 것 같아.

— **I don't know what sneaker heels are for — are they for fashion, or for comfort?**
운동화 힐이 무엇을 위한 것인지 모르겠어. 패션을 위한 건지, 편안함을 위한 건지?

— **Did you see those platform flip-flops Tammy wore the other day?**
지난번에 태미가 신고 있던 플랫폼 플립플롭 봤어?

— **I think that quilted sandals should never leave the house, since they're just slippers in disguise.**
퀼트 샌들은 슬리퍼로 변장한 것이기 때문에 신고 집을 나서면 안 된다고 생각해.

— **Remember when thigh-high Uggs were a thing?**
허벅지 높이의 어그가 유행이었던 때를 기억하니?

Vocabulary

Crocs 크록스 (p.213 참고)
jelly shoes 젤리 슈즈 (p.214 참고)
dad shoes 데드 슈즈 (p.213 참고)
Birkenstocks 버켄스탁 (p.214 참고)
loafers 로퍼 (p.213 참고)
sneaker heels 스니커 힐 (p.213 참고)
flip-flops 플립플롭 (p.201 참고)
quilted sandals 짠 것 같은 격자 모양의 샌들
disguise 변장하다

Fashion Glossary
어떻게 부르는지 알아봐요!

What to Call Them

dad shoes (데드 슈즈)
ugly shoes, turbo trainers라고 하며 아버지가 신은 것 같이 두툼하고 다소 투박한 느낌을 연출하여 생긴 명칭이다.

Crocs (크록스)
제품을 생산하는 회사 이름이 신발을 대표하는 명사가 되었다. 구멍이 있으며 가벼워 남녀노소에게 꾸준히 인기 있는 여름용 샌들이다.

loafers (로퍼)
신발 끈이 없는 슬립온(slop-on) 형태의 가죽 신발로 앞부분에 노치(notch)가 있는 것을 페니 로퍼(penny loafers) 또는 코인 로퍼(coin loafers)라고 하며 술 모양의 장식이 있는 것은 태슬 로퍼(tassel loafers)라고 한다.

sneaker heels (스니커 힐)
스니커즈와 높은 굽의 조화로 높은 구두와 운동화의 조합과 같은 디자인이다.

high-top sneakers (하이탑 스니커즈)
농구화처럼 발목까지 높게 올라오는 디자인이 특징이다.

slip-on sneakers (슬립온 스니커즈)
학교에서 신는 실내화처럼 미끄러지듯(slip) 신는 편리함 때문에 생긴 명칭이다.

toe heels (발가락 힐)
발렌시아가(Balenciaga)에서 출시해 화재가 된 부츠로 발가락 모양이 특징이다.

jelly shoes (젤리 슈즈)
90년대에 유행했던 신발로 레트로 열풍으로 다시 유행하는 신발 중 하나다. 젤리 같은 재질로 만들어 생긴 명칭이다.

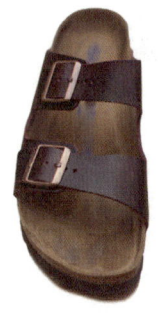

Birkenstocks (버켄스탁)
슬리퍼의 종류로 두 개의 가죽끈이 발등 위를 덮는 것이 특징이다.

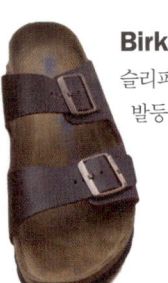

Outfit
이렇게 연출해봐요!

white dress shirt
화이트 드레스 셔츠

navy blazer
네이비 블레이저

beige chinos
베이지 면바지

brown tassel loafers
브라운 태슬 로퍼

코로나 신조어

새로운 것의 등장은 언제나 신조어의 등장을 함께 동반한다. COVID-19 Pandemic으로 인해 새롭게 등장한 신조어에 대해서 알아보자. 신조어는 처음 들어도 대략 어떤 의미인지를 예상할 수 있어야 하기 때문에 대표적으로 세 가지 방법을 이용한다. 첫 번째는 'TMI(Too Much Information), DIY(Do It Yourself)'와 같이 기존의 단어를 조합하여 약어(abbreviation)로 표현하는 방법이고, 두 번째는 '페북하다(페이스북을 하다)'처럼 긴 단어를 짧게 줄이는 방법, 세 번째는 'teleconference(화상 회의, telephone+conference)'와 같이 단어를 합성하는 방법이다.

● 약어로 표현하기

우선 약어에 대해 살펴보자. 'WFH(Working From Home)'는 재택근무를 많이 하게 된 덕분에 생긴 약어다. 또한 기사에 자주 등장하는 'BCV(Before Corona Virus, 코로나 전)'는 코로나19 발생 전과 후를 비교할 때 등장한다. 드라마나 인터뷰를 보면 'sanny(hand sanitizer, 손 소독제)', 'iso(isolation, 격리)' 등과 같이 약어로 표현하는 신조어가 자주 등장한다.

● 긴 단어 줄여쓰기

Social media(소셜 미디어) 매체 이름이 이미 일반동사가 된 '인스타하다, 페북하다, 트윗하다'와 같이, 이번 코로나19로 인하여 'zoom하다'라는 말이 자주 등장한다. 또한 Zoombooming은 'zoom상에서 여러 사람이 회의를 하다'라는 표현이 되었다.

Zoombooming

● 합성하기

특히 합성어에 코로나 관련 신조어들이 많다. 'covidiot(covid+idiot, 바보)'는 공중위생을 무시하는 사람을 일컫는 말이다. 그리고 미국 젊은이들이 코로나 파티를 열었을 때 났던 기사에서는 'cornteen(quarantine(격리하다)+corona+teen(10대))'이라는 표현을 볼 수 있었다. 'cornteen' 발음이 마치 'corn(옥수수)'과 비슷하다고 하여 SNS(social media)에 옥수수 이모지(emoji, 이모티콘)가 달리기까지 했었다. 또한 covexit(strategy for existing lockdown, 제재 상태에서의 전략) 역시 신조어다. 합성어는 비속어나 casual한 표현들이 있으니 사용에 유의해야 한다.

우리나라 기사를 보면 '언택트(uncontact)'라는 신조어가 많이 보인다. 그러나 이는 콩글리시고, 'noncontact'가 올바른 영어식 표현이다.

뉴스나 기사에 셀 수 없이 많이 사용되어 우리에게 이미 익숙해진 표현들에는 'flatten the curve(직역: 커브를 평평하게 하다, 확산을 완화하다)', 'community spread(지역 사회의 전염병 확산으로 한 지역의 많은 사람들에게 전염병이 확산된 상황)', 'contact tracing(접촉자 추적 조사)', 'patient zero(최초 감염자)', 'super-spreader(슈퍼 전파자)', 'furlough(일시 해고)', 'incubation period(잠복기)' 등이 있다.

"사람을 멸망하게 하거나 실패하게 두는 방법 중 가장 중요한 것은 그 사람들에게 시련과 역경을 겪게 하지 말라.", "시련과 역경을 주게 되면 자기 자신을 되돌아보지.", "그래서 자신을 발전시키고 더 좋은 길로 가려고 해." C.S Lewis가 쓴 "The Screwtape Letters" 책에서 악마인 삼촌이 조카에게 사람을 괴롭히는 방법을 알려 주는 31통의 편지에 등장하는 내용이다.

코로나로 인한 역경을 자기 자신을 되돌아보는 시간으로 만들고 슬기롭게 극복하는 노력을 계속하다 보면 코로나로 인해 생긴 신조어들도 과거의 언어로 사라질 날이 올 것이다.

CHAPTER

8

가방(Bags)

"A woman's purse is a reflection of her life." —Judith Peters

"여자의 가방은 그녀의 삶을 반영한다." —유딧 피터스

1 — 행복은 가방 가격순이 아니다!

Chanel No.5 향수

가브리엘 보뇌르 샤넬(1883~1971년)
©The Granger Collection

프랑스 명품 브랜드 '샤넬(CHANEL)'은 공식 홈페이지를 통해 일부 제품의 가격을 매년 적게는 8% 많게는 14%까지 인상할 것을 알린다. 이런 이유로 가격이 오르기 전에 가방을 구매하려는 이들이 명품 백화점 앞에서 개점 전부터 줄을 서 입장을 기다리는 오픈 런(open run) 행렬을 만드는 광경을 쉽게 볼 수 있다. 샤넬은 디자이너 가브리엘 보뇌르 샤넬(Gabrielle Bonheur Chanel, 1883~1971년)이 26세의 나이로 1909년에 파리에 첫 가게를 연 것이 시초다. 남다른 창의력으로 항상 패션계를 놀라게 해 온 그녀의 작품은 헤아릴 수 없이 많다. 그중에서도 1921년에 출시된 향수 Chanel No.5는 2021년에 출시 100주년을 맞이했다. '저녁의 도취', '봄의 욕망'과 같은 시적인 표현이 향수 이름으로 사용되던 당시에, 번호를 붙인 No.5와 심플한 사각형 모양의 향수병은 모든 이들을 놀라게 했다.

샤넬을 이어 온 수많은 거장 중에서도, 85세의 나이로 2019년에 별세한 칼 라거펠트(Karl Lagerfeld)는 단연 독보적이라고 할 수 있다. 한글을 특히 좋아한 독일 태생의 칼 라거펠트는 천재적인 디자이너로 샤넬(Chanel), 펜디(Fendi), 본인 이름을 딴 브랜드 칼 라거펠트까지 세 가지의 브랜드를 총괄하는 디자이너였다. 1980년대 샤넬에 영입되고 3년 후인 1983년 1월 샤넬 오트 쿠튀르(Chanel Haute Couture) 컬렉션 데뷔 무대를 통해 칼 라거펠트가 죽은 샤넬을 환생시켰다는 평가를 받기도 했다. 칼 라거펠트는 데뷔 때부터 지금의 샤넬 제국을 만들어 낸 장본인이다.

그의 패션 또한 독특했다. 백발의 포니테일(ponytail)을 고수하면서, 항상 검정색 선글라스를 착용했으며, 슬림(slim)한 검정색이나 흰색의 양복을 즐겨 입었다. 2000년대 초반에는 디올옴므(Dior Homme)의 슬림 핏(Slim fit) 양복을 입기 위해 무려 42kg을 감량하기도 했다. 클래식(Classic)한 하이칼라(high-collar) 셔츠에 넥타이의 매듭은 언제나 윈저 노트(Windsor Knot)로 매고 약간 느슨하게 풀어 놓는 스타일이었다. 자유분방함과 클래식한 미의 조합, 그리고 검정색 가죽 장갑을 껴 약간의 터프함까지 보인 그의 패션은 라거펠트만의 시그니처(signature) 패션이 됐다.

윈저 노트는 사랑을 위해 왕위를 버린 영국 왕 에드워드 8세(후일 윈저 공)의 이름에서 유래되었으며, 넥타이의 매듭 부분이 큰 것이 특징이다. 윈저(Windsor) 공이 주로 이러한 매듭으로 넥타이를 매었다고 하여 윈저 노트라고 불린다. 노트(knot)는 매듭이라는 의미를 지닌다.

영어를 배운 분들은 'tie the knot(결혼을 하다)'라는 재미있는 표현을 드라마나 영화에서 들어 보았을 것이다. 예전에는 혼수품 중에서 침대를 직접 만들었었는데, 침대를 다 만들고 나면 매듭을 지었다는 것에서 유래되어 tie the knot가 '매듭을 짓다'와 '결혼하다'라는 의미를 지니게 되었다.

이제 패션의 한 획을 그은 창시자인 코코 샤넬과 그의 명성을 이은 라거펠트의 작품을 더 이상 볼 수는 없지만, 그들이 남긴 명언들은 여러 생각을 하게 만든다.

"Those who create are rare; those who cannot are numerous. Therefore, the latter are stronger." — Gabrielle Coco Chanel
새로운 것을 창조해 내는 사람들은 드물고, 그렇게 하지 못하는 사람들은 수없이 많다. 그러므로 후자가 더 강한 것이다.

"A woman has the age she deserves." — Gabrielle Coco Chanel
여자는 자격에 걸맞은 나이를 갖는다.

"Fashion fades, style remains the same." — Gabrielle Coco Chanel
패션은 사라지지만 스타일은 영원하다.

"Vanity is the healthiest thing in life." — Karl Lagerfeld
자만심은 인생에 있어서 가장 건강한 것이다.

자기애, 자존감, 자신감, 자만심은 단순히 가방 하나에서 나오는 것이 아니다. "진정한 패션은 진정한 자기표현에서 비롯된다.(True fashion is born out of genuine self-expression.)" 간단히 말하자면 "여자는 자격에 맞는 가방을 가져야 한다.(A woman has the bag she deserves.)"

Talk about Fashion × English

영어 대화 속 패션 관련 표현을 알아봐요!

Camilla Are you all **packed** for our trip this weekend?

Irene Almost! I'm having a hard time deciding what bag I should bring.

Camilla Aren't you bringing a **weekender**•? It's only for a short trip.

Irene Well, that, too, but I'm trying to decide what bag to bring with me when we **go out sightseeing**.

Camilla Why don't you bring along that red **fanny pack**•? It'll leave your hands free while we walk around.

Irene That's actually a good idea. I'll add it to my luggage.

Vocabulary

pack 짐을 싸다
go out sightseeing 경치 구경 가다
● **weekender** 위켄더(주말용으로 사용하는 소형 여행가방. 통나무처럼 가로로 길고 둥근 모양이 특징이며 더플백(duffle bag)이라고도 한다.)(p.223 참고)
● **fanny pack** 패니팩(작은 주머니를 뜻하며 엉덩이 부분에 걸쳐진다고 하여 힙색(hip sack)이라고도 한다.)(p.225 참고)

카밀라 이번 주말 여행가기 위해 짐 다 쌌어?
아이린 거의! 어떤 가방을 가지고 갈지가 고민이야.
카밀라 위켄더 가지고 가는 거 아냐? 짧게 가는 건데 뭐.
아이린 음, 그치. 근데 경치 구경하러 갈 때 어떤 가방을 들고 갈지 정하지 못했어.
카밀라 저 빨간 패니팩을 가져가는 게 어때? 걸을 때 손을 자유롭게 쓸 수 있잖아.
아이린 좋은 생각이야. 내 짐에 넣어야겠어.

Expressions for Fashion Trends

더 많은 트렌디한 표현을 알아봐요!

The first thing I look for is a **crossbody bag** so that I can walk hands-free.
우선 내가 찾는 건 크로스바디 백인데 그러면 손을 자유롭게 쓰며 걸을 수 있어.

Small shoulder bags are useful if you're just carrying the **essentials**.
필수품만 가지고 다니려면 작은 숄더백이 유용해.

Slouchy bags that **are** currently **in** right now are not for me.
요즘 슬라우치 백이 유행이긴 한데 나한테는 안 어울려.

My new **bucket bag** is also a **convertible**: I can wear it as a backpack if it gets too heavy.
저 신상 버킷백은 무거우면 백팩처럼 매고 다녀도 되는 컨버터블이야.

Many **tote bags** are now designed to store laptops and other devices.
요즘 많은 토트백은 랩톱과 다른 기기들을 휴대하도록 디자인돼.

Bowler bags are very different from bowling bags: they are not designed to hold heavy bowling balls.
보울러 백은 볼링가방이랑 많이 달라서 무거운 볼링공을 들고 다니도록 디자인되지는 않아.

My everyday duffle bag doubles as a **gym bag** and **impromptu** travel luggage.
더플백은 짐백이나 즉흥적으로 가는 여행용 가방보다 두 배 정도 커.

I'm seeing a lot of **crocheted** purses on social media: it's a very unique look and you can design it yourself!
SNS에서 크로셰 백을 많이 보는 중인데 디자인이 독특하고 니가 직접 디자인을 할 수도 있어.

Vocabulary

crossbody bag 가슴을 가로지르는(crossbody) 형태로 매는 가방으로 crossbody strap이라고도 한다. (p.225 참고)
essentials 필수품(복수형)
slouchy bag slouchy는 '구부정한'이라는 의미이며 초승달(crescent) 모양과 흡사해 붙여진 명칭이다. (p.224 참고)
be in 유행이다
bucket bag 버킷백, 양동이(bucket)처럼 생겨 붙여진 명칭 (p.224 참고)
convertible '휴대 가능한'의 뜻으로 bucket bag을 일컫는 표현이다.
tote bag 토트백(p.224 참고)
bowler bag 볼링공을 넣는 가방처럼 생긴 백(p.223 참고)
gym bag 운동하러 갈 때 휴대하는 가방
impromptu 즉흥적인
crocheted 코바늘로 짠

Fashion Glossary
어떻게 부르는지 알아봐요!

What to Call Them

weekender(위켄더)
주말여행 용도로 루이비통이 출시해 인기를 끈 가방이다.

backpack(백팩)
등에 짚어지는 큰 것뿐만 아니라, 작은 것, 학생용 책가방 모두 backpack이라고 부른다.

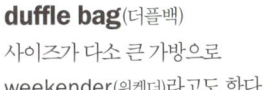

bowler bag(보울러 백)
볼링공을 넣고 다니는 가방처럼 생겨 붙여진 명칭으로 주로 가죽 소재를 사용해 디자인된다.

duffle bag(더플백)
사이즈가 다소 큰 가방으로 weekender(위켄더)라고도 한다.

shoulder bag(숄더백)
어깨(shoulder)에 매는 가방을 총칭한다.

bucket bag(버킷백)
버킷처럼 생겨 붙여진 명칭으로 convertible bucket bag(컨버터블 버킷백)이라고도 한다.

handbag(핸드백)
미국 영어로는 purse라고도 하며 손으로 드는 짧은 손잡이가 특징이다. satchel(책가방)이라고도 하는데, satchel은 원래 영국의 전통적인 학생 가방으로 상부를 덮는 플랩(flap)이 붙어 있는 것이 대표적인 디자인이다.

tote bag(토트백)
tote는 속어로 '운반한다'라는 의미가 있다. 원래는 캠핑 때에 물이나 얼음을 넣어 운반할 수 있는 튼튼한 재질의 수제 봉투를 tote bag이라고 했다.

slouchy bag(슬라우치 백)
구부정한(slouchy)이라는 의미 때문에 붙여진 명칭으로 초승달과 유사한 모양의 디자인이 특징이다. hobo bag(호보백)이라고도 한다.

Outfit
이렇게 연출해봐요!

fanny pack(패니팩)
허리에 차는 가방으로 hip pack이라고도 한다.

crocheted purse(크로셰 백)
뜨개질을 한 가방으로 crochet는 '코바늘 뜨개질'이라는 의미를 지닌다. knitted bag(니트백)이라고도 한다.

crossbody strap(크로스 스트랩)
가슴 중간을 가로지르며 매는 형식이라서 crossbody bag(크로스바디 백)이라고도 한다.

- **gold frame sunglasses** 골드 프레임 선글라스
- **beige blazer** 베이지 블레이저
- **black tube top** 블랙 튜브톱
- **black wide leg pants** 블랙 와이드 레그 팬츠
- **brown pumps** 브라운 펌프스
- **green handbag** 그린 핸드백

2 ─ 샤르트뢰즈? 영어는 필수 프랑스어는 고수!

한국어로 색상을 강조하여 표현할 때에, '노란-샛노란', '파란-새파란', '검은-시커먼'에서 볼 수 있는 것과 같이 색채어 앞에 '시-', '새-', '샛-'을 붙이는 방법이 있다. 또한 '노란-누런', '파란-퍼런', '하얀-허연' 등과 같이 색채어의 모음이 양성 모음이냐 음성 모음이냐에 따라 색을 표현하는 뉘앙스가 달라진다. 영어에도 이와 같이 색의 명도나 채도를 높이거나 낮추는 표현들이 있다.

색이 연할 때는 색채어 앞에 light나 pale을 붙이고 진할 때는 dark, thick, deep, heavy 등을 붙인다. 밝은 청색(light blue), 군청색(dark blue) 등이 그것이다. 이보다 더욱 세련되게 표현한 어휘도 있다. '갈색'을 '에스프레소 브라운(espresso brown)', '빨강'을 '버건디 레드(burgundy red)', '파랑'을 '퍼시픽 블루(pacific blue)', '회색'을 '그래파이트(graphite)'라고 하는 것을 예로 들 수 있다. 패션뿐만 아니라, 기업이 새로운 휴대폰이나 신차 등을 출시할 때에도 제품의 색상을 표기하는 데에 상당한 심혈을 기울이고 있는 것을 알 수 있다.

'샤테크(Cha-Tech: Chanel과 재테크를 합친 단어)'라는 단어가 탄생할 정도로, 매년 가방의 가격을 올리는 대표적인 명품 브랜드에는 샤넬(Chanel)과 에르메스(Hermès)가 있다.

끈이 없어 가방을 손에 들거나 팔에 끼고 다니던 시절, 샤넬의 창립자인 코코 샤넬(Coco

샤넬 로고

에르메스 로고

Chanel)이 군인들의 가방에서 아이디어를 얻어 가방에 끈을 단 것이 1955년 2월에 출시되었다. 이것이 '샤넬 2.55'다. 샤넬 2.55에서 눈길을 끄는 색상은 샤르트뢰즈다. 1605년에 프랑스 수도원인 '샤르트뢰즈(Chartreuse)'에서 약초를 섞어 만든 술을 수도원의 이름을 따 '샤르트뢰즈'라고 하였다. '샤르트뢰즈'는 붉은색을 프랑스산 포도주인 버건디로 표현하는 것과 같다. 샤르트뢰즈는 연두색과 노란색을 섞은 색으로 겨자색에 가깝다. '샤르트뢰즈 샤넬 램스킨 백(Chartreuse CHANEL lambskin bag)'을 '겨자색 샤넬 양가죽 가방'이라고 표기하면 느낌이 많이 다른 것을 알 수 있다.

크리스마스 시즌이 다가오면 스타벅스에서 '토피 넛 라테(Toffee Nut Latte)'를 마실 수 있다. 왜 커피(coffee)가 아니라 토피(toffee)라는 단어가 사용되는지 궁금했을 것이다. 밀크캐러멜보다 약간 짙은 색으로 물, 버터, 설탕을 끓여서 만든 사탕 이름이 '토피(toffee)'다. 토피 넛 라테는 크림 위에 살짝 토피(toffee) 가루를 뿌려 생긴 음료명이다.

'토피'라는 색상 표기는 에르메스 가방에서 찾아볼 수 있다. 모나코 공주이자 미국 배우인 '그레이스 켈리(Grace Kelly)'가 임신한 배를 가리기 위해 약간 큰 가방을 들고 대중 앞에 등장하였는데, 그때부터 유명세를 타게 되어 그녀 이름을 사용한 것이 '에르메스 켈리 백'이다. 에르메스에서 출시한 켈리 백 중에 '에르메스 토피 켈리(Hermès toffee Kelly)'는 높은 가격에도 불구하고 주문한 후 수 개월을 기다려야 받아 볼 수 있을 정도로 여전히 인기가 많다. 이 가방 역시 '에르메스 갈색 가방'이라고 표기되면 다소 세련미가 떨어짐을 느낄 수 있다.

수십 년 동안 같은 디자인의 가방이 시간의 흐름과 함께 가격이 오름에도 여전히 사랑받는 이유는, 그만큼의 오랜 역사와 전통을 자랑하는 브랜드 파워와 새로운 색상으로 세련미를 더해 가고 있기 때문이다.

Talk about Fashion × English
영어 대화 속 패션 관련 표현을 알아봐요!

employee Good afternoon, sir, is there anything I can help you with, or are you just **browsing**?

customer I'm here to buy a gift for my wife, but I haven't a **clue** which is which.

employee Not a problem! Are you looking to gift her a **purse** for a specific occasion?

customer Not really — she has one work bag, but that's **on its last legs for life**.

employee If it's a purse to take to her workplace, I would highly recommend a bag that's in a neutral color. Does she carry a lot of things in her purse?

customer Well, she likes being prepared.

employee If you would come this way, I can recommend some tote purses that would go with any outfit.

Vocabulary

browse 구경하다
clue 단서
● **purse** 미국 영어에서는 '가방'을 의미하며 '지갑'은 wallet이라고 한다.
● **on last legs for life** 거의 수명을 다해 버리기 직전인

종업원 안녕하세요, 손님. 제가 뭐 도와드릴 게 있나요, 아님 그냥 둘러보시겠어요?
고객 제 와이프한테 줄 선물을 사러 왔는데, 뭐가 좋을지 모르겠어요.
종업원 제가 도와드릴게요. 특별한 경우를 위한 선물용 가방을 찾으세요?
고객 꼭 그런 건 아니에요. 와이프가 워크 백은 하나 있긴 한데 거의 버리기 직전이에요.
종업원 직장 가실 때 사용하실 가방이면, 뉴트럴한 색상을 추천 드려요. 가방에 많은 걸 넣고 다니시나요?
고객 글쎄요, 늘 준비를 하는 타입이긴 해요.
종업원 이쪽으로 오시면 어떠한 복장에도 어울리는 토트백 몇 개를 추천해 드릴게요.

Expressions for Fashion Trends

더 많은 트렌디한 표현을 알아봐요!

— I'm noticing a lot more **baguette bags** in store windows at the mall.
쇼핑몰 윈도에 바게트백이 점점 더 많아지는 것 같아.

— You can purchase a **knockoff** quilted bag for a lot less than the branded ones.
브랜드 가방보다 다소 저렴한 가격으로 카피한 퀼트 가방을 살 수 있어.

— **Pochettes** are very much a product of the 2000s, but they very well may make a comeback soon.
포세트는 2000년에 유행한 제품인데 곧 다시 유행하게 될 거야.

— I prefer **hobo bags** because you don't have to maintain their shape.
모양을 관리 유지할 필요가 없는 호보백이 더 좋아.

— Did you know that the Kelly bag **was named after** a princess **IRL**?
실제로 살았던 공주의 이름을 따서 캘리 백이라고 이름 지어진 거 알았어?

— A **clutch** is more appropriate for an evening event, especially if it's a **Minaudiere** design.
특히 클러치는 미노디에르 디자인일 경우 저녁 행사에 더욱 잘 어울려.

— **Canteen purses** are a cute addition to any outfit because they come in many different fabrics and color schemes.
캔틴백은 다양한 재질과 색상으로 출시되어 어떤 의상에도 귀여운 느낌을 더해 줘.

— Some **wristlets** are insanely priced depending on the brand despite their small size.
몇 개 리슬렛은 작은 사이즈에도 불구하고 브랜드에 따라 가격이 말도 안 되게 비싸.

Vocabulary

baguette bag 바게트백(p.230 참고)

knockoff '도둑질하다'라는 의미로 디자이너 가방을 카피한 가방(속어)

pochette 포세트 가방(p.230 참고)

hobo bag 초승달 모양의 가방으로 slouchy bag(슬라우치 백)이라고도 한다. (p.230 참고)

be named after ~의 이름을 따르다

IRL in real life의 줄임말

clutch 클러치(p.231 참고)

Minaudiere 미노디에르(p.230 참고)

canteen purse 캔틴백(p.230 참고)

wristlet 손목에 차는 작은 가방 (p.231 참고)

Fashion Glossary
어떻게 부르는지 알아봐요!

What to Call Them

baguette bag(바게트백)
작은 바게트 모양을 연상시키는 가방으로 팬디(Fendi)가 출시하여 유명해졌다.

quilted bag(퀼트 백)
짠(quilted) 것과 같은 무늬가 특징이다.

messenger bag(메신저 백)
주로 남자의 서류 가방으로 알려져 있으며 현재는 남녀 모두에게 인기가 있다. 책을 가지고 다니는 목적으로 샤첼(satchel)이라고도 한다.

hobo bag(호보백)
slouchy bag(슬라우치 백)이라고도 한다.

pochette(포셰트)
2000년대에 유행한 가방으로 루이비통이 출시하여 유명해졌다.

canteen purse(캔틴백)
canteen은 '군사용 물통'으로 불리며 모양이 유사하여 생긴 명칭이다.

Minaudiere(미노디에르)
손안에 들어오는 작은 클러치며 앞부분에 보석과 작은 장식이 되어 있는 것이 특징이다.

wristlet(리슬렛)
wrist(손목)과 bracelet(팔찌)을 합친 합성어로 끈을 팔찌처럼 손목에 끼운다고 해서 생긴 명칭이다.

clutch(클러치)
멜 수 있는 끈이나 들 수 있는 손잡이가 없는 형태의 가방을 말한다. clutch에 '확실히 잡는다'라는 의미가 있어 생긴 명칭이다.

eco bag(에코 백)
ecology(생태)의 앞부분인 eco를 사용하여 자연환경을 위해 천이나 재활용 재질로 만든 가방을 말한다.

Outfit
이렇게 연출해봐요!

butterfly sunglasses
버터플라이 선글라스

black cape blazer
블랙 케이프 블레이저

clutch
클러치

black sleeveless dress
블랙 민소매 원피스

open toe ankle strap sandals
오픈 토 앵클 스트랩 샌들

강한 임팩트를 위해서는 문법부터 틀려라

브랜드 로고나 광고에 등장하는 문구는 자주 접하기 때문에 우리에게 익숙하다. 로고 영어는 강한 임팩트(impact)를 주어야 하므로 장황하게 길지 않고 짧은 것이 특징이며, 시각적 혹은 청각적으로 소비자의 기억에 남겨야 하므로 문법을 고의적으로 틀리는 경우도 있다.

우리가 흔히 보는 로고를 통해 영어 문법을 확인해 보자.

● 재귀대명사

컵이나 티셔츠에 자주 등장하는 로고다. 우선 주어가 같은 대상에게 동작을 하면 주어가 돌아오기(돌아올 귀 - 歸) 때문에 재귀(다시 - 再 돌아올 - 歸)대명사를 사용하는 것이 맞는 표현이나, 작은 컵에 모든 문구를 넣기 위함과 동시에 틀린 문법을 제시하여 오히려 소비자의 기억에 남기려고 한 로고 중 하나다. 만약 'I love myself.'라는 로고로 사용했다면 다소 진부한 문구가 될 수도 있었다.

● talk vs. speak

"영어를 말하다(speak), 친구와 말하다(talk with a friend), ~라고 말했다(said that ~)"와 같이 우리말은 모두 '말하다'라는 동일한 표현을 사용하지만 영어는 다르다. 'speak'는 연습이나 노력을 통해서 말을 한다는 의미가 있기 때문에 언어를 구사한다는 표현으로 "Can you speak English?"라고 해야지 "Can you talk/say

English?"라고 하면 틀리다. 즉 "Let's Speak English."가 올바른 표현이나 이 또한 소비자의 기억에 남기기 위해 어색한 표현을 사용한 예이다.

● any vs. some

'any'는 '불특정, 강조'의 의미가 있고, 반대로 'some'은 '특정'의 의미가 있다. any는 '애니콜(Anycall)', '애니카(Anycar)'와 같이 삼성그룹이 선호하는 단어이기도 하다. '어디서나 늘 전화가 가능한 애니콜', '모든 차를 보호하는 자동차 보험 애니카'를 만약 Somecall, Somecar라고 하면 '특정'의 의미가 된다. 그래서 광고나 상품명에서는 some을 찾아볼 수 없다. 운동 역시 '항상(anytime)' 할 수 있어야 하기에 any를 사용한다. Sometime Fitness라고 하면 특정 시간에만 피트니스 센터가 열린다는 의미가 되기 때문에 많은 고객을 끌어들이기에는 적합하지 않다.

● since vs. from

쇼핑백을 보면 브랜드명에 since가 자주 등장한다. 'from(~로부터)'을 사용하지 않고 'since(~ 이래로)'를 사용하는 이유는 since에는 '현재'가 포함되어 있기 때문이다. from은 현재가 포함되어 있는지 알 수가 없기에, 지금까지 유효하다면 과거에 언제 시작해서 '여기까지' 이어 오고 있다는 의미로 since를 사용한다. 세기(century)를 넘는 전통을 이어 오는 '버버리(Burberry)'의 경우에는 'established(창립된)'를 함께 사용하기도 한다.

every vs. all

우리말로 '모든'이라고 동일하게 해석되는 'every'와 'all'은 각각 그 의미가 다르다. every child는 맞지만 every children은 틀리다. 반대로 all child는 틀리고 all children은 맞다. 'all'은 수(數) 개념이 포함되어 있지만, 'every'는 집합 개념이 있기에 복수 명사와 어울리지 않는다. 모든 아이를 집합처럼 묶은 개념이 바로 'every child'이기에 로고에 사용된 것이다.

CHAPTER 9

스포츠웨어
(Sportswear)

"Style is something each of us already has, all we need to do is find it." — Diane von Furstenberg

"스타일은 각자가 이미 가지고 있는 것이며, 우리는 그것을 찾기만 하면 된다." — 다이앤 본 퍼스텐버그

1 — 로드 여신을 위한 패션 가이드

자전거는 코로나 시국을 이겨 내기 위한 인기 있는 레저 도구 중 하나로, 전례 없는 판매량을 기록하고 있으며 특정 자전거는 품귀 현상까지 보이기도 했다. 주말에 강을 끼고 시원한 바람을 가로지르며 질주하는 라이더를 볼 때면 자전거뿐만 아니라 라이딩 패션까지 시선을 사로잡는다.

자전거는 로드 바이크(Road Bike), 산악자전거(Mountain Terrain Bike), 그래블 바이크(Gravel Bike), 접이식 자전거(Folding Bike) 등 그 종류가 자동차만큼이나 다양하다.

자전거의 인기와 함께 라이딩 패션 시장도 전례 없는 호황을 누리고 있다. 공항, 호텔 등에 있는 라운지에서 쉬기에 편안한 옷차림을 '라운지 웨어(Loungewear)', 그리고 1마일 정도의 가까운 곳을 가기 위한 편한 복장을 '원 마일 웨어(One Mile Wear)'라고 부른다. 이러한 편한 복장들은 이미 인기를 끌고 있던 터라 보통 자린이들은 라운지 웨어로 시작해 쫄쫄이 바지를 거쳐 라이딩 전용 복장으로 갈아타게 된다.

자전거에 입문하게 되면 접하게 되는 아이템과 관련 브랜드명을 살펴보자.

● 빕숏(Bib Shorts)
빕(Bib)은 흔히 이유식을 먹는 아기들을 위한 턱받이라고 알고 있다. 무엇인가를 받치는 기능 때문인지 흘러내리지 않는 멜빵 바지(Suspenders)를 bib이라고 하며, shorts는 반바지로 '빕숏(Bib Shorts)'은 '멜빵 반바지'에 해당한다. 이는 로드 바이크를 즐기는 분들의 필수 아이템으로, 화장실 가기가 다소 불편한 점이 있지만 그 정도쯤 감당하기에 충분히 멋진 자덕의 필수템이다.

● 라파(Rapha)
라파(Rapha)는 런던에 본사를 둔 자전거 경주, 의류 및 액세서리에 중점을 둔 스포츠웨어 업체로 기능성과 디자인 모두를 갖춘, 라이더들이 최애하는 브랜드 중 하나다. 다양한 제품 라인을 생산하고 있으며, 그중 'EF'라고 새겨진 문구는 Education First의 약자로 라파에서 후원하는 Pro Cycling 팀의 이름이다. 또한 'Ambitious about Autism' 자선 단체를 위한 세계적인 기금 모금을 위한 행사로 원하는 길을 달리며 220마일(354km) 라이드를 완주하도록 하여 'Ambitious about Autism' 문구가 새겨진 모자를 제공하기도 한다.

넷플릭스 'Next In Fashion'에 출연한 모델이자 디자이너인 알렉사 청(Alexa Chung)은 한 잡지사 인터뷰에서 라이딩을 위한 패션 가이드를 다음과 같이 언급했다.

"A style rule I tend to stick to when I'm not on a bike is to mix unexpected things with the ordinary. With this in mind I rather like the idea of a smart evening jacket when cycling."

자전거를 타지 않을 때 고수하는 스타일 규칙은 예상치 못한 것을 평범함과 섞는 것입니다.
이를 염두에 두면 저는 사이클링을 할 때 스마트한 이브닝 재킷을 입는 것이 낫다고 생각합니다.

Talk about Fashion × English

영어 대화 속 패션 관련 표현을 알아봐요!

Trisha You know what I see more of in stores nowadays? **Bike shorts**.

Rosie Oh yeah, bike shorts are in right now — I see a lot of people post pictures of themselves wearing bike shorts as their **OOTD** posts.

Trisha Really? I didn't think that it would be a thing.

Rosie I mean…they're comfortable and easy to move around in. What's not to like?

Trisha The only **downside** to bike shorts is that they're a very **unforgiving fabric** — they will show every curve.

Vocabulary

bike shorts 바이크 쇼츠(p.240 참고)
OOTD 오늘의 아웃핏(Outfit Of The Day의 약자)
downside 단점
unforgiving 용서하기 힘든
fabric 패브릭, 옷감

트리샤 내가 요즘 가게에서 더 많이 보는 게 뭔지 알아? 바이크 쇼츠야.
로지 아 맞아, 바이크 쇼츠가 유행이야. 사람들이 그거 입고 찍은 사진을 오늘의 아웃핏으로 많이들 올리더라.
트리샤 그래? 그렇게 유행할 거라 생각하지는 못했는데.
로지 내 말은… 편하고 입고 움직이기 좋은데 누가 안 좋아하겠어?
트리샤 바이크 쇼츠의 유일한 단점은 모든 곡선을 보여 줘서 용서하기 힘든 패브릭이지.

Expressions for Fashion Trends

더 많은 트렌디한 표현을 알아봐요!

- When layering for colder temperatures, make sure that your **base layer** is in a **moisture-wicking** fabric.
  추운 날씨를 위해 겹쳐 입을 때 베이스 레이어가 땀 흡수용 옷감인지를 확인하십시오.

- You should invest in cycling socks, as they are designed specifically for sweat **absorption**.
  사이클링 양말은 특히 땀 흡수를 위한 것이므로 구매해야 한다.

- Specialized cycling shorts come specifically in padding for shock absorption.
  특수 사이클링 반바지는 충격 흡수를 위한 패딩을 특별히 내재하고 있다.

- Consider different types of **chamois** before purchasing **bib shorts**.
  빕숏을 구매하기 전에 다양한 종류의 패드를 고려하십시오.

- If you don't like **toting** a lot of gear, consider getting a **gilet**.
  몇 가지 장비만을 들고 다니려면, 질레를 사는 걸 고려해 봐.

- If you really want quality that lasts a long time, I'd go for Rapha fabrics even though they are expensive.
  정말 오래 가는 퀄리티를 원한다면 비싸더라도 라파 패브릭을 택하겠습니다.

- A pair of high-quality bib shorts will prevent **chafing** and **saddle** sores.
  고품질 빕숏은 피부 마찰을 방지하고 안장 때문에 아프지 않도록 해 준다.

- **Gore** Wear is doing a special flash sale for all cyclists just for **Cyber Monday**.
  고어 웨어는 사이버먼데이 기간 동안 모든 사이클리스트를 위한 특별 플래시 세일을 진행한다.

Vocabulary

base layer 베이스 레이어(p.240 참고)
moisture-wicking 수분을 흡수하는
absorption 흡수
chamois 샤모아, 사이클 바지 가랑이 부분에 들어가는 패드
bib shorts 빕숏(p.241 참고)
tote 들고 다니다
gilet 질레(p.240 참고)
chafing 마찰
saddle 안장
Gore Gore-Tex(고어텍스)를 줄인 말로 통기성이 좋고 가벼운 직물
Cyber Monday 사이버먼데이. 목요일인 추수감사절이 지나고 온라인 세일 행사가 월요일부터 시작된다는 의미

Fashion Glossary
어떻게 부르는지 알아봐요!

What to Call Them

cycling gilet(사이클링 질레)
사이클링 할 때 입는 조끼로 보온성이 있다.

base layer(베이스 레이어)
안에 입는 속옷 같은 티셔츠로 주로 반팔이 인기가 있다.

knee warmers(니 워머)
토시처럼 무릎을 덮어 주는 워머. leg warmer, arm warmer도 있다.

bike shorts(바이크 쇼츠)
자전거를 탈 때 입는 스판덱스 소재의 반바지

bib tights(빕타이츠)
빕숏이 반바지라면 빕타이츠는 멜빵으로 된 긴바지를 말한다.

Outfit
이렇게 연출해봐요!

pink and gray cycling helmet
핑크 앤 그레이 사이클링 헬멧

red cycling jersey
레드 사이클링 저지

black core mitts
블랙 손가락장갑

black bike shorts
블랙 바이크 쇼츠

white cycling shoes
화이트 사이클링 슈즈

cycling cap(사이클링 캡)
흔히 쪽모자라고 하는 사이클링 캡은 캡 부분이 짧은 게 특징이다.

bib shorts(빕숏)
멜빵이 있는 사이클링 반바지로 통기성, 흡수성이 좋은 기능성 스포츠웨어다.

core mitts(손가락장갑)
손가락만 보이는 장갑

bonk bag(봉크백)
뮈제트(musette)라고도 하며 사이클링 시 크로스로 매는 천으로 된 가방이다.

2 - 나의 리즈 시절은 라잇 나우!

'리즈 시절'은 '지나간 전성기', '가장 빛나던 시절'을 의미하는 표현으로 널리 사용된다. '리즈'라는 표현의 어원은 축구에서 비롯되었다. 2005년 박지성 선수가 '맨유(맨체스터 유나이티드 F.C.)'에 입단했을 때, 같은 맨유 소속이던 앨런 스미스(Allen Smith)를 두고 일부 팬들이 "앨런 스미스도 리즈 시절엔 날아다녔는데."라며 자신의 축구 지식을 자랑한 것이 유래가 된 것이다. 앨런 스미스는 '리즈(Leeds) 유나이티드' 팀에서 뛰었을 때는 활약이 좋았지만 그 후 다른 팀으로 이적하면서 별다른 활약을 보이지 못했으니 확실히 그에게 최고였던 시기는 리즈 시절이었다고 말할 수 있을 것이다. 이후 '리즈' 팀에서 뛰지 않은 선수들에게까지도 '호날두의 리즈 시절', '베컴의 리즈 시절'과 같이 '리즈 시절'이라는 표현이 퍼지게 되었다.

누구에게나 전성기가 있다. 축구에서 시작된, 팀 이름과 축구 선수의 부진으로 자연스럽게 사용되게 된 '리즈 시절'이라는 표현은 이제 축구 선수뿐 아니라 연예인을 지칭할 때도 널리 사용되며 일반인들 사이에서도 젊은 시절이나 활동이 왕성했던 예전의 시절을 그리워할 때 사용하는 표현이 되었다. 하지만 '리즈 시절'은 한국에서만 사용되는 표현이며 영어로는 'glory days'가 유사한 의미를 지닌다.

4년마다 열리는 월드컵의 경기를 보는 재미도 있지만 각 나라 선수들이 입는 유니폼에도 관심이 쏠린다. 운동복을 '유니폼(Uniform)'이라고 하는데, 'uni(united, 합쳐진)'와 'form(형태)'이 합쳐져 만들어진 단어이다. 이는 한 팀을 한 형태로 묶는다는 의미를 지니고 있다. 그래서 학생들의 교복, 경찰의 제복, 군인의 군복을 모두 '유니폼'이라고 한다.

대한민국 붉은 악마를 상징하는 색인 빨간색이 그렇듯, 각 나라를 대표하는 운동복은 흔히 그 나라를 대표하는 색상이나 국기에 들어간 색을 유니폼으로 제작한다.

독일 팀은 국기에 있는 색인 검은색이나 흰색의 운동복을 입으며, 이탈리아 역시 국기에 있는 색인 흰색을 하의로 주로 입는다. 네덜란드 팀의 유니폼은 주로 오렌지색이다. 국기에 있는 색을 상의나 하의로 입는 팀이 있는 반면, 국기에서 찾아볼 수 없는 색인 오렌지색이 왜 네덜란드의 운동복 색으로 채택되었는지에 대한 궁금증이 생길 수밖에 없다.

오렌지가 많이 나는 나라도 아닌 네덜란드의 오렌지 군단의 오렌지색은 1814년 초대 국왕으로 즉위한 지도자 킹 윌리엄 오렌지(King William of Orange)의 이름 때문이다. 그의 가문이 현재까지도 왕권을 유지하고 있기에 지도자의 정신을 기리기 위하여 항상 오렌지색을 유니폼으로 착용한다.

2018년 러시아 월드컵 중계에서 해설 위원으로 활약한 박지성, 안정환, 이영표는 2002년의 4강 신화를 이끈 장본인으로 그들의 '리즈 시절' 또한 우리에게 늘 풋풋함을 느끼게 해 준다.

2019년 FIFA 여자 월드컵에서 준우승을 차지한 네덜란드 축구팀

Talk about Fashion × English
영어 대화 속 패션 관련 표현을 알아봐요!

coach Hey, Andrew! **Hustle on over here**.

player Is there something wrong?

coach What happened to your **shin guards**? You're not wearing any.

player I forgot them at the dorm. I'll remember them tomorrow.

coach You're going to get injured **at this rate**. Use these instead.

player But I'll get them dirty.

coach **Don't sweat it**. I need you **in tip-top shape** for Friday's game.

Vocabulary

hustle on over here
= get over here quickly, 이쪽으로 신속히 오다

shin guard 정강이 보호대(p.246 참고)

at this rate 이런 식으로는

Don't sweat it. = Don't worry about it., 걱정 마.

in tip-top shape = in the best condition, 최상의 컨디션에서

코치 이봐, 앤드류! 어서 이쪽으로 와.
선수 무슨 문제라도 있나요?
코치 정강이 보호대는 어쩌고? 아무것도 안 입고 있잖아.
선수 기숙사에 두고 왔어요. 내일 가지고 오겠습니다.
코치 이러다 부상 입을 수 있어. 대신 이것을 사용해.
선수 근데, 제가 더럽힐 건데요.
코치 걱정 마. 금요일 경기를 위해 나는 최상의 컨디션이어야 돼.

Expressions for Fashion Trends

더 많은 트렌디한 표현을 알아봐요!

— It is every player's responsibility to make sure that nothing is missing from their **kit** before a game.
경기 전에 키트에 빠진 것이 없는지 확인하는 것은 모든 플레이어의 책임이다.

— Changing the team's **color scheme** will make fans upset, as colors usually identify the team.
일반적으로 색상이 팀을 식별하기 때문에 팀의 색상 조합을 변경하면 팬들을 화나게 할 것입니다.

— You should keep a spare pair of **studs** for your **cleats** if they're **detachable**.
분리 가능한 경우 스파이크 운동화용으로 여분의 스터드 한 쌍을 보관해야 한다.

— Do you think that they purposefully made the **goalie**'s jersey such a bright neon green?
일부러 골키퍼 유니폼을 이렇게 밝은 네온그린으로 만든 것 같나요?

— Beginner goalies should purchase a pair of **palm type gloves** if they're unsure of what kind will work best for them.
초보 골키퍼는 어떤 종류의 장갑이 자신에게 가장 적합한지 확신이 서지 않는 경우 손바닥 유형의 장갑을 구입해야 한다.

— Polyester is considered the best material for jerseys because it is a **breathable** and **lightweight** fabric.
폴리에스터는 통기성이 좋고 가벼운 원단이라 저지로 가장 적합한 소재로 여겨진다.

— Leeds United pioneered the industry of marketing soccer player merchandise to fans.
리즈 유나이티드는 팬들에게 축구 선수들의 상품을 마케팅하는 업계를 개척했다.

— All shin guards worn by players must **abide by NOCSAE** standards.
선수가 착용하는 모든 정강이 보호대는 NOCSAE 표준을 준수해야 한다.

Vocabulary

kit (특정 활동용) 복장
color scheme 색상 조합
stud (축구화나 러닝슈즈 바닥에 박힌) 징[못](p.246 참고)
cleats 스파이크 운동화
detachable 분리 가능한
goalie = goalkeeper
palm type gloves 손바닥에 미끄럼 방지 처리가 되어 있는 장갑 (p.246 참고)
breathable 통기성이 좋은, 숨을 쉬는
lightweight 가벼운
abide by 준수하다
NOCSAE = The National Operating Committee on Standards for Athletic Equipment, 국립운동용품기준실무위원회

Fashion Glossary
어떻게 부르는지 알아봐요!

Outfit
이렇게 연출해봐요!

What to Call Them

palm gloves (골키퍼 글러브)
palm은 '손바닥'이라는 의미로 골키퍼 장갑은 안쪽에 미끄럼 방지 처리가 되어 있다.

shin guard (정강이 보호대)
정강이라는 의미를 지닌 shin을 보호해 주는 보호대

stud (스터드)
축구화 바닥에 미끄럼을 방지하기 위해 단 금속 부분을 말한다.

red and white uniform
레드 앤 화이트 유니폼

white palm gloves
화이트 골키퍼 글러브

red knee socks
레드 무릎 양말

shin guard
정강이 보호대

black cleats
블랙 스파이크 축구화

쇼핑 찬스 블프데이 (Black Friday)

추수감사절(Thanksgiving Day)은 미국의 대표적인 명절 중 하나로, 매년 11월 4번째 목요일이다. 한국이 추석에 송편을 빚어 먹으며 온 가족이 모여 담화를 나누듯, 미국도 Happy Thanksgiving!을 축하하며 온 가족이 함께 모여 목요일부터 일요일까지 주로 4일간의 휴일을 즐긴다. Thanksgiving은 17세기 초, 신대륙으로 이주한 청교도들이 첫 수확을 거둔 후 이를 기념하고자 칠면조를 먹어 터키 데이(Turkey Day)라고도 한다. 추수감사절에는 칠면조 외에 그레이비(gravy sauce)를 얹은 으깬 감자(mashed potatoes), 크랜베리 소스(cranberry sauce), 옥수수, 호박파이(pumpkin pie), 제철에 나는 채소 등을 먹으며 목요일을 보내고 다음 날이나 주말은 쇼핑몰로 향한다.

● **추수감사절 휴가를 노린 대대적인 할인 행사**

미국의 추수감사절이 다가오면 '블랙 프라이데이 할인' 혹은 줄여 '블프 세일'이라는 문구를 많이 보게 된다. Black Friday는 목요일인 Thanksgiving 다음 날인 금요일로, 일 년 중 가장 큰 할인 행사가 진행되기 때문에 아침부터 상점 앞에 사람들이 길게 줄지어 선다. 일 년 중 추수감사절과 크리스마스 휴일 동안에 발생된 매출이 일 년 매출의 대부분을 차지하다시피 하기 때문에 이때가 사람들이 쇼핑하기 가장 좋은 시즌이다. 적자를 in the red, 흑자를 in the black이라고 하는데, 미국 필라델피아(Philadelphia)에서 흑자(Black)와 Friday를 합쳐 사용한 것이 Black Friday의 시초였다.

여러 패션 매장의 멤버십을 가지고 있으면 블랙 프라이데이를 위한 할인 코드(promotional code)가 이메일로 전달된다. 이는 주로 숫자나 일반 단어를 사용하며, 계산(check out) 시 받은 코드를 입력하면 일정 금액이 추가로 할인된다. 나에게 전달된 코드지만 내가 기한 내에 사용하지 않게 되면 지인에게

양도하기도 하는데, 사용 횟수에 제한받지 않는 코드와 한 번만 사용 가능한 코드, 이렇게 두 가지가 있다. 횟수에 제한받지 않는 코드는 정보를 공유하는 사이트에 받은 코드를 서로에게 알리며 블프 세일을 위한 할인 혜택을 함께 나누기도 한다.

추수감사절의 Black Friday는 크리스마스 선물을 미리 준비하기 위한 최고의 쇼핑 찬스이므로, 이 기회를 놓쳤다가는 두고두고 후회하는 일이 생길 수 있다. 명품의 할인 전략이 나라마다 다소 다르지만, 잘 찾아보면 연중 할인을 하지 않는 것으로 유명한 구찌(Gucci), 루이비통(Louis Vuitton)과 같은 명품 브랜드까지도 Black Friday에 동참하는 매장들도 있으니 그동안 사고 싶었던 옷들, 패션 아이템들을 이때 장만해 두면 좋을 듯하다. 요즘은 직구도 가능하니 만약 할인 코드의 혜택까지 받아 보고 싶다면 missyusa.com과 같은 사이트에서 많은 정보를 얻기를 바란다.

온라인 쇼핑은 클릭만으로 구매가 되는 편리함이 있지만 직접 옷을 입어 볼 수 없기에 사이트에서 제시하는 높은 할인율, 재고에 몇 개 안 남았다는 문구, 또는 추가 할인 혜택 등으로 충동구매를 할 위험도 있으니 Black Friday가 Red Friday가 되지 않도록 쇼핑에 늘 신중을 기하자.

CHAPTER

10

코스튬(Costumes)

"Fashion is the armor to survive the
reality of everyday life." — Bill Cunningham
"패션은 일상의 현실에서 살아남기 위한 갑옷이다." — 빌 커닝햄

1 ─ 산타 옷은 왜 빨간색일까?

팬데믹으로 인한 해외 입국자의 2주 의무 격리 시, 산타클로스가 한국에 올 경우 12월 초에는 입국해야 한다는 걱정을 하기도 했다. 크리스마스이브(24일)에는 선물을 준비하거나, 옷장에서 빨간색 옷을 찾아보거나, 작년에 썼던 크리스마스트리를 다시금 꺼내 예쁘게 꾸미곤 한다. 이때 크리스마스트리에 거는 초록색과 빨간색의 장식들은 나눔, 사랑의 분위기를 더한다.

크리스마스(Christmas)는 그리스도의 '미사'라는 뜻을 지닌다. 이는 고대 영어인 'Cristes(예수님)'와 'Maesse(미사)'라는 말이 합쳐져 Christmas라고 발음하게 된 것이다.

우는 아이들에게는 선물을 안 주시는 산타클로스(Santa Claus)의 유래도 궁금하다. 서기 280년경으로 거슬러 올라가, 지금의 터키 지역에서 태어난 한 수도사의 이름이 성 니콜라스(St. Nicholas)였다. 이 이름은 네덜란드어로 'Sinter Klass'라고도 하는데 영어로 넘어오면서 Santa Claus가 된 것이다. 이 수도사는 본인의 재산을 가난한 사람들에게 모두 나누어 주며 일생을 보내다 12월 6일에 명을 다하게 된다. 전날인 12월 5일에 사람들이 그를 생각하면서 선물을 주고받던 풍습이 이어져 내려오다가, 연말이 되면 그해의 수확을 축하하는 축제를 벌이면서 집은 푸른 나무로 장식을 하고, 노래를 부르고 선물을 주고받았던 고대 로마의 풍습과 합쳐져 지금의 크리스마스로 자리 잡게 되었다.

그리스도의 탄생을 축하하고 모든 이에게 사랑을 베풀며 나누는 것이 현재의 진정한 크리스마스의

레드와 그린이 가득한 크리스마스트리

의미가 된 것이다.

 산타클로스가 양말에 선물을 넣는 이유는 뭘까? 4세기경 지금의 터키인 동로마 제국 소아시아 지역에 성 니콜라우스가 있었다. 그는 산타클로스의 기원이 되는 인물로, 가난한 세 자매가 돈이 없어 시집갈 나이에 사창가로 팔려 갈 위기에 처하자 이들 가족을 돕기 위해 굴뚝 안으로 금화를 던졌다. 그런데 우연히도 이 금화들이 벽에 걸려 있던 양말에 들어간 것이다. 그때부터 산타는 굴뚝으로 들어와 양말에 선물을 넣어 주고 간다는 이야기가 전해지게 되었고 크리스마스트리에 빨간색의 양말을 걸게 되었다고 한다.

 그렇다면 왜 산타클로스는 빨간색 복장을 입을까? 놀라운 사실은 처음에는 빨간색이 아니라 검은색의 옷을 입었다고 한다.

 여기서 빨간색과 관련된 세 가지의 대표적인 설이 있다. 첫 번째는 코카콜라 광고와 관련된 이야기다. 코카콜라의 대표 색인 빨간색을 광고하기 위해 컬러 TV가 등장한 시점에 맞추어, 그 당시 일러스트레이터 해돈 선드블롬(Haddon Sundblom)이 1931년에 빨간색 산타복을 입고 등장한 콜라 CF가 대 히트를 치게 되면서부터라는 것이다. 두 번째는 가톨릭에서 추기경이 붉은색 옷을 입었기 때문에, 성 니콜라우스 역시 추기경이므로 붉은색으로 표현되었다는 것이다. 세 번째는 아담이 먹은 사과를 의미하는 빨간 공을, 영생을 의미하는 초록색 나무에 매달기 시작하면서부터 크리스마스를 대표하는 색이 빨간색과 초록색이 되었다는 이야기도 있다.

오늘이 크리스마스이브라면 여성분들은 옷장에 하나쯤은 있을 빨간색 옷을 입으면 되지만, 남자분들은 붉은 악마 티셔츠를 제외하고는 빨간색 옷을 찾기 쉽지 않을 것이다. 크리스마스 시즌이 다가오면 그 정신을 기리기 위해 초록색이나 빨간색 옷을 장만해 두기를 추천한다.

Talk about Fashion × English

영어 대화 속 패션 관련 표현을 알아봐요!

Sabina I need some help — Daniel's been **voluntold** by **HR** to be this year's Santa for the charity event tonight, but he doesn't have a Santa suit to wear.

Nicole That's so short notice! What's your budget?

Sabina Money's not the problem. It's sold out everywhere since it's so near Christmas.

Nicole I have a Santa suit somewhere — I'll have to go home and **dig** it **up**. Do you have the beard and the belt to go with it?

Sabina Yes, I do, from an old Halloween costume. Do you think you can lend me them for just tonight?

Nicole If you can **cover** me **for** this afternoon's meeting, I can run home and find it!

Vocabulary

voluntold 자원봉사를 동의 없이 부탁받은 (volunteer과 told의 합성어)

HR 인적자원부 (Human and Resources의 약자)

dig up 찾다

cover 사람 **for** 사물 ~을 위해 …를 도와주다

사비나 나 도움이 좀 필요해. 다니엘이 오늘 밤 자선 행사에서 올해의
산타가 되기로 인사부로부터 타의 반으로 부탁받았는데 입을 산타 옷이 없어.
니콜 이제야 말해! 얼마 정도 예상하는데?
사비나 돈이 문제가 아니야. 크리스마스가 코앞이라 여기저기 다 품절이야.
니콜 산타 옷이 어딘가에 있을 거야. 집에 가서 좀 찾아볼게.
산타 복장에 할 만한 수염이랑 벨트는 있어?
사비나 어 지난번 핼러윈 의상에서 챙겨 둔 거 있어.
오늘밤 내가 할 수 있게 빌려줄 수 있어?
니콜 오늘 오후 있을 회의를 도와주면 집에 달려가서 찾아볼게.

Expressions for Fashion Trends

더 많은 트렌디한 표현을 알아봐요!

— Does the dress code require people to come **dressed to the nines**?
드레스 코드는 사람들에게 정장을 하라고 되어 있어?

— You see a lot of girls wearing the **basic white-girl** outfit — boots, leggings, sweater and beanie hat.
많은 여자애들이 베이식 백인 소녀 복장을 하고 다녀 — 부츠, 레깅스, 스웨터, 비니 모자 등등.

— You can make a plain outfit a Christmas one by simply wearing a Santa's hat to complete the look.
산타 모자를 쓰는 것만으로도 크리스마스 룩을 완성할 수 있어.

— A traditional green sweater with a red checkered skirt is a perfect outfit for Christmas.
레드 체크무늬 스커트와 전통적인 그린 스웨터 맞춤은 성탄절을 위한 완벽한 아웃핏이야.

— It's easy to **DIY** a sweater for the **ugly sweater party** this weekend.
이번 주말 어글리 스웨터 파티를 위해 스웨터를 DIY하기 어렵지 않아.

— Did you see the people dressed up as **The Plastics** from Mean Girls?
영화 '퀸카로 살아남는 법'에 나오는 플라스틱스처럼 옷 입은 사람들 봤어?

— It's a tradition for many families to come down in their **jammies** on Christmas morning to open presents.
많은 가족들이 크리스마스 아침에 파자마를 입고 나와서 선물을 여는 전통이 있다.

— Everyone here is wearing an **iteration** of Christmas plaid.
여기 있는 모든 사람들은 크리스마스 체크무늬의 다양한 버전을 입고 있다.

— You see **Santa's helpers** everywhere in the store — just look for anyone **decked out** in green.
가게 곳곳에서 산타의 요정들을 볼 수 있으니 초록색 옷을 차려입은 사람을 찾아봐.

Vocabulary

dressed to the nines 미식축구의 9 yards(the whole 9 yards)와 같이 9를 거의 완성된 수로 간주하여 '차려입은'이라는 의미

basic white-girl 스타벅스나 던킨을 사랑하고 어그 부츠와 요가 바지를 입는 백인 소녀

DIY "Do It Yourself"의 약자로 상점에 가서 사지 말고 직접 무언가를 하라는 의미

ugly sweater party "못생긴 스웨터"를 입는 크리스마스 전통. 일반적으로 가장 못생긴 스웨터를 뽑는 행사도 있다.

The Plastics 미국영화 '퀸카로 살아남는 법(Mean Girls)'에 등장하는 세 명의 인물로 Junior Plastics라고도 한다.

jammies = pajamas, 잠옷

iteration = authentic example, 확실한 예

Santa's helpers = Santa's elves, 산타의 요정들을 의미한다.

deck out 차려입다

Fashion Glossary
어떻게 부르는지 알아봐요!

Main Elements of Fashion Design
(패션 디자인의 주요 요소들)

● balance (균형)
옷을 디자인할 때 특히 색상, 라인, 모양에서의 대칭(symmetry), 비대칭(asymmetry)을 말한다. 대칭과 비대칭은 균형(balance)과 불균형(unbalance)으로도 표현한다.

● fabric (옷감)
같은 디자인이라도 질감은 옷의 전체적인 분위기를 형성하는 데 중요한 요소다. 천연, 합성, 인조에서부터 직물의 직조에 이르기까지 매우 다양하다.

● accent (강조)
주의를 끌기 위해 디자인에 가미되는 요소로 턱시도의 라펠(lapel), 데님 재킷의 스터드 버튼(stud buttons) 등이 있다. 톰 브라운(Tom Browne)의 3색, 아디다스(Addidas)의 3선과 같이 시그니처 디자인으로 어떤 브랜드인지를 알 수 있도록 의복에 강조되기도 한다.

Main Elements of Fashion Design

● pattern (문양)
옷감의 프린트는 재봉 시 어디에서 절단하는지를 결정하는 요소뿐만 아니라 색상만큼이나 의복의 분위기를 좌우하는 중요한 요소다. 동물, 꽃, 체크, 기하학 등 기존의 문양을 사용하기도 하며 디자이너에 의해 독특한 문양이 창조되기도 한다.

● color (색상)
색상은 의복에서 가장 먼저 눈에 띄는 요소로 그 의복에 대한 첫인상을 결정한다. 밝은, 어두운, 칙칙한, 부드러운, 따뜻한, 차가운 등 색상 구성표가 있으며 맞춤이 아닌 기성복(ready-to-wear)은 한 가지 디자인에 다양한 색상으로 출시되는 것이 일반적이다.

Outfit
이렇게 연출해봐요!

Santa hat with a white bobble on top
꼭대기에 하얀 방울이 달린 산타 모자

brown gloves
갈색 장갑

Santa suit
산타 복장

Santa sack
산타 (선물) 자루

brown fold down boots
갈색 접이식 부츠

● **body shape**(체형)
이상적인 체형(ideal body shape)은 시대의 사회적, 문화적 영향에 따라 다를 수 있다. 주로 상반신(bust) 부분에 초점을 맞춰 분류하며 hourglass(모래시계), triangle(삼각형), inverted triangle(역삼각형), rectangle(직사각형), oval(달걀형) 등과 같이 분류한다.

2 — 특별하게 즐기는 핼러윈 코스튬

멋쟁이들의 핼러윈 코스튬(Halloween costume)을 보려면 홍대나 이태원에 가면 되고, 일 년치 먹을 만큼의 사탕을 받으려고 결심한 아이들의 귀여운 복장을 보려면 아파트 단지를 한 바퀴 돌면 될 것이다.

핼러윈(Halloween), 잭오랜턴(Jack-o'-lantern), 아이들이 사탕을 받기 위해 돌아다니며 외치는 '트릭 오어 트릿(trick or treat)' 등 핼러윈과 관련된 표현들을 알아보자.

고대 영어에 성인(聖人)을 뜻하는 단어로 '핼러우(hallow)'가 있다. 현재의 달력은 12개월까지이지만, 고대의 달력은 10개월로 구성되었으며 한 해의 마지막 날은 10월 31일이었다. 그리스도교였던 켈트족은 만성절(萬聖節)의 전야 미사를 드렸다. 크리스마스 전날을 크리스마스이브(Christmas Eve)라고 하듯이 만성절 전야제를 뜻하는 의미로 '올 핼러우스 이브(All Hallows' Eve)'를 줄여 Halloween이라고 하게 된 것이다.

켈트족이 음식을 차려서 죽은 이들의 혼을 달래고, 이들의 영혼이 평온하기를 기원하며, 악한 영혼이 남아

핼러윈 코스튬에서 빼놓을 수 없는 마녀 분장과 빗자루

있지 않도록 한 제의가 현대로 넘어오면서 핼러윈 축제가 되었다. 그리고 이때 지나가는 죽은 영혼들이 본인을 알아보지 못하도록, 죽은 신과 같은 복장을 하게 된 것이 '핼러윈 코스튬(Halloween costume)'이 된 것이다. 이러한 복장은 귀신이나 악마 복장에 그치지 않고 영화의 특정 캐릭터나 귀여운 디즈니 캐릭터 복장까지 그 영역이 넓어졌다.

'호박 등'으로 알려진 'Jack-o'-lantern'은 아일랜드의 전설에서 확인할 수 있다. 옛날 술 잘 먹고 교활한 잭이라는 사람이 악마를 골탕 먹이고 죽자 앙심을 품은 악마는 그를 천국도 지옥도 가지 못하게 했다. 결국 잭은 천국도 지옥도 가지 못한 채 아일랜드의 추운 날씨 속에서 암흑 속을 방황하게 되었고, 너무 추운 나머지 악마에게 사정하여 숯을 얻어 순무 속에 넣고 랜턴 겸 난로를 만들어 온기를 유지했다고 한다. 이것이 핼러윈의 상징인 호박 등에 얽힌 전설인데 나중 사람들이 순무 대신 호박으로 바꿨다는 게 통설이다.

아이들이 집집마다 다니며 사탕을 받는 것은 만성절 전야제 때 떠나는 영혼들에게 음식을 가져가라고 집 앞에 놓았던 것에서 유래한다. 아이들은 "과자를 안 주면 장난칠 거야.(trick or treat!)"라고 말하며 사탕을 받으러 다니는데, 이런 면에서 핼러윈인 10월 31일은 아이들을 위한 날이기도 하다.

옷에 관련된 단어들 중에는 clothes(옷), clothing(의류), 유니폼(uniform), 코스튬(costume) 등이 있다. 수(數) 개념이 중요한 영어는 단수와 복수를 철저하게 구별한다. 즉 '천'의 의미를 지닌 cloth를 여러 장 붙인 것이 옷이 되어 복수형인 clothes가 '옷'을 의미하며, uniform은 uni와 form이 합쳐져서 만들어진 단어로 교복, 군복 등을 '유니폼'이라고 한다. 또한 코스튬(costume)은 일반적인 옷이 아닌 특정인이 입었던 옷이나 행사를 위해 특별하게 입는 '복장'을 말한다. 핼러윈 때 입는 고양이, 박쥐, 악마 같은 복장은 일반적인 옷과는 다르기 때문에 옷(clothes)이 아닌 '코스튬'이라고 해야 맞는 표현이다.

　평상시임에도 화장이나 복장을 핼러윈 때처럼 하시는 분들이 간혹 있어 길을 걷다 가끔 놀라기도 하지만, 10월 31일은 어느 누구도 독특한 복장이나 화장에 따가운 시선을 주지 않는 날이다. 평소에 입을 수 없는 복장을 마음껏 입고, 평소에 할 수 없는 화장을 마음껏 하고, "해피 핼러윈(Happy Halloween)."이라고 인사하며 일 년에 한 번뿐인 핼러윈을 즐기고 싶다.

핼러윈 코스튬을 입고 잭오랜턴과 찰칵!

Talk about Fashion × English

영어 대화 속 패션 관련 표현을 알아봐요!

Jacob Are you going to **Comicon** this year?

Luke Yes! I'm going to be **cosplaying** this year, though.

Jacob That's new for you. Who are you going to be cosplaying?

Luke I found a tutorial on how to make the guardian uniform for **dirt cheap**. I just need to find some **mesh** for the mask.

Jacob Do you have the jumpsuit?

Luke Yeah, I have one from an impulsive buy a few years ago. I can't wait to show you.

Vocabulary

Comicon = Comic Book Convention, 코믹콘. 이름 그대로 매년 만화와 관련된 책, 캐릭터, 영화 등 모든 예술 작품에 대한 소식과 행사를 진행하는 대규모 박람회다.

cosplay costume과 play의 합성어로 인기 있는 영화/애니메이션 캐릭터처럼 분장하는 것

dirt cheap (값이) 아주 싼(비격식)

mesh 그물망

제이콥 올해 코믹콘에 가니?
루크 어, 난 그래도 올해는 코스프레를 하려고.
제이콥 새로운데? 누구 코스프레 할 건데?
루크 난 싸게 가디언 유니폼을 어떻게 만드는지 설명을 찾았어.
　　　마스크를 위한 그물망을 구해야 돼.
제이콥 점프슈트 있어?
루크 응, 몇 년 전에 충동구매로 사서 하나 가지고 있어.
　　　빨리 보여 주고 싶어.

Expressions for Fashion Trends

더 많은 트렌디한 표현을 알아봐요!

— It's more **frugal** to **upcycle** an outfit you already have to wear as a Halloween costume.
핼러윈 의상으로 이미 가지고 있는 의상을 업사이클링하는 것이 더 알뜰해.

— Some people can't tell the difference between Halloween costumes and cosplay.
핼러윈 코스튬과 코스프레를 구분하지 못하는 사람들이 있다.

— I think that it'd be **neat** if you **went in drag**° for this year's Halloween.
올해 핼러윈에 드랙을 하시면 깔끔할 것 같아요.

— Are you going to buy a **wig** to complete the costume?
의상을 완성하기 위해 가발을 살 건가요?

— Last year I counted eight different **Pennywises** come to my door.
작년에 8명의 다른 페니와이즈가 집에 찾아왔었어.

— There's always an adult version of every child's costume floating around the Internet.
인터넷에 떠도는 모든 어린이 의상의 성인 버전도 늘 있더라.

— I have a feeling that we're going to see a lot from Squid Game this year, since all I saw in the stores were pink jumpsuits.
올해에는 오징어 게임 복장을 많이 할 거 같아. 매장에서 본 게 다 핑크 점프슈트였거든.

— This year's Halloween costumes are all about **parodying** the Covid-19 vaccines.
올해 핼러윈 의상은 모두 코로나 백신을 패러디한 거야.

Vocabulary

frugal 검소한
upcycle 낡은 의류나 손상된 옷을 새 옷으로 바꾸는 것
neat 깔끔한
wig 가발
Pennywise 페니와이즈, 영화 'It' 과 'It 2'의 광대 캐릭터
parody 패러디하다
● **go in drag** 본인의 성별과 다른 성별의 옷을 입는 패션의 한 유형으로 주로 남자가 여자 옷을 입는 경우를 말한다. 드래그 퀸(Drag Queen, 여장 남자) 남성이 유희의 목적으로 과장되게 여성처럼 차리고 행동하는 것과 관련된 표현

Fashion Glossary

어떻게 부르는지 알아봐요!

Outfit

이렇게 연출해봐요!

Covid-19 Halloween Costume
코로나-19 헬러윈 코스튬

Types of Costumes (코스튬 종류)

- **Celebrity Costumes**
유명인의 스타일을 따라하는 코스튬을 말한다.
예: 해리 스타일스(Harry Styles), 빌리 아일리쉬(Billie Eilish), 저스틴 비버(Justin Bieber), 비욘세(Beyonce) 등

- **Couple Costumes**
배우자, 연인과 함께 커플로 입는 코스튬을 말한다.
예: 배트맨과 캣우먼(Batman and Catwoman), 미녀와 야수(Beauty and the Beast), 피오나와 슈렉(Fiona and Shrek) 등

- **Disney Costumes**
디즈니 만화의 인기 있는 캐릭터처럼 입는 코스튬을 말한다.
예: 팅커벨(Tinker Bell), 신데렐라(Cinderella), 엘사(Elsa), 라푼젤(Rapunzel) 등

- **DIY Costumes**
DIY(Do It Yourself)는 홈메이드(Homemade) 코스튬이라고도 하며 직접 만든 코스튬을 말한다.

- **Pun Costumes**
Pun은 '말장난'이란 뜻으로 단어의 철자를 바꾸거나 기존의 이름을 이용한 재미있고 기발한 아이디어가 특징이다.
예: 타코벨(Taco Bell)을 패러디한 Taco Belle costume, 배우 이름인 캐빈 베이컨을 패러디한 Kevin Bacon, 초콜릿 M&M과 래퍼 에미넴을 패러디한 Bag of Eminems 코스튬 등

orange striped tights
오렌지 줄무늬 타이츠

white sneakers
화이트 스니커즈

문화를 알면 영어가 보인다!

한국어를 배우는 외국인 친구가 "너 유치하다."에서 쓰는 '유치하다'와 "행사를 유치하다"에서 쓰는 '유치하다'를 다른 의미로 사용하는 것을 힘들어한 적이 있었다. 또한 "떡 줄 사람은 생각도 안 하는데 김칫국부터 마신다."라는 속담을 이해하려면 한국인의 식습관 문화를 이해해야 했다.

식당에 가서 "손님 받아라."라는 표현을 듣고 손님을 던지는 줄 알았다고 하고, 사람들이 "이모."라고 불러서 정말 가족인 줄 알았다는 외국인 친구의 말에, 우리말에는 정감 있고 친근한 표현들이 많다는 것을 다시금 깨달았다.

영어를 공부할 때도 이와 같은 고충을 느낄 때가 많다. 그래서 앞뒤의 문맥으로 그 의미를 파악할 때가 있다. 한편, 어떤 표현의 어원이나 유래를 알게 되면 외국어를 배우는 재미가 더해지기도 한다.

You made my day.

● 다의어

미국 서부 영화 스타 '클린트 이스트우드(Clint Eastwood)'가 총을 꺼내기 전에 늘 하는 말이 있다. "You made my day.(네가 내 하루를 만들었다.)" 영화에서, 이 표현은 싸우기 전이기 때문에 비꼬는 (sarcastic) 의도로 사용한 것이며 이는 "너 때문에 내 하루가 기쁘다."라는 의미다. 서부 영화 대사에서 유래된 이 표현은 회화에서 상당히 많이 쓰인다.

🟡 음식

우리말 속담에는 '떡, 김칫국, 엎질러진 물' 등과 같은 우리가 주로 먹는 음식이 등장한다. 영어에서는 "It's a piece of cake.(누워서 떡 먹기.)", "Don't count eggs before they are hatched.(부화하기 전에 계란을 세지 마라. - 김칫국부터 마시지 마라.)", "Don't cry over spilt milk.(엎질러진 우유 때문에 울지 마라. - 엎질러진 물)"과 같이 그들이 주로 먹는 음식이 등장한다. 그렇다면 "It's not my cup of tea."는 무슨 의미일까? "그건 내 관심사가 아니야."라는 뜻으로 자주 마시는 차를 이용해 '관심사'를 표현한 것이다.

🟡 행동

무언가를 결정하기 위해 동전을 던지는 문화가 있다. 앞(heads), 뒤(tails)로 결정을 하는데 아직까지 동전이 공중에 있다면 결과가 나기 전이므로 "It's still up in the air.(아직 결정되지 않았어.)"라는 의미가 된다.

"청혼하다"에 해당하는 영어 표현은 무엇일까? 청혼을 할 때 남자가 무릎을 꿇고 반지를 보이며 "Would you marry me?(나와 결혼해 줄래?)"라고 질문을 던지는 장면을 많이들 보았을 것이다. 팝콘(popcorn)을 만들 때 옥수수가 터지듯 pop은 '갑자기 나오다, 불쑥 나오다'라는 의미를 지닌다. 그래서 "청혼하다"라는 의미로 영어에서는 "pop the question"을 쓴다.

이처럼 "It's still up in the air."와 "pop the question"은 무언가를 결정하기 위해 동전을 던지는 행동과 청혼할 때 뜬금없이 놀라게 하며 질문을 하는 행동에서 비롯된 표현들이다.

● 어원

"pop the question"을 한 후 여자가 "yes"를 하게 되면 결혼을 하는데, 이를 'tie the knot(결혼하다)'라고 표현한다. 옛날에 서양에서는 결혼을 하면 침대를 만들어 보냈다고 한다. 침대를 만들 때 마지막 마무리 작업은 'tie the knot(매듭을 짓다)'인데, 이에서 유래된 표현이다. 또한 일상 회화에서 많이 쓰는 표현 중에, 'raincheck(비 확인서?)'는 야구에서 유래되었다. 비가 오면 야구 경기가 연기되고 입장료를 낸 관중들에게 raincheck를 나눠 주어 다음 경기를 관람할 수 있게 하여 생겨난 표현이다. 따라서 "May I take a raincheck?"라고 하면 "다음에 해도 될까?"라는 의미가 된다.

이와 같이 영어 표현의 어원을 배우다 보면 자연스레 그 언어권의 문화까지 알게 되어 영어 학습이 더욱 흥미로워지는, 일석이조(一石二鳥, killing two birds with one stone)의 효과를 보게 된다.

CHAPTER

11

룩(Looks)

"What you wear is how you present yourself to the world, especially today, when human contacts are so quick. Fashion is instant language."
— Miuccia Prada

"당신이 입는 옷은 특히 사람들의 교류가 매우 빠른 오늘날, 세상에 자신을 드러내는 방식이다. 패션은 즉각적인 언어다."
— 미우치아 프라다

1. 고프코어 룩(Gorpcore Look)은 애슬레저의 또 다른 버전

고프(Gorp)는 라이딩, 등산, 캠핑과 같은 야외 활동을 할 때 흔히 먹는 견과류 믹스(trail mix)를 말한다. 제품 패키지에 Good Old Raisins and Peanuts(잘 익은 건포도와 땅콩)라고 쓰여 있는데, 이의 앞 글자를 사용하여 흔히 GORP라고 하는 것이다. 견과류 믹스 안에는 주로 그래놀라(granola), 오트(oat), 건포도(raisin), 땅콩(peanut)이 들어 있기에 이 구성원의 앞 글자만 따도 역시 GORP가 된다. 고프코어(Gorpcore)는 고프(Gorp)와 놈코어(normcore = normal + hardcore: 평범함을 추구하는 패션)에서의 core를 사용한 합성어다. 즉 합성어가 또 다른 합성어의 어근으로 쓰인 것이다.

고프코어 룩은 일상적으로 스포티한 복장에서부터 캠핑 바지와 하이힐의 조합, 바람막이와 짧은 스커트의 조합 등과 같이 편안한 룩과 세련되지만 다소 엉뚱한 룩까지 다양하다. 다소 이상한 조합이라 하여 이를 '어글리 트랜드(ugly trend)'라고 부르지만, 겨울 패션 시장을 이미 강타하며 대표 유명 브랜드들이 앞다퉈 사계절을 위한 상품 출시 준비에 분주하다. 고프코어 룩과 관련된 제품을 구매하려다 함께 검색되는 제품들을 두 가지 그룹으로 묶어 살펴보고자 한다.

컴뱃부츠(combat boots)와 함께 연출한 고프코어 룩

● 아노락(anorak), 바람막이(windbreaker), 파카(parka)

그린란드, 캐나다, 알래스카, 시베리아 등 북극해 연안에 주로 사는, 어로와 수렵으로 살아가는 인종인 이누이트(Inuit)는 그 인종명이 '인간'이라는 의미를 지닌다. 이들은 추운 날씨에 주로 물고기를 잡다 보니, 보온과 방수를 위해 동물 가죽으로 옷을 만들어 입었다. 디자인의 특징은 앞여밈이 없으며 후드(모자) 주변을 털로 두른다. 이 코트를 아노락 혹은 파카라고 한다.

파카(parka)는 러시아 북서부에서 사용된 언어 Nenets language에서 유래되었으며 동물 가죽(animal skin)이라는 의미를 지닌다. 이러한 유래 때문인지, 얇은 바람막이를 아노락(anorak) 혹은 윈드브레이커(windbreaker)라고 한다. 파카는 보온성이 더욱 강조된 다소 무거운 코트에 가깝다. 이누이트가 입었던 파카에는 앞여밈이 없었는데, 아노락은 앞트임이 아예 없거나 가슴 부분까지 내릴 수 있는 여밈이 있는 반면 윈드브레이커는 앞에 지퍼가 있어 오픈 할 수 있다.

● 패딩(padded down), 푸퍼코트(puffer coat), 벤치코트(bench coat)

1930년경 미국인 디자이너 에디 바우어(Eddie Bauer)가 무거운 파카를 보완하고자 겉감과 안감 사이에 솜이나 털을 넣어 누빔의 퀼팅(quilting) 기법을 적용해 만든 것이 지금의 패딩에 가깝다. 패딩(padding)은 '채워 넣기, 메우는 것'이라는 의미를 지니는데,

이누이트가 입었던 파카
ⓒWikimedia Commons

올바른 영어 표현은 'padded coat' 혹은 '~을 불룩하게 부풀리다'라는 의미를 지닌 푸퍼(puffer)를 사용한 '푸퍼코트(puffer coat)'이다.

  겨울 인기 상품 중에서, 팔에 붙은 상표에 눈이 가게 만드는 몽클레어(Moncler) 사 제품을 빼놓을 수 없다. 세계적인 축제였던 1968년 그레노블 동계 올림픽 때, 프랑스의 캠핑 장비 업체였던 몽클레어 사가 프랑스 알파인 스키 팀을 위해 패딩을 제작하였고 이것이 유니폼으로 채택되면서 전 세계에 전파를 타게 되었다. 이때부터 몽클레어 코트가 크게 유행하였다. 이러한 짧은 패딩을 길이를 길게 하여 제작한 롱 패딩 역시 스포츠 선수들이 즐겨 입었으며, 특히 벤치에서 대기하는 축구 선수들 때문에 롱 패딩을 '벤치코트(bench coat)'라고도 부른다. 팬데믹으로 인해 야외 활동이 줄어든 요즘 벤치코트를 입고 무리 지어 다니는 동네 조기 축구 아저씨의 모습이 그립기까지 하다.

몽클레어 패딩

백화점은 계절보다 늘 앞서 신상을 진열한다. 우리를 따뜻하게 해 주었던 겨울옷들의 의미, 유래, 차이점들을 생각하며, 힘들었던 겨울을 보내고 벤치에 앉아 준비하고 있을 듯한 봄을 어서 맞이하고 싶다.

Talk about Fashion × English

영어 대화 속 패션 관련 표현을 알아봐요!

Luke Hiking **gear** is so expensive! I didn't think that it'd take this much of my **paycheck** this month.

Joan Well, the fabric's not cheap, since they're made to last a very long time. Where did you buy it from?

Luke My friend told me to get my gear from **The North Face**.

Joan Oof, that's going to be pricey. On the other hand, you could use your hiking gear as everyday wear, so maybe that will make it **worth your while**.

Luke It does, but now I'm having to **scrimp** and save for the next two weeks.

Vocabulary

gear 장비, 용품
paycheck 급여 수표
The North Face 노스페이스(브랜드명)
worth one's while 유용한, 가치 있는
scrimp 절약하다

루크 등산 용품이 너무 비싸! 이번 달 내 월급에서 이렇게 많이 나간 줄 몰랐어.
조앤 음, 원단은 아주 오래 입을 수 있는 거라 그렇게 싸지 않아. 어디서 샀어?
루크 내 친구가 노스페이스에서 장비를 사라고 하더라.
조앤 엥, 비싸겠다. 반면에 등산 장비를 일상복으로 사용할 수도 있으니 그만한 가치가 있을 거야.
루크 맞아, 그래도 지금은 다음 2주 동안 절약해야 돼.

Expressions for Fashion Trends

더 많은 트렌디한 표현을 알아봐요!

Merino wool is recommended for hiking in colder temperatures, as it is warm and **light-weight**.
추운 날씨에 하이킹을 위해 따뜻하고 가벼운 메리노 울을 추천한다.

Logos are **central** to the Gorpcore look because people like to show off what brands they're wearing.
로고는 고프코어 룩에서 중요하며 이는 사람들이 어떠한 브랜드를 입는지 보여 주고자 하기 때문이다.

If you think about it, the Gorpcore look is just another version of **athleisure**.
생각해 보면 고프코어 룩은 애슬레저의 또 다른 버전이다.

Shell layers should be made out of **weather-proof** and **water-resistant** material to **combat the elements**.
악천후에도 견딜 수 있도록 겉감 레이어는 비바람에 잘 견디며 방수가 되는 재질로 만들어져야 한다.

Many hikers **snub** the Gorpcore look, as it **drives up** hiking gear prices.
등산 용품 가격을 올리기 때문에 많은 등산객들이 고프코어 룩에 신경을 쓰지 않는다.

Cargo pants have always been more popular as a **street look**, but they also **function** as hiking gear.
카고팬츠는 항상 스트리트 룩으로 인기 있지만, 등산복으로도 유용하다.

You can buy shoes that are a **rip off** of hiking boots, but don't function as them.
등산화처럼 보이게 베낀 신발을 살 수 있지만, (등산화) 같은 기능은 발휘하지 못한다.

Base layers are a **dime a dozen**, unless you're looking for quality ones that will last you.
오래 지속되는 고품질 레이어를 찾고 있지 않는 한 베이스 레이어는 아주 저렴하다.

Vocabulary

Merino wool 메리노 양털
light-weight 가벼운
central 중심의
athleisure 애슬레저, athletics(운동경기)와 leisure(여가)를 합한 합성어로 스포츠웨어 업계의 용어
shell layer 겉감 레이어
weather-proof 비바람에 잘 견디는
water-resistant 방수의
combat the elements 비바람이나 폭풍우를 견디다
snub 무시하다
drive up 올리다
cargo pants 카고팬츠(건빵바지)
street look 스트리트 룩(거리에서 유행하는 스타일)
function 기능하다
rip off 베낀 것
base layer 입는 옷의 첫 번째 레이어로 속옷, 티셔츠, 긴팔 상의, 레깅스 등이 이에 포함된다.
dime a dozen 매우 저렴한

Fashion Glossary

어떻게 부르는지 알아봐요!

fabrics & materials (직물·소재)

acrylic ❶
아크릴

cashmere ❷
캐시미어

cashmere blend
캐시미어 혼방

chiffon ❸
쉬폰

corduroy
코듀로이

cotton
면

Cupro ❹
큐프로

denim
데님

down ❺
솜털

faux fur ❻
가짜 모피

felt ❼
펠트지

flannel ❽
플란넬

fleece
플리스

fur
모피

gabardine ❾
개버딘

gauze ❿
거즈

hemp
마

Jacquard ⓫
자카드

jersey ⓬
저지

lace
레이스

leather
가죽

linen ⓭
린넨

Merino wool ⓮
메리노울

mesh ⓯
망사

modal ⓰
모달

mohair ⓱
모헤어

nylon ⓲
나일론

polyester ⓳
폴리에스터

polyurethane ⓴
폴리우레탄

rayon ㉑
레이온

satin ㉒
공단

sheepskin
양피

silk
실크

suede
스웨이드 가죽

tweed ㉓
트위드

velour ㉔
벨루어

velvet
벨벳

wool
울

100% COTTON

Fashion Glossary
어떻게 부르는지 알아봐요!

❶ acrylic(아크릴)
합성섬유로 양모와 비슷하며 가볍고, 부드럽고, 보온성이 좋아 니트 제품에 많이 사용된다.

❷ cashmere(캐시미어)
산양에서 빠진 털로 짠 고급 모직물로 양복에 주로 쓰인다.
(캐시미어 - 인도의 카슈미르 지역 이름)

❸ chiffon(쉬폰)
얇고 촉감이 부드러워 여름 블라우스, 원피스, 스카프에 사용된다. (프랑스어인 chiffe는 부드럽고 섬세한 견직물을 뜻함.)

❹ Cupro(큐프로)
면 폐기물로 만든 '재생 셀룰로오스(regenerated cellulose)' 원단으로 린터(linter)라고 알려진 작은 실크 같은 면섬유를 사용하여 안감으로 주로 사용된다.

❺ down(다운)
깃털(feathers)은 깃펜(quill)을 포함하고 있는 새의 외부 덮개이며 그 아래 깃펜이 없는 푹신한 부분이 솜털(down)이다. 가볍고 푹신하여 이불, 오리털 다운 재킷에 사용된다.

❻ faux fur(포 퍼, 에코 퍼)
인조모피로 faux는 '가짜의'라는 의미이며 'fake fur'라고도 한다.

❼ felt(펠트지)
양모와 모피에 습기, 열, 압력을 가하여 만든 무광택 섬유로 신발, 모자, 양탄자 등에 많이 사용된다.

❽ flannel(플란넬)
얇은 모직물로 레이온, 양모, 면과 함께 합성섬유로 만들어지며 양복, 유니폼에 주로 사용된다.

❾ gabardine(개버딘)
날실에 양털을, 씨실에 무명을 사용하여 능직으로 조밀하게 짠 옷감으로 트렌치코트에 주로 사용된다. (개버딘은 중세의 순례자·거지·빈민 등이 입던 허술한 겉옷으로 발끝까지 오는 긴 외투를 가리키는 말)

❿ gauze(거즈)
느슨하게 짜인 얇은 반투명 천으로 상처를 치료하는 붕대로 주로 사용된다.

⓫ Jacquard(자카드)
큰 무늬를 직조한 직물. 입체적인 표면 처리로 고급소재에 많이 응용되며 소파매트, 침구, 커튼 등에 사용된다. (프랑스 직조공이자 자카드 발명가인 조제프 마리 자카드(Joseph Marie Jacquard, 1752~1834)의 이름을 땄다.)

⓬ jersey(저지)
메리야스직으로 짠 천을 말하며 가볍고 신축성이 있어 운동복으로 많이 사용된다.

⓭ linen(린넨)
마 식물 원료로 시원하며 땀 흡수가 잘되고, 바람이 잘 통하여 여름용 소재로 많이 사용된다.

⓮ Merino wool(메리노울)
구김이 잘 가지 않는 양털로 때가 잘 묻지 않고 신축성과 회복력이 뛰어나 아웃도어 의류에 사용된다. (메리노는 양(sheep) 품종의 이름)

⓯ mesh(망사)
그물과 같이 성기게 짠 직물로 스타킹, 란제리 등에 사용된다.

⓰ modal(모달)
너도밤나무 펄프를 원료로 한 반합성 섬유로 형체 안정성이 우수하여 속옷, 잠옷, 목욕 가운, 침대 시트에 많이 사용된다.

Outfit
이렇게 연출해봐요!

- green beanie 그린 비니
- black bomber jacket 블랙 항공 점퍼
- dark gray hoodie 다크 그레이 후디
- light gray sweatpants 라이트 그레이 스웨트 팬츠
- light brown work boots 라이트 브라운 워크부츠

⑰ **mohair** (모헤어)
앙고라염소의 털. 그 털로 짠 천으로 실크와 비슷하고 우아하면서도 화려한 광택이 난다.

⑱ **nylon** (나일론)
가볍고 부드럽고 탄력성이 강하나 수분 흡수력은 약한 것이 특징이다. 주로 낙하산, 스타킹, 의류 등에 사용된다.

⑲ **polyester** (폴리에스터)
강도가 나일론 다음으로 높고 물에 젖어도 강도의 변함이 없어 침구, 커튼, 가방 등에 쓰인다.

⑳ **polyurethane** (폴리우레탄)
내열성, 내마모성, 내약품성이 뛰어나 탄성 섬유, 접착제, 마스크에도 쓰이며 스판덱스가 대표적이다.

㉑ **rayon** (레이온)
인조(人絹) 견직물로 비단과 같이 윤기가 난다고 하여 레이온이라고 불린다.

㉒ **satin** (공단)
두껍고 무늬가 없는 윤기 나는 비단으로 고급 비단에 속해 이브닝드레스에 많이 사용된다.

㉓ **tweed** (트위드)
방모 직물의 한 종류로 비교적 굵은 양모를 사용하여 모직물과 유사하다. (트위드는 스코틀랜드에 위치한 지역 이름)

㉔ **velour** (벨루어)
실크나 면직물을 벨벳처럼 만들어 따뜻하고 부드러운 촉감으로 쿠션, 트레이닝복, 드레스, 코트 등에 사용된다.

2. 빈티 나지 않고 고급스러운 빈티지 룩(Vintage Look)

포도는 얽힌 덩굴에서 나는 과일이다. 19세기의 전신(電信) 시설은 수천 길이의 전선이 기둥을 이어야 가능했다. 특히 남북 전쟁 당시 전쟁 통의 혼란스러운 상황 때문에 전신에 입력되는 정보 역시 근거 없는 소문이나 풍문이기 일쑤여서 '포도 덩굴(grapevine)'은 '헛소문', '낭설', '유언비어'와 같은 의미를 지니게 되었다. 미드나 영화를 보면 "I heard it through the grapevine.(나는 그것을 소문을 통해서 들었어.)"과 같은 표현을 자주 들을 수 있다.

여기서 'vine(포도나무)'에 주목해 보자. 와인 애호가들에게는 이미 익숙한 '빈티지(vintage)'는 포도주를 이야기할 때 흔히 등장한다. 예를 들어 "추천하려는 빈티지는 레드와인의 경우 병 라벨 연도에서 5년 정도 된 것이다."라고 하듯, '빈티지'는 포도주가 생산된 연도나 지역을 지칭하는 용어인 것이다. 어느 지역에서, 어떤 해에 생산된 포도로 만든 와인이냐에 따라 포도주의 맛과 가치가 달라지기 때문이다.

오랫동안 잘 숙성된 포도주가 그 가치를 더하듯, 패션도 포도주처럼 잘 숙성되어 예전의 복고풍을 살리거나, 최근에 소개된 듯하나 왠지 오랫동안 입었던 느낌을 주는 패션을 '빈티지 룩(vintage look)'이라고 한다.

숙성된 포도주처럼 편안한 느낌을 주는 빈티지 룩

● 비틀즈 룩(Beatles Look)

비틀즈는 '비틀즈 룩'이라는 패션 용어가 등장할 정도로 음악을 넘어 패션과 헤어스타일까지 1960년대에 전 세계적 유행을 일으켰다. 이들의 패션에는 '모즈 룩'이라는 카테고리가 따라다닌다. '모즈(mods)'는 '모던스(moderns)'의 약자로, 기존 관습과 사상에 반항하는 이들을 가리킨다. 칼라 없는 상의, 첼시 부츠가 시그니처 아이템이었다. 또 바가지머리까지 화제를 모았다. 기존 유행이었던 단정한 옷차림에서 벗어나 긴 머리, 꽃무늬 셔츠, 나팔바지 등을 통해 자유분방함을 표현했다. 전설적인 밴드 비틀즈 멤버들이 자주 입은 재킷을 '비틀즈 재킷'이라고 한다.

비틀즈 레코드 컬렉션

　가끔 수백 년의 전통을 자랑하는 고가 브랜드에서 특정 패션 아이템의 빈티지 버전을 선보인다. 빈티지를 가지고 있다는 것은 그 시대의 유행과 역사를 소유한다는 의미에서 그 가치를 더한다. 이런 이유에서 빈티지 사랑은 자신의 존재감과 가치를 빈티지를 통해 드러내고자 하는 욕망에서 비롯된다.

　과학이나 기술이 오랜 역사를 통해 검증되고 그 가치를 다시 평가받으며 예전의 것을 되살려 현대 시대에 맞게 다시 재해석되듯, 패션 또한 포도가 무르익듯 오랜 시간 동안 사랑받는 것은 변하지 않는 진리이기 때문이다.

Talk about Fashion × English
영어 대화 속 패션 관련 표현을 알아봐요!

Irene: Oh, I like your shirt! Where did you get it?

Hilda: This is actually **vintage**. I got it in a little shop up on First Street.

Irene: It doesn't look that **outdated**. Do you shop vintage often?

Hilda: Most of the time, I can always find a lot of unique pieces, and they sell for a lot less since they're **secondhand**.

Irene: Let me know the next time you plan to go. I'd like to **tag along**.

Vocabulary
vintage 빈티지, 낡고 오래된 것
outdated 낡은
secondhand 중고의
tag along 따라가다

아이린 오, 너 셔츠 예쁘다. 어디서 샀어?
할다 이건 사실 빈티지야. 1번가에 있는 작은 숍에서 샀어.
아이린 그렇게 낡아 보이진 않아. 빈티지 쇼핑을 자주 해?
할다 대부분의 경우, 항상 독특한 제품을 많이 찾을 수 있고, 중고이기 때문에 훨씬 저렴해.
아이린 다음에 갈 때 알려줘. 같이 가자.

Expressions for Fashion Trends

더 많은 트렌디한 표현을 알아봐요!

- **Printed silk scarves are a vintage trend that will never die.**
  프린트 실크 스카프는 결코 시들지 않는 빈티지 트렌드다.

- **The pin-up look is a vintage trend that's still popular today.**
  핀업 룩은 오늘날에도 여전히 유행하는 빈티지 트렌드다.

- **What people don't realize is that retro and vintage are two different things.**
  레트로와 빈티지는 별개라는 것을 사람들이 깨닫지 못한다.

- **Shoulder pads are still an enduring trend in business wear even though they're considered vintage.**
  어깨 패드는 빈티지로 여겨지지만 여전히 비즈니스 웨어에서는 계속되는 트렌드다.

- **The best way to get the vintage look is to go thrift shopping.**
  빈티지 룩을 위해서는 중고품 할인점을 가는 게 가장 좋은 방법이다.

- **Bubble shoulder pads are a fun way to upgrade your silhouette.**
  버블 숄더 패드는 실루엣을 업그레이드하는 재미있는 방법이다.

- **Incorporating a crocheted item into your outfit gives it a uniquely vintage vibe.**
  크로셰 뜨개질 아이템을 의상에 적용하면 독특한 빈티지 분위기를 연출할 수 있다.

- **Vintage florals are a trend that you see every spring.**
  빈티지한 꽃무늬는 매년 봄에 볼 수 있는 트렌드다.

- **You can save time and money by repurposing your mother's clothes for a vintage look.**
  어머니의 옷을 빈티지한 느낌으로 리폼하면 시간과 돈을 절약할 수 있다.

Vocabulary

pin-up 포스터를 벽에 핀(pin)으로 꽂아 둔다고 하여 생긴 명칭으로 예전에 다량으로 생산되었던 포스터에 찍힌 인물과 같은 느낌
retro 복고풍
shoulder pad 어깨 패드, 어깨심
enduring 오래가는, 계속 이어지는
go thrift shopping 중고품 할인점에서 쇼핑하다
silhouette 실루엣, 윤곽, 외형
incorporate 통합하다, 넣다
crocheted 코바늘로 뜨개질한
repurpose 리폼하다

Fashion Glossary
어떻게 부르는지 알아봐요!

Outfit
이렇게 연출해봐요!

black leather rider jacket
블랙 가죽 라이더 재킷

black chain strap bag
블랙 체인 스트랩 백

white floral dress
화이트 플로럴 드레스

black mid heel boots
블랙 미드힐 부츠

Styles

50s
50년대 스타일

artsy
예술가 같은

casual
캐주얼

classic
클래식

elegant
우아한

ethnic
전통적인

exotic
이국적인

feminine
여성스러운

military
밀리터리

outdoor
아웃도어

girly
여자다운, 소녀 같은

urban
도시 느낌의 복장

gothic
고딕스러운, 12~16세기

mannish
남자다운

masculine
남성미 넘치는

minimal
미니멀, 최소의, 적은

bohemian
보헤미안, 자유분방한

boyish/tomboy
소년[남자아이] 같은

preppy
프레피, 고급 옷을 소탈하고 편하게 입는 것

punk
펑크, 펑크 음악 연주자들 같은 복장을 하고 다니는 것

rocker
락커, 타이트한 가죽 바지, 가죽 재킷과 같은 차림

sporty/athleisure
운동복 같은, 편안한 복장

vintage
빈티지, 다소 오래되고 낡은 느낌의 옷

3 - 고정관념을 깨는 젠더리스 룩(Genderless Look)

성(性)을 표현하는 단어에는 sex(섹스), gender(젠더) 두 가지가 있다. 병원에서 갓 태어난 신생아는 얼굴로만 성별을 구별하기 어려워 손목에 분홍색과 파란색의 팔찌를 달아 둔다. 출생 확인서에는 sex(성, 性) 란에 성별을 표시하게 되어 있으며, 어느 정도 성장할 때까지는 팔찌부터 시작된 색상이 옷에까지 이어져 분홍색 계열의 옷은 여자아이임을, 파란색 계열의 옷은 남자아이임을 표한다.

개인적인 성향은 성장하면서 주변 환경, 교육, 문화 등의 영향을 받게 된다. sex(성, 性)와는 다르게, 후천적으로 만들어진 성(性)은 gender(젠더)에 가깝다. 한국어 역시 "남성미 넘쳐."라고 하지 "남자미가 넘쳐."라고 하지 않는다. 공항에서 기재하게 되는 양식의 성별 표기는 sex가 아닌 gender로 되어 있다.

1970년에 유행하기 시작하였으나 패션은 돌고 도는 것이기에 요즘 다시 핫한 트렌드가 된 '젠더리스(genderless)'가 있다. 이는 'gender(성)'와 'less(없는)'를 합친 합성어다.

BTS의 젠더리스 룩을 살펴보자. 'MAP OF THE SOUL: 7'에 수록된 '블랙 스완'에서는 젠더리스 룩을 입고 발레 동작을 하며 여성미를 보이는 반면, 'On'의 뮤직 비디오에서는 가죽 재킷을 입고 군인들과 함께 등장하여, BTS의 트레이드마크인 박력과 절도 있는 움직임으로 5분 동안

팬들의 눈과 귀를 사로잡는다. 신규 앨범으로 전 세계 ARMY들을 다시 열광시키고 있는 BTS의 젠더리스 룩은 섬세한 동작과 박력 있는, 대조적인 분위기의 교묘한 조화로 여성미, 남성미를 모두 보여 주고 있다.

　젠더리스는 상반된 성의 표현을 하는 패션인 반면, '유니섹스(unisex)'는 남녀 모두 입을 수 있는 패션에 주로 사용하는 표현이다. 즉 분홍색이나 파란색이 아닌, 흰색, 갈색, 초록색과 같이 성별을 강조하지 않는 남녀 모두가 입을 수 있는 패션을 '유니섹스'라 부른다. 때문에 '젠더리스'와는 다르다. 요즘 쇼핑을 하다 보면 '유니섹스' 패션을 어렵지 않게 접할 수 있다.

　태어날 때 병원에서 손목에 채워 준 팔찌를 떼어 내듯, 성(性)에 대한 고정관념을 깨고 후천적으로 생긴 성향에 맞게 젠더리스 룩으로 자신의 개성을 표현해 보는 것도 좋을 듯하다.

유니섹스 룩을 연출한
방탄소년단

Talk about Fashion × English
영어 대화 속 패션 관련 표현을 알아봐요!

Dylan To be honest, I don't really understand the **gender-neutral fashion** trends now.

Laura What about it? I like that you don't have to specifically look for items if you're a man or woman.

Dylan I just think that it's confusing. How do we know which clothes are for who?

Laura Isn't it for everyone, **regardless of** gender? It's just that the younger generations are freer in how they're expressing themselves. I like the change.

Dylan Things sure have changed since we were young.

Laura Change **is bound to** happen. It's not going to stop for you or me.

Vocabulary

gender-neutral fashion 젠더 뉴트럴 패션, 성 중립적인 패션
regardless of ~와 상관없이
be bound to ~하기 마련이다

딜런 솔직히 말해서, 난 요즘 젠더 뉴트럴 패션 트렌드를 잘 모르겠어.
로라 어떤 부분이 그런데? 난 남자든 여자든 아이템을 위해 특별한 룩을 찾을 필요가 없다는 점이 좋은 거 같아.
딜런 그냥 좀 헷갈려. 어떤 옷이 누구를 위한 건지 어떻게 알 수 있어?
로라 성별이랑 상관없이 모든 이들에게 해당되는 거 아냐? 단지 젊은 세대가 자신을 표현하는 방식이 더 자유롭다는 거지. 나는 변화가 좋아.
딜런 우리가 어렸을 때랑은 많이 달라졌어.
로라 변화는 생기게 마련이지. 그건 너나 나한테도 생기게 되는 거야.

Expressions for Fashion Trends

더 많은 트렌디한 표현을 알아봐요!

- Blazers are a **must** for an **androgynous** wardrobe, as they can be used for both **masculine** and **feminine** looks.
  블레이저는 남성미와 여성미를 위한 연출에 모두 유용하기에 앤드로지너스 옷장에 있어야 하는 필사템이다.

- Brands are **jumping on** the gender neutral train by selling **unisex** clothing.
  브랜드들이 유니섹스 의류를 판매하면서 젠더 뉴트럴 열풍에 뛰어들고 있다.

- The point of androgynous fashion is to incorporate both masculine and feminine **elements** in your look.
  앤드로지너스 패션의 포인트는 남성미와 여성미의 요소 모두를 조합하여 룩으로 담아내는 것이다.

- **Genderless fashion** nowadays is in rainbow colors as a **nod** to the **LGBTQIA+** movement.
  요즘 젠더리스 패션은 LGBTQIA+ 움직임에 대한 인사와 같이 무지개색으로 표현된다.

- More men are **adopting** traditionally feminine wear like skirts and dresses.
  더 많은 남성들이 스커트와 드레스와 같은 전통적으로 여성스러운 의상을 선택하고 있다.

- Brands are now **embracing** the **genderfluid** trend by releasing collections different genders can freely wear.
  브랜드들은 다양한 성별이 자유롭게 입을 수 있는 컬렉션을 출시함으로써 이제 젠더플루이드 트렌드를 포용하고 있다.

- If you want to achieve a more gender-neutral look, try looking for a wider belt instead of a skinny one.
  좀 더 중성적인 룩을 연출하고 싶다면 가는 벨트보다는 넓은 벨트를 해 보세요.

Vocabulary

must 필사템
androgynous 앤드로지너스(중성 같은)
masculine 남성다운
feminine 여성다운
jump on 뛰어들다
unisex 유니섹스(남녀 공용의)
element 요소
genderless fashion 젠더리스 패션
nod (고개를) 끄덕임, 인정
LGBTQIA+ 레즈비언(lesbian), 게이(gay), 양성애자(bisexual), 트랜스젠더(transgender), 퀴어(queer), 인터섹스(intersex), 무성애자(asexual)들의 커뮤니티를 말함.
adopt 채택하다
embrace 감싸다, 포용하다
genderfluid 젠더플루이드(어느 쪽으로도 성별을 확정하지 않은)

Fashion Glossary
어떻게 부르는지 알아봐요!

Fashion Styles(패션 스타일)

● **Ankara fashion style**
(앙카라 패션 스타일)
생생하고 다채로운 패턴의 아프리카 왁스 프린트 원단으로 만든 옷을 입는 것을 말한다.

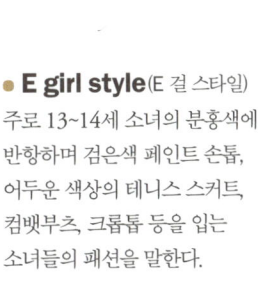

● **E girl style**(E 걸 스타일)
주로 13~14세 소녀의 분홍색에 반항하며 검은색 페인트 손톱, 어두운 색상의 테니스 스커트, 컴뱃부츠, 크롭톱 등을 입는 소녀들의 패션을 말한다.

Fashion Glossary
어떻게 부르는지 알아봐요!

● **Goth fashion** (고딕 패션)
어둡고 신비한 패션 스타일을 나타내며 뱀파이어의 의상을 연상케 한다.

● **Flamboyant style** (플랑부아 스타일)
화려한 색감과 과장된 스타일링으로 시선을 사로잡는 스타일이다.

Outfit
이렇게 연출해봐요!

- black sunglasses / 블랙 선글라스
- pink vest / 분홍색 조끼
- beige blazer / 베이지색 블레이저
- beige chino pants / 베이지색 치노팬츠
- leopard loafers / 표범 무늬 로퍼

● **Antique style**(앤티크 스타일)
고풍스러운 스타일

● **Bohemian style of fashion**(Boho)
(보헤미안 스타일)
자유분방한 스타일로 형식에 구애받지 않는 스타일

● **Boyfriend style**(보이프렌드 스타일)
보이프렌드 진(boyfriend jeans)처럼 남자 친구에게서 빌려
입은 것 같은 스타일

● **Continental style**(콘티넨탈 스타일)
주로 유러피언 스타일을 말한다.

● **Dandy style**(댄디 스타일)
남성복과 관련된 용어로, 그다지 멋을 내지 않은 듯하나
은근한 멋을 내는 단정하면서 멋스러운 스타일

● **Maternity style**(임산부 스타일)
임신 중(및 출산 직후) 패션

● **Retro fashion**(레트로 패션)
과거에 유행한 패션을 현대에 맞게 재해석한 패션

● **Safari style**(사파리 스타일)
사냥하러 나갈 때의 복장 스타일

4 - 건강과 패션을 모두 지키는 헬스 패션

늦겨울 혹은 초봄이면 출퇴근길의 쌀쌀한 바람 때문에, 아직은 코트를 옷장 깊은 곳에 넣어 두기가 애매하다. 이처럼 입춘(立春)이 지났지만 따뜻한 봄이 오는 것을 시샘하는 날씨를 '꽃샘추위'라고 한다. 영어에는 입춘에 대한 표현이 아닌 입추(立秋)에 대한 표현 즉, '서늘한 가을이 오는 걸 시샘한다'는 표현이 있다. 바로 여름옷을 옷장 깊은 곳에 넣어 두기 애매한 날씨라는 뜻의 '인디언 서머(Indian summer)'다.

봄이 오기 직전 꽃샘추위에 미세 먼지까지 더해지면 많은 분들이 몸 전체를 바람으로부터 막아 주는 코트를 포기하지 못하게 된다. 외출하려고 옷을 고르다가도 스마트폰이 알리는 미세 먼지 재난 문자를 받고 외출을 삼가는 사람도 적지 않을 것이다.

'재난(disaster)'이라는 표현은 전쟁, 가뭄, 홍수, 폭우와 같이 주로 자연적인 재난에 쓰는 단어다. 이제는 미세 먼지까지 자연 재난 중 하나가 되어 버렸다. 의류나 화장품 관련 업체들은 미세 먼지와 관련된 제품을 출시하며 분주해졌고, 이로 인해 패션계에는 신조어까지 생겼다. 바로 '스모그 쿠튀르(smog couture) 패션'이다. '오트 쿠튀르(haute couture)'라는 프랑스어는 소수의 고객만을 대상으로 고객의 needs(필요함)에 맞춰 제작한 맞춤복을 의미한다. 그리고 스모그(smog)는 smoke(연기)와 fog(안개)를 합친 단어다. 영어 단어와 프랑스어 단어가 합쳐져 '스모그 쿠튀르(smog couture) 패션'이 만들어진 것이다. 이와 관련한 제품들은 그 제품명만 봐도 미세 먼지 차단을 겨냥한 것임을 쉽게 알 수 있다.

목과 입을 가릴 수 있도록 디자인되거나 원단 자체에 방수·방풍 기능 등이 적용돼 미세 먼지 흡착을 최소화한다는 '웨더 코트(weather coat)'를 백화점에서 쉽게 볼 수 있다. 세탁 시 섬유 세탁 코스를 선택해야 하는 니트는 다른 옷감보다 먼지의 흡착력이 높고 구김도 잦다. 빈번한 세탁에도 구김 걱정이 없다는 '에어 니트(air knit)', 먼지 흡착력이 낮다는 '안티 더스트 재킷(anti-dust jacket)'까지 판매되고 있어 미세 먼지에 대한 패션계의 반응이 많은 소비자들에게 관심사다.

화장품에 노화 방지 기능인 '안티 에이징(antiaging)'이 있다면, 미세 먼지 차단을 위한 기능으로는 '안티 폴루션(anti-pollution)'이라는 표현이 강조되며 신제품이 출시되고 있다.

미세 먼지 피해를 최소화하는 방법 중에는 호흡기를 보호해 주는 마스크(mask)를 쓰는 것이 가장 확실하기는 하다. 하지만 멋진 패션을 하고 마스크를 쓴다는 것은 공항에 나타나는 연예인이 아닌 이상 자신의 패션을 포기하는 것과 같다. 그래서인지 마스크의 디자인과 종류도 예전보다 상당히 다양해졌다. 유명 연예인들이 그들의 가장 소중한 얼굴을 마스크로 가리듯, 뭐니 뭐니 해도 얼굴이 훌륭한 패션을 완성해 주는 것은 인정해야 하는 사실이다. 이렇게 소중한 얼굴을 가리는 것이 패션의 일부가 되어 가는 팬데믹 시대에, 미세 먼지 때문에 '복면가왕'에서처럼 얼굴 전체를 덮는 제품만큼은 출시되지 않기를 바라는 마음이다.

마스크까지 어느새 패션 아이템

Talk about Fashion × English
영어 대화 속 패션 관련 표현을 알아봐요!

Lowell Oh, it's raining! The weather forecast today said nothing about rain.

Erica Do you have an umbrella?

Lowell I wish. My mini one broke on me a few weeks ago.

Erica Here, use my poncho. I have two in my bag.

Lowell How could you fit one **poncho** in there, let alone two?

Erica It's the type where you can fold it up and stick it into your purse. I got them as **promotional** items for an event a few months back, but they're so useful I carry them around.

Lowell I should find something like that. I'll be sure to return it to you next time.

Vocabulary

poncho 판초(커다란 천 가운데 머리를 내놓는 구멍만 있는 외투처럼 생긴 것) (p.290 참고)

promotional 홍보의

로웰 아, 비가 오네! 오늘 일기 예보는 비에 관해 아무런 얘기도 없었는데.
에리카 우산 있어?
로웰 있으면 좋지. 몇 주 전에 내 미니 우산이 부러졌어.
에리카 자, 내 판초를 써. 가방에 두 개 있어.
로웰 판초 하나를 넣을 수 있어? 그것도 두 개나.
에리카 접어서 지갑에 쏙 들어가는 타입이야. 몇 달 전에 이벤트 판촉물로 받았는데 너무 유용해서 가지고 다녀.
로웰 나도 그런 걸 찾아봐야겠어. 다음에 꼭 돌려줄게.

Expressions for Fashion Trends

더 많은 트렌디한 표현을 알아봐요!

- Ponchos are portable and can **be whipped out** once you feel **droplets**.
  판초는 휴대가 가능하며 빗방울이 느껴지면 재빠르게 펼칠 수 있다.

- If you use this mask strap, you can hang your mask around your neck.
  이 마스크 스트랩을 쓰면, 마스크를 목에 걸 수 있다.

- It's much more economical to **DIY** your own face masks: all you need is some cotton fabric, **elastic cording**, and some **thread**.
  면직물, 고무줄, 실만 있으면 돼서 직접 마스크를 만드는 것이 훨씬 더 경제적이다.

- Fashion face masks are rapidly becoming a **fashion statement** instead of a **utility** item.
  패션 마스크는 유틸리티 아이템이 아닌 독특한 아이템으로 빠르게 자리 잡고 있다.

- **Quilted jackets** are lightweight and perfect **transitional** clothing for fall and winter.
  퀼트 재킷은 가볍고 가을과 겨울철을 갈아타기 위한 완벽한 의류다.

- Anoraks are popular for layering in colder temperatures.
  아노락은 추운 날씨를 대비해 레이어드하기에 좋다.

- Make sure to take proper measurements before buying a **duster coat**, as it could be too long for your **frame**.
  더스터 코트는 몸에 너무 길 수 있으므로 구매하기 전에 적절한 치수를 측정해야 한다.

- Any **wrap dress** that doesn't fit can be worn as a **duster**.
  몸에 맞지 않는 랩 드레스는 더스터처럼 입을 수 있다.

Vocabulary

be wiped out = be taken out quickly, 빠르게 펼쳐지다
droplet 방울
DIY 소비자가 직접하기(Do It Yourself!의 약자)
elastic cording 고무줄
thread 실
fashion statement (남의 이목을 끌기 위한) 독특한 복장[물건]
utility 유용성
quilted jacket 누빈 재킷(p.290 참고)
transitional 과도기의, 변천하는
duster coat = dust coat, 더스터 코트, 더스트 코트(트렌치코트와 비슷한 디자인)
frame = body, 체형
wrap dress 랩 드레스

Fashion Glossary
어떻게 부르는지 알아봐요!

Outfit
이렇게 연출해봐요!

What to Call Them

quilted jacket (퀼트 재킷)
quilted는 누벼 박는 박음질 기법이며 안에 있는 솜이 움직이지 않도록 사각형 모양으로 누비는 것이 특징이다.

rain poncho (레인 판초)
우비와 망토를 합친 것과 같으며 가방에 소지할 수 있는 주머니가 있다.

face mask 마스크

blue rain poncho 블루 레인 판초

yellow sweater 옐로 스웨터

yellow pants 옐로 팬츠

green rain boots 그린 레인 부츠

평범한 광고 문구는 기억에 오래 남지 않는다

사람이 느끼는 감정은 몇 개 정도일까? 5개? 그렇다면 현재 사회생활을 잘하고 있는지 되돌아봐야 할 것이다. 100개? 정신과 상담을 추천하고 싶다.

한국어 교육을 위한 감정 표현 어휘만 약 130개 정도 된다고 한다. 영어의 경우에도 감정을 표현하는 어휘가 한국어 못지않게 많이 있다. 놀라게 하다(surprise), 실망시키다(disappoint), 흥분시키다(excite), 감동을 주다(impress) 등이 이에 속한다. 그런데 이 어휘들은 진행형으로 쓸 수 없다. 그 이유를 알아보자.

어떤 동작을 1초 만에 멈출 수 있다면 반대로 1초 만에 진행을 할 수도 있다. 예를 들어, "I am having dinner.(나는 저녁을 먹고 있어.)"라는 문장에서 진행형을 쓸 수 있는 이유는 먹는 동작을 1초 만에 멈출 수 있다면 먹는 동작을 1초 만에 다시 진행할 수도 있기 때문이다.

반대로 "I have two sisters.(나는 여동생이 두 명이야.)"라고 표현하는 이유는 여동생은 항상 여동생이기 때문이다. 여동생이 내일 아침에 갑자기 남이 될 수 없는 것이다. 그래서 "I am having two sisters.(나는 여자 형제 두 명을 가지고 있는 중이야.)"와 같이 말할 수 없다.

● 내 감정은 3분 카레가 아니야!

일반적으로, 감정은 1초 만에 멈추는 것이 어렵다. 예를 들어, "I like pizza.(나는 피자를 좋아해.)"라는 한결같은 취향을 표현하는데 "I'm liking pizza.(나는 피자를 좋아하는 중이야.)"라고 하기 어렵다는 것이다. 이렇게 표현하려면 '나는 한 시간 후에는 피자가 싫어져야' 하기 때문이다. 1초 만에 멈춤이 불가능한 것은 진행으로 표현할 수 없다고 생각하면 된다. 사랑을 하고 계신 분들을 위해 설명을 덧붙이자면, "love you."는 어제, 오늘, 내일도 사랑해서 "나는 너를 사랑해."라고 하는 것이다. 만약 "I am loving you.(나는 너를 사랑하고 있는 중이야.)"라고 한다면 한 시간 후에는 사랑하는 감정이 없어질 수도 있어야 한다. 물론 살다 보면 1초 만에 '정나미'가 떨어져 사랑하는 감정이 금방 없어지는 일도 겪게 된다. 예를 들면, 멋진 오빠가 양복바지를 배 바지로 입고 나왔을 때, 여신인 줄 알았던 여자 친구의 충격적인 생얼을 봤을 때 정도일 듯하다. 그러나 감정 표현은 진행형으로 표현하는 것이 불가능하다는 것을 잊지 말자.

    이곳 스웨덴에서 생활하다 보면 귀에 'I'm loving you.'라는 노래 가사가 들리고 맥도날드에 햄버거를 사러 가면 'i'm lovin'it.'이라는 광고 문구를 보게 된다. 그때마다 '감정이 진행이 가능한가?'라는 의문이 든다.

    노래 가사, 광고 문구, 시의 구절 등이 사람들에게 강한 인상을 남기는 방법 중 하나는 틀에 박힌 문법을 깨는 것이다. 늘 듣고 보는 것은 큰 임팩트(impact)가 없기 때문이다. 'I'm loving you.', 'i'm lovin' it.'이 이러한 예에 해당하는 것이다.

    우리가 잘 아는 던킨도너츠(Dunkin' Donuts)에서 'dunkin'은 'dunk(넣다)'와 'ing'을 비속어적으로 짧게 발음한 'in'을 합한 것이다. 커피에 도너츠를 넣어 찍어 먹으라는 취지로 이름이 '던킨도너츠'가 된 것이다.

● 꼭 문법에 맞아야 할까?

맥도날드의 광고 문구 'i'm lovin'it.'은 문법 세 가지가 틀렸다.

첫 번째, I는 대문자여야 하는데 소문자로 표기되어 있다. 두 번째, lovin'은 진행형이 안 되지만 문법의 틀을 깨고 진행의 표현을 쓰고 있다. 세 번째, lovin'은 정상적인 철자가 loving이어야 한다. lovin'은 비속어로, 격식을 갖추지 않은 캐주얼한 표현이다.

문법의 틀을 깬 맥도날드의 광고 문구로 배울 수 있는 것은, 감정은 늘 한결같아야 한다는 것과 함께 감정 표현은 주로 진행으로 표현하는 것이 불가능하다는 것이다.

I am liking you.(X)를 I like you.(O)로 사용해야 하고, the surprising story는 '놀라게 하는 중인 이야기'가 아니라 '놀라운 이야기'라는 것을 명심하자.

CHAPTER

12

넷플릭스 패션(Netflix Fashion)
- 한국 편

"Quality is remembered long after price is forgotten." —Aldo Gucci
"가격이 잊히고 나면 가치가 기억된다." —알도 구찌

1 ─ 트랙슈트, 점프슈트 열풍을 이끈 오징어 게임(Squid Game)

456억 원의 상금이 걸린 서바이벌 게임에 참가한 사람들이 최후의 승자가 되기 위해 목숨을 걸고 살아남으려는 이야기를 담은 '오징어 게임(Squid Game)'은 영화 기생충의 인기를 넘어서 전 세계적인 열풍을 불러일으킨 작품으로 평가된다.

오징어 게임은 넷플릭스 사상 최장 1위 기록을 세우기도 했다. 이런 인기를 반영하듯 오징어 게임, 무궁화꽃이 피었습니다, 구슬치기, 달고나, 양은 도시락 등 한국의 전통 게임과 추억의 소품들도 전 세계적인 열풍을 일으켰다.

드라마 '오징어 게임'의 술래인형 영희

드라마의 볼거리인 의상은 대략 세 가지다. 추리닝(track suit), 가면남의 점프슈트(jumpsuit), 후반부의 턱시도(tuxedo) 정도다. 초록색 추리닝과 가면남의 핑크색 점프슈트는 핼러윈 코스튬으로도 크게 인기를 끌었다.

● 트랙슈트(track suit), 점프슈트(jumpsuit)

앞 장에서 살펴본 바와 같이 운동복은 흔히 추리닝(training), 트레이닝 슈트(training suit)라고 한다. training의 올바른 발음은 '추리닝'이 아니라 '트레이닝'이며 의미는 '훈련'이다. 이의 올바른 영어 표현은 '땀(sweat)'이 난다고 해서 'sweatsuit(운동복)', 'sweatshirt(운동복 상의)', 'sweatpants(운동복 바지)'다.

트랙슈트는 트랙(track)을 달릴 때 입는 운동복이라고 해 '트랙슈트(track suit)'라고 하며 '오징어 게임'에서는 참가자 전원이 초록색 체육복을 입고 등장한다. 그리고 여기에 모두 흰색 운동화를 신고 있는데, 이는 우리가 학창 시절에 많이 신었던 실내화다. 끈을 매지 않아 쉽게 신고 벗는 것이 특징인 실내화는 slip-on sneakers라고 한다.

낙하복이라고도 불리는 점프슈트는 낙하산에서 생긴 명칭으로 낙하산을 매고 뛰어내리(jump)기 때문에 상하의가 붙어 있어야 한다.

● 턱시도(tuxedo)

'오징어 게임'에서 게임 참가자들은 스테이크와 와인이 마련된 만찬을 먹기 위해 턱시도를 입는다. 턱시도는 뉴욕(New York)주 오렌지 카운티(Orange County)에 있는 마을 지명에서 유래되었다. 1886년에 켄트 담배를 생산하는 기업의 소유주가 각 분야의 지위가 높은 인사들을 모시고자 만든 사교 클럽의 이름이 '턱시도'였으며 이는 모임이 열린 공원(Tuxedo Park)의 이름과도 같다. '오징어 게임'에서 턱시도에 나비 모양의 보타이(bow tie)를 매고 식사를 하는 장면부터는 초록색 추리닝을 볼 수 없다.

가면남 중 검은 복장을 한 프론트맨(front man)은 검은 망토를 두르고 등장한다. 망토는 프랑스어인 망토(manteau)를 그대로 발음한 것인데, 이는 영어로 케이프(cape)에 해당한다. 흥미로운 사실은 여성의 패션 아이템이라고 알고 있었던 망토가 과거 영국의 비즈니스맨들이 입었던 옷이라는 점이다.

다양한 의상을 보지 못하는 것이 전혀 서운하지 않을 정도로, '오징어 게임'의 긴장감 있는 스토리 전개와 배우들의 명연기는 시청자로 하여금 9편을 2~3일 안에 몰아 보게 만든다. K-pop, 영화, 웹툰. 이제는 넷플릭스 한국 드라마에까지 무궁화꽃(Green Light, 청신호)이 진정으로 활짝 피었다.

Talk about Fashion × English
영어 대화 속 패션 관련 표현을 알아봐요!

employee Hello, how can I help you today?

customer Do you **by chance** have any **jumpsuits**?

employee Yes, we have several. Are you looking for a specific **shade** or brand?

customer If you carry anything in pink, that would be awesome.

employee Ah, are you planning to go as a character from Squid Game?

customer Yes! Have you seen it?

employee Every episode! If you're looking for a mask, we have some more of the **mesh** masks you can use as part of your **costume**.

customer That sounds fantastic. Where can I find them?

Vocabulary
by chance 혹시
jumpsuit 점프슈트
shade 색상
mesh 그물
costume 코스튬(복장)

직원 안녕하세요, 오늘 무엇을 도와드릴까요?
고객 혹시 점프슈트 있어요?
직원 네, 몇 개 있습니다. 특정 색상이나 브랜드를 찾고 계신 게 있나요?
고객 핑크색 옷이 있으면 굉장히 좋을 거 같아요.
직원 아, 오징어 게임에 나오는 캐릭터처럼 입으시려고요?
고객 네! 그 드라마 보셨어요?
직원 전부 다 봤죠! 마스크를 찾고 계시다면, 코스튬의 일부인 메시 마스크가 몇 가지 있어요.
고객 정말 좋아요. 어디서 찾을 수 있나요?

Expressions for Fashion Trends

더 많은 트렌디한 표현을 알아봐요!

- **Tracksuits** are **identifiable** by the white **stripes** running down the sides of the arms and legs.
  운동복은 팔과 다리의 옆을 따라 흐르는 흰색 줄무늬로 식별 가능하다.

- **Morphsuit** masks are the perfect addition to your Squid Game masked men's costume.
  모프슈트 마스크는 오징어 게임 진행 요원 의상에 완벽하다.

- The neighbors next door created the Squid Game costume for their baby by repurposing an old **onesie**.
  옆집 이웃들은 아기를 위해 오래된 우주복을 리폼해서 오징어 게임 의상을 만들었다.

- The **Mary-Jane shoe** pumps that the "Green Light, Red Light," robot wears can be found in any retro shop.
  "그린 라이트, 레드 라이트" 로봇이 신는 메리 제인 펌프스는 모든 복고풍 상점에서 찾을 수 있다.

- I can't find any **slip-on Vans** for my Squid Game **cosplay**.
  오징어 게임 코스프레를 위한 내 슬립온 반스를 찾을 수가 없어.

- The yellow shirt with the **Peter Pan collar** is going to be difficult to find in stores right now.
  피터팬 칼라가 달린 노란색 셔츠는 현재 매장에서 찾기 어렵다.

- You can create your own Squid Game costume by **dying** a tracksuit and taking a black permanent marker to the collar.
  운동복을 염색하고 칼라에 검은색 영구 마커로 표시해서 자신만의 오징어 게임 의상을 만들 수 있다.

Vocabulary

tracksuit 운동복
identifiable 식별 가능한
stripe 줄무늬
morphsuit 모프슈트(p.300 참고)
onesie 원지(상하의가 일체형으로 된 의복), 우주복
Mary-Jane shoes 메리 제인 신발. 미국 인기 만화 버스터 브라운(Buster Brown)에서 주인공의 여동생 메리 제인이 신고 있던 것에서 유래된 구두(p.201 참고)
slip-on (끈을 매지 않고) 그냥 신고 벗을 수 있는 신발(p.213 참고)
Vans 반스(미국 회사로 액션스포츠 및 라이프스타일 풋웨어, 어패럴 브랜드로 유명)
cosplay 코스프레(좋아하는 만화나 게임, 영화 등의 등장인물처럼 차려입고 즐기는 놀이)
Peter Pan collar 피터팬 칼라 (p.300 참고)
dye 염색하다

Fashion Glossary
어떻게 부르는지 알아봐요!

Outfit
이렇게 연출해봐요!

What to Call Them

Morphsuit(모프슈트)

morphsuits는 스파이더맨처럼 얼굴부터 몸 전체를 덮는 스판덱스 복장이나 가면만을 일컫기도 한다. 전신을 감싸는 스판덱스 의상을 생산하기로 알려진 스코틀랜드의 회사명을 사용한 명칭이다.

Peter Pan collar (피터팬 칼라)

Maude Adam이 J.M.Barrie의 소설에서 주연을 맡은 1905년 고전 공연에서 착용한 칼라의 이름을 사용한 명칭이다. 끝 모양이 둥글고 평평한 칼라이다.

- black mesh mask / 블랙 메시 마스크
- pink jumpsuit / 핑크 점프슈트
- black belt / 블랙 벨트

2 ─ 옷에 날개를 달아도 날 수는 없다

영화의 제목들을 보면 스토리가 예상되는 것이 있는 반면, 제목에서 언급된 표현이 영화가 끝날 때까지 보이지 않는 것들도 있다. 예를 들어, 조디 포스터(Jodie Foster) 주연의 '양들의 침묵(The Silence Of The Lambs, 1991)'에는 '양'이 등장하지 않으며, 브래드 피트(Brad Pitt) 주연의 '가을의 전설(Legends Of The Fall, 1994)'에서 또한 가을과 관련된 메시지를 찾아볼 수가 없다.

'양들의 침묵'은 연쇄 살인범을 추적하는 과정에서 형사 역인 조디 포스터가 꿈을 꾸고 "꿈속에서 보인 양들이 울고 있었지만 울음소리가 들리지 않았다."라는 대사를 하며, 살해된 희생자들을 '양'에 비유하여 표현한 것이다. 한 가문이 몰락(fall)하는 이야기를 다룬 '가을의 전설'은 fall을 '가을'로 오역한 실수가 오히려 의문점을 자아낸 영화다.

영화 '기생충(parasite)'은 포스터가 보여주듯 빈부(貧富)의 격차를 주요 주제로 다룬 영화다. 2020년 아카데미 시상식에서 무려 4개 부분을 석권하였으며 무엇보다 영어가 아닌 외국어 영화가 Best Picture(최고 작품상)를 수상한 것은 이례적인 일이었다. 봉테일이라는 봉준호 감독의 별명에 걸맞게 영화 속 소품들, 대사, 짜파구리, 제시카 송 등 하나하나가 전 세계적으로 큰 화젯거리였다.

부잣집에 기생하는 가난한 한 가족의 모습을 그리며 그에 맞는 상반되는 소품들 중에, 등장인물의 복장에 주목할 필요가 있다.

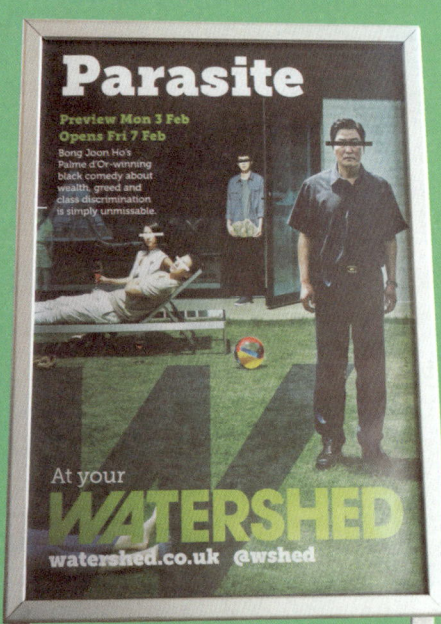

영화 기생충 포스터

부모 형제 모두가 실업자인 상태에서 가장 먼저 과외 선생님으로 취업을 하게 되는 인물인 기우(배우 최우식)는 여동생인 기정(배우 박소담)을, 기정은 아빠인 기택(배우 송강호)을, 기택은 부인인 충숙(배우 장혜진)을 연이어 부잣집에 취업시키는데, 이 과정에서 그들의 옷차림에 큰 변화가 생긴다.

반지하에 사는 기우의 가족들은 눈으로만 봐도 냄새가 날 것 같은 낡은 옷차림과 헝클어진 헤어스타일을 한 채로 대사를 주고받는다. 그러나 취업을 한 집에서는 양복, 원피스 등 정장 차림으로 신분 상승을 보여 주는 상반된 옷차림으로 등장한다. 면접을 보는 기우, 기사로 운전을 하는 기택, 미술 과외를 하는 기정, 가정부로 일하는 충숙 등은 깔끔한 슈트(suit)와 원피스 차림으로 그들의 양면성을 보여 준다.

또한 대부분의 관람객들이 놓쳤을 법한 장면 중 하나는, 지하실 남자(배우 박명훈) 또한 지하실 벽에 양복 재킷을 걸어 놓은 장면이 있었다.

빈(貧)은 아래(하류층)를 의미하는데, 기우가 숨은 침대 밑, 가족들이 숨은 거실 테이블 밑, 부잣집의 벙커 같은 지하실, 기우 가족이 사는 반지하, 또한 박사장(배우 이선균)이 이상한 냄새를 '지하철에서 나는 냄새'에 비유하며 지하철을 언급하는 데서 상징된다.

● 슈트(suit)

슈트라고도 불리는 정장은 불어인 suite라는 단어에서 유래되었으며 그 의미는 'following(따르는)'이다. 재킷(jacket), 바지(trousers) 또는 투피스(two-piece), 여기에 조끼(waistcoat)까지 갖추면 '스리피스(three-piece)'가 되듯, 한 가지만 입는 것이 아니라 다른 옷들이 따라(following) 줘야 된다는 의미를 지닌다.

여기서 주의해야 할 단어는 기정 역의 박소담과 연교 역의 조여정이 자주 입었던 원피스(one-piece)다. 영어에서는 '원피스(one-piece)'는 하나로 이어진 여자 수영복을 의미하기 때문에, 이들이 입었던 옷은 '드레스(dress)'라고 해야 한다.

영화 후반부에, 파티를 위해 지인들을 초대하는 대사 중에 나온 '드레스 코드(dress code)'는 초대받은 행사에 입어야 할 복장의 종류를 말한다. 조여정의 대사 중 "드레스 코드는 없으니 추리닝 입고 와."가 있다. 여기서 추리닝은 앞서 설명한 바와 같이 외래어표기법이 정비되지 않은 시절에 'training(훈련, 연습)'을 잘못 발음한 것이 굳어진 명칭이다. 영어 자막은 이 단어를 'sweatshirt(땀이 나는 셔츠)'로 번역하였다.

슈트의 본뜻이 'following'이듯, 부에 맞는 다른 모든 요소들이 자연스럽게 따라(follow) 줘야 한다는 메시지를 생각하고 영화 '기생충'에서 보여 주는 등장인물들의 패션을 관심 있게 보며 영화를 다시 감상해 보면 좋을 듯하다.

Talk about Fashion × English

영어 대화 속 패션 관련 표현을 알아봐요!

Floria: I have a party to go to this weekend, but I haven't a clue as to what I should wear.

Doris: That's exciting! Do you know the **dress code**?

Floria: According to the **RSVP**, it'll be a **black-tie affair**. I'm not sure I have anything that suits it, though.

Doris: Don't you have a cocktail dress that you wore last year — the navy one with flowers on it?

Floria: Wouldn't it be considered a little too casual?

Doris: Not if you pair it with a pair of heels and the right jewelry.

Floria: That would be easy. Can you come with me and help me decide?

플로리아: 이번 주말에 파티에 가야 하는데 뭘 입어야 할지 감이 안 와.
도리스: 재미있겠네. 드레스 코드는 알아?
플로리아: 회신바람에 따르면, 아마 블랙 타이 정장일 거야. 그래도 정장으로 입을 만한 게 있는지 모르겠어.
도리스: 작년에 입었던 꽃무늬 네이비 칵테일 드레스 없어?
플로리아: 그건 너무 캐주얼한 거 아냐?
도리스: 힐과 적당한 장신구가 함께하면 그렇지 않아.
플로리아: 그건 어렵지 않지. 나랑 같이 가서 고르는 거 도와줄래?

Vocabulary

dress code 드레스 코드(행사에 입고 가야 하는 복장이 초대장에 기재됨)

RSVP 회답 주시기 바랍니다. (초대장에서 사용) 프랑스어 répondez s'il vous plaît(please reply)를 줄인 것

black-tie affair 블랙 타이 예장 차림(BTA라고 줄여 쓰기도 한다.)

Expressions for Fashion Trends

더 많은 트렌디한 표현을 알아봐요!

- **Mermaid gowns** are ideal if you'd like to **accentuate** the **curves** of your **figure**.
  몸매 라인을 강조하고 싶다면 머메이드 드레스가 제격이다.

- **Open-backed gowns** are very much more the vibe right now than ones with **cut-outs**.
  오픈백 드레스가 지금은 컷아웃 드레스보다 분위기에 잘 맞는다.

- It's very much a fashion **faux pas** to pair a large back with an elegant evening gown.
  등이 크게 보이는 우아한 이브닝드레스는 확실한 패션 실수다.

- Wearing a **cummerbund** isn't required but is more suitable when wearing a tuxedo in warmer temperatures.
  커머번드는 필수는 아니지만 따뜻한 날씨에 턱시도를 입을 때 매는 것이 더 적합하다.

- A signature item in a tuxedo is the shirt's **wing-tip collar**.
  턱시도의 시그니처 아이템은 윙팁 칼라 셔츠다.

- Every woman should have a **LBD** in their wardrobe for events.
  모든 여성은 행사를 위해 옷장에 짧은 검정 드레스는 가지고 있어야 한다.

- If you want to accessorize a tuxedo, consider getting a shirt with **French cuffs** so that you can wear **cufflinks**.
  턱시도를 장식하고 싶다면 프렌치 커프스에 커프스단추를 끼는 걸 고려해 봐.

Vocabulary

mermaid gown 머메이드 드레스 (p.306 참고)
accentuate 강조하다
curve 곡선
figure 몸매
open-backed gown 오픈백 드레스 (p.306 참고)
cut-out dress 컷아웃 드레스 (p.306 참고)
faux pas = mistake, (프랑스어로) 실례, 무례
cummerbund 커머번드(특히 턱시도 상의 안에 매는 비단 허리띠)
wing-tip collar 윙팁 칼라 (p.307 참고)
LBD = little black dress, 짧은 검정 드레스(비격식)
French cuffs 프렌치 커프스 (p.307 참고)
cufflink 커프스단추(서츠 소맷동을 잠그는 데 쓰는 작은 장식품)

Fashion Glossary
어떻게 부르는지 알아봐요!

What to Call Them

open back gown (오픈백 드레스)
등(back)이 보이는 이브닝드레스를 말한다.

cut-out gown (컷아웃 드레스)
허리, 어깨, 혹은 다리 부분 부분이 보이는 드레스를 말하며 그 부분을 잘라 낸 것(cutout)과 같아 붙여진 명칭이다.

mermaid gown (머메이드 가운)
드레스 라인이 인어(mermaid)같이 생겨 붙여진 명칭이다.

wing-tip collar(윙팁 칼라)
셔츠의 끝부분(tip)이 날개(wing)처럼 생겨 붙여진 명칭이다. 주로 나비넥타이(bow tie)와 어울린다.

French cuffs(프렌치 커프스)
두 겹으로 접어 넘긴 커프스로 개더를 잡은 소맷부리에 달려 있는 것이 많다. 더블 커프스와 같다.

shawl lapel(숄 라펠)
재킷의 칼라 부분이 곡선으로 둥근 것을 숄 라펠이라고 한다. 피크드 라펠(peaked lapel: 칼라 밑부분이 뾰족하게 솟아 있음.), 노치드 라펠(notched lapel: 라펠에 삼각형 모양이 사이를 벌리고 있음.) 등도 있다.

Outfit
이렇게 연출해봐요!

- black bow tie / 블랙 보타이
- shawl lapel / 숄 라펠
- white pocket square / 화이트 포켓 스퀘어
- black tuxedo / 블랙 턱시도
- black Oxford shoes / 블랙 옥스퍼드 구두

'기생충' 통역사도 우회적으로 전한 부정문

● **끝까지 들어야 하는 한국말, 앞부분이 중요한 영어**

한국어는 "나는 네가 옳지 않다고 생각해."라고 표현한다. 이를 영어로 직역하면 "I think you are not right."이지만 실제로 영어에서는 "I don't think you are right."와 같이 not을 먼저 사용한다. 그러므로 영어 문장의 앞부분에 주의를 기울이지 않으면 정확한 내용을 파악하기 어렵다. 한국말은 끝까지 들어 봐야 하듯 뒷부분이 중요하며, 영어는 반대로 앞부분이 중요하다. 한국말은 "나는 너를 좋아하~~지 않아."같이 not이 뒤에 나오며, 반면 영어는 "I don't like you."처럼 not이 먼저 사용된다.

이메일이나 편지 같은 양식에서도 영어는 중요한 이슈를 전반부에 쓴다. 반면, 한국어는 예의를 갖추기 위해서인지 앞부분에 건강, 근황 등을 묻다가 본격적 글의 목적은 '다름이 아니오라'와 함께 주로 중반부터 시작된다.

'기생충'의 통역을 맡았던 '샤론 최(최성재)'가 '유퀴즈(tvN)'에 출연해 봉준호 감독과 함께한 에피소드를 이야기했다. 이때 그녀가 언급한 영어의 부정문이 지닌 특징을 좀 더 자세히 알아보고자 한다.

전문 통역사가 아님에도 불구하고 대략 500회의 인터뷰를 통해 표현된 깨알 같은 표현들, 뛰어난 순발력, 현명한 판단력 뒤에는 역시 그녀만의 숨은 노력이 있었다. 실전에 들어가기 전 봉준호 감독의 모든 인터뷰를 미리 공부하여 봉 감독의 표현 방식과 봉 감독이 자주 사용한 어휘들을 미리 숙지하였고, 실전에서는 정해진 시간에 전달하고자 하는 메시지를 최대한 간결하지만 임팩트 있게 표현하고자 내용을 놓치지 않도록 메모하는 등 전 세계가 극찬한 그녀의 천재성 뒤에는 역시 성실성이 숨어 있었다.

2019년 12월 19일 'The Tonight Show(NBC)'에 봉준호 감독과 샤론 최가 출연한 당시, 진

행자 지미 팰런(Jimmy Fallon)은 영화에 대하여 이렇게 질문했다. "How do you describe Parasite?(영화 기생충을 어떻게 설명하실 수 있으세요?)" 이어 봉준호 감독은 "나도 이쪽에선 되도록 말을 안 하고 싶어요. 스토리를 모르고 가서 봐야 재미있거든요."라고 답했는데, 샤론 최는 이를 "I'd like to say as little as possible here because the film is best when you go into it cold."라고 통역했다. 이어 지미 팰런은 "This is a talk show, so you have to say something.(여기는 토크 쇼라 뭐를 좀 말씀하셔야 돼요.)"라고 하고, 웃으며 토크 쇼를 이어 갔다.

● 긍정이 전하는 부정

봉 감독의 "되도록 말을 안 하고 싶어요."라는 부정문을 샤론 최가 "I want to say as little as possible."과 같이 긍정문으로 바꾼 것에 대한 극찬이 쏟아졌었다. 왜냐하면 영어의 부정문은 전달되는 부정의 메시지가 강하기 때문이다. 봉 감독의 답변은 영화에 대하여 말하고 싶지 않은 것이 아니라 내용을 모르고 볼 때(go into it cold) 영화가 재미있기 때문에 가능한 한 내용 언급을 자제하겠다는 표현이었다. 샤론 최는 이를 긍정문과 함께 'as little as possible(가능한 적게)'로 적절하게 사용한 것이다.

만약 샤론 최가 "I don't want to talk about the movie because the film is best when you watch it before you know the storyline."이라고 했다면 너무나도 의미가 다른 통역이 되었을 것이다.

● 부정은 도치로 강조

<아름답- + -게 = 아름답게>처럼 형용사의 수만큼 부사의 수도 헤아리기 어렵다. 하지만 부정(否定)의 의미를 지닌 부정 부사(negative adverbs)는 몇 개가 정해져 있다. hardly, rarely, seldom 등은 not

의 의미를 품고 있기에 '거의 ~ 않게'로 해석된다. "I kindly help him.(나는 친절하게 그를 돕는다.)"에서 kindly가 강조되기 위해 "Kindly I help him."과 같이 문장 앞에 사용되어도 주어와 동사의 어순(語順)은 바뀌지 않는다. 하지만 "I hardly help him.(나는 거의 그를 돕지 않는다.)"을 "Hardly I help him."이라고 하면 문법에 맞지 않다. 몇 개 안 되는 부정 부사의 강조는 "Hardly do I help him."과 같이 도치(倒置)라는 특별한 어순으로 취급된다. 이에서 영어가 not에 대한 의미 전달에 남다른 신경을 쓴다는 것을 재확인할 수 있다.

● Not으로 남다른 의미 전달

"공연이 언제 시작돼요?"라는 질문에 대한 답의 영어 표현은 "It starts at 7.", "It won't start until 7."이다. 그런데 두 문장 모두 "7시에 공연이 시작된다."라는 의미임에도 not이 들어간 두 번째 문장은 마치 "7시까지 시작을 안 하면 7시 5분인가?"라고 착각을 할 수도 있다. 그러나 'not until'은 부정문을 사용해 '특정한 때에 무엇인가 ~한다'는 것을 보다 강조하려는 의도로 사용된 것이다.

"영어 공부를 하지 않는 게 아니야.", "영어 공부를 안 하는 게 아니야.", "영어 공부를 한단 말이야."에서 문장 각각의 느낌이 다르듯, 영어에서는 not에 대한 남다른 의미 전달 방식이 있음을 여러 가지 표현과 문법에서 찾아볼 수 있다.

간단히 말하면 의도가 부정이 아니라면 가능한 한 긍정으로 표현하는 것이 좋고, 부정문의 의미 전달이 중요하므로 영어는 앞부분에 집중해야 하며, 부정문을 강조할 때는 도치문을 사용한다는 사실을 이해하면 된다.

CHAPTER

13

넷플릭스 패션(Netflix Fashion)
- 외국 편

"You can find inspiration in everything.
If you can't, then you're not looking
properly." ―Paul Smith

"당신은 모든 것에서 영감을 얻을 수 있다. 만약 그럴 수 없다면
제대로 보지 않고 있는 것이다." ―폴 스미스

1. 크루엘라의 잔인한 패션, 한마디로 올 킬!

101마리 달마티안의 가죽을 벗겨 옷을 만든다는 마녀 크루엘라와 그녀로부터 강아지들을 지키려는 착한 부부의 모험을 다룬 이야기인 도디 스미스(Dodie Smith, 1896-1990)의 1956년 소설 'The Hundred and One Dalmatians(101마리 달마티안)'을 월트 디즈니(Walt Disney)가 만화 영화로 제작해 큰 성공을 거둔 바 있다. 1996년 첫 번째 실사판(a live-action)에서는 글렌 클로즈(Glenn Close)가 크루엘라 역을 완벽하게 소화했다. 그 후 2000년 '102 달마티안'에 이어 2021년 5월 25일 '크루엘라(Cruella de Vil)'가 개봉되면서 영화 속 의상들이 화제가 된 바 있다.

'102 달마티안'은 전편 다음의 이야기를 전하는 '속편(sequel)'인 반면, 크루엘라는 전편보다 시간상 앞선 이야기를 보여 주는 '프리퀄(prequel)' 버전이다. 하지만 마지막 쿠키 영상에서 달마티안의 대표적인 사운드트랙과 함께 화이타와 로저가 새끼 달마티안을 한 마리씩 키우게 되는 장면이 오히려 102 달마티안과의 연관성을 보여 주며 전편이 생각나게 한다.

영화는 1970년대 런던을 배경으로 하며, 1875년에 지어져 현재까지 150년 전통을 이어 오는 리버티

백화점(Liberty London Department Store)까지 등장한다. 영화의 과감함과 사회 반항적인 콘셉트는 스토리와 음악, 배경뿐만 아니라 특히 의상에서 잘 묘사되었다.

크루엘라 역을 맡은 엠마 스톤(Emma Stone)과 남작 부인 역의 엠마 톰슨(Emma Thompson), 두 엠마의 연기가 큰 호평을 받았다.

이 영화는 패션에 관심을 가지고 있는 분들에게는 꼭 추천할 만한 영화다. 영화에는 무려 약 277개의 의상이 등장하며, 이 중 엠마 스톤이 입은 의상만 총 47벌이다. 의상을 담당한 제니 비번(Jenny Beavan)은 영화 '셜록 홈즈(Sherlock Holmes)', '매드맥스(Mad Max)', '호두까기 인형(The Nutcracker)'의 의상을 담당하며 수많은 상을 수상한 바 있다.

'보잘것없고 가치 없는, 동성연애자, 허튼소리'라는 의미를 지닌 펑크(punk)는 음악 용어인 '펑키(funky)'에서 파생된 단어로, 엠마 스톤의 펑크 룩은 주로 비비안 웨스트우드(Vivienne Westwood) 의상이었다.

영화 속에 등장한 베레모(beret)라고 불리는 모자는 19세기에 유럽 군인들이 썼던 모자인데, 프랑스어(béret)를 그대로 사용한 것이다.

베레모를 쓴 스위스 근위병

남작 부인의 드레스는 우아함과 고풍스러움을 나타내는 디올(Dior) 제품들이 많았다. 가장 인상적인 드레스는 크루엘라가 자동차 위에서 입었던 장미 드레스다. 무려 5,060개의 꽃잎을 손으로 일일이 꿰매어 붙였다는 이 드레스는, 꽃이 점점 많아지게 되면 드레스가 무거워지는 것을 염려해 주로 안감으로 쓰이는 필라멘트(긴 섬유)인 오르간자(organza)로 제작했다고 한다.

영화에는 남작 부인이 창의력 있는 크루엘라를 인정하면서 "You are really… something.(넌 정말 물건이야.)"이라고 말하는 장면과, 복수를 준비하는 크루엘라가 "There are five stages of grief. Denial, anger, bargaining, depression, and acceptance. And I like to add one more, revenge.(슬픔에는 다섯 가지 단계가 있다. 부정, 분노, 타협, 우울, 그리고 수용. 난 여기에 한 가지를 더하고자 한다. 복수.)"라고 독백하는 장면이 있다.

크루엘라는 원작을 재해석하며 1970년대를 배경으로 함에도 불구하고 2021년에 개봉하여 보는 이의 눈과 귀를 자극하며 관객들에게 큰 재미를 주는 디즈니다운 실사판 영화다. 성공에는 다섯 가지 단계가 있는 듯하다. savor(흥미), immersion(몰입), passion(열정), failure(실패), 그리고 creation(창작). 여기에 한 가지를 더하면 창작에 대한 재평가와 재해석(reevaluation)이 되겠다.

Talk about Fashion × English

영어로 의상 설명을 어떻게 하는지 알아봐요!

Outfits from 'Cruella'

Estella, known for her later **transformation** as the **notorious** Cruella, is usually completely **donned** in black to highlight the **vivacious scarlet** of her hair. In one of her outfits, she wears a **satin** black blouse with **lantern sleeves** gathered at the wrist and a **floppy bow** at her collar. The top is **tucked** into a **form-fitting** midi skirt, and **underneath peaks out chevron**-patterned **tights**. The outfit creates a severe, if understated, look before Estella's **metamorphosis** into one of Disney's most famous **villains**.

영화 '크루엘라'에서의 의상

나중에 악명 높은 크루엘라로 변신한 에스텔라는 주로 생기 넘치는 스칼렛 컬러 헤어를 강조하기 위해 완전히 검은색 옷을 입는다. 그녀의 의상 중 하나로 새틴 블랙 블라우스는 주름진 랜턴 슬리브 소매와 힐렁한 리본을 맨 칼라를 하고 있다. 상의를 몸에 꼭 맞는 미디 스커트 안에 넣었으며, 그 아래에는 V형 패턴의 스타킹이 멋을 더했다. 이 의상은 에스텔라가 디즈니의 가장 유명한 악당 중 한 명으로 변신하기 전 절제된 모습을 연출한다.

Vocabulary

transformation 변신
notorious 악명 높은
don 옷을 입다
vivacious 명랑한, 생기 넘치는
scarlet 진홍색
satin 새틴(광택이 곱고 보드라운 견직물)
lantern sleeves 랜턴 슬리브 (호롱등처럼 생긴 소매로 퍼프 슬리브의 일종)
floppy 헐렁한
bow 리본
tuck 안으로 넣다
form-fitting (옷이) 몸에 꼭 맞는
underneath 아래에
peak out 절정에 달하다
chevron V형 무늬
tights 스타킹
metamorphosis 탈바꿈, 변형
villain 악당

Cruella **storms** the **catwalk** in her grand entrance donning what's known as the dog coat — a luxurious black-and-white fur coat made from the fur* of the dogs she had stolen from **mentor** and rival the Baroness. Three leather buckles hold the coat together, **giving way to** an **asymmetrical** skirt that falls to her knees. The coat falls open to reveal **thigh-high boots** in black leather. The coat creates a **vivid** opposite effect with her black-and-white hair.

*No animals were harmed in the making of this coat.

크루엘라 코트

크루엘라는 멘토이자 라이벌인 바로네즈에게 훔친 개의 털로 만들었다는 화려한 흑백의 개 모피를 입고 그랜드 입구를 활보한다. 세 개의 가죽 버클이 코트를 함께 잡아 주고 코트는 무릎까지 오는 비대칭 스커트로 바뀐다. 코트가 열리면 검은색 가죽으로 된 싸이하이 부츠가 보인다. 코트는 그녀의 흑백 머리와 강렬한 대조 효과를 연출한다.

*이 코트를 만드는 과정에서 동물을 해치지 않았다.

Vocabulary

storm 씩씩하게 나아가다
catwalk (패션쇼장의) 무대
mentor 멘토
give way to ~로 바뀌다
asymmetrical 비대칭의
thigh-high boots 싸이하이 부츠
vivid 강렬한

Expressions for Fashion Trends

더 많은 트렌디한 표현을 알아봐요!

- This **ribbed** shirt has roll-up sleeves and button flap pockets at the chest.
  이 리브드 셔츠는 소매를 걷어 올리는 부분과 가슴 부분에 버튼 플랩 포켓이 있다.

- **Intricate embroidery** can be found on vintage Chanel gowns.
  빈티지 샤넬 드레스에서 복잡한 자수를 찾아볼 수 있다.

- The fringed cover-up skirt doesn't really cover very much at all.
  저 프린지 커버 업 스커트는 그다지 커버 안 된다.

- Minimal lining keeps a jacket lightweight and comfy.
  안감을 최소화하는 것은 재킷을 가볍고 편안하게 만든다.

- A **pom-pom hat** better suits babies and young children.
  폼폼 햇은 아기나 어린 아이들에게 더 잘 어울린다.

- The ruffled blouse has a feminine neckline detail and **bishop sleeves**.
  저 러플 블라우스는 여성스러운 네크라인과 비숍 슬리브로 되어 있다.

- Men's trousers come in a variety of styles, including traditional dress pants, tuck pleated pants, and cargo pants.
  남성 바지는 정통 정장 바지, 턱 플리티드 바지, 카고 바지를 포함해 다양한 스타일로 갖추고 있다.

- Popular denim jacket comes with stud rivets, **contrasting stitching**, and two front pockets with flap **detailing**.
  이 인기 있는 데님 재킷은 스터드 리벳, 콘트라스트 스티칭과 두 개의 플랩 세부 장식의 앞 포켓을 가지고 있다.

Vocabulary

ribbed 골이 지게 짠
intricate 복잡한
embroidery 자수
pom-pom hat 방울 모자, pom-pom beanie라고도 한다. (p.318 참고)
bishop sleeve 비숍 슬리브 (아래쪽이 넓고, 손목 부분을 개더로 뭔 소매)
contrasting stitching 대조적인 스티칭
detailing 세부 장식

Fashion Glossary
어떻게 부르는지 알아봐요!

What to Call Them

embroidery gown (자수 드레스)
화려한 '자수(embroidery)'가 특징이다.

pom-pom hat (품품 햇)
pom-pom은 '방울'이라는 의미를 지니며 귀여운 룩을 연출한다.

fringe cover-up (프린지 커버 업)
술(fringe)이 섹시하면서도 세련된 룩을 연출한다.

jacket with rivets (리벳 장식 재킷)
스터드 리벳(stud rivet) 버튼이 특징이다.

Fashion Glossary
어떻게 부르는지 알아봐요!

Outfit
이렇게 연출해봐요!

Decorations (장식)

bead
구슬

chain
체인

drape
휘장

elastic
고무밴드

emblem
엠블럼 (교훈적으로 의도된 모토나 일련의 구절이 있는 그림), (전형적인 표본이 되는) 상징

embroidery
자수

flap
덮개

fringe
(실을 꼬아 장식으로 만든) 술

jewel/crystal
보석/크리스털

lining
(무엇의 안에 대는) 안감[안지]

pearl
진주

pom-pom
(특히 털모자에 장식으로 다는 털실로 된) 방울 (= bobble)

ribbon
리본

ruffle/frill
주름 장식

stud
장식용 금속 단추

tassel
(쿠션·옷 등에 장식으로 다는) 술

tuck pleated
턱 플리티드 (주로 허리 라인이나 허리 아래로 만든 주름)

zipper
지퍼

- black leather beret / 검정 가죽 베레모
- leopard pattern blouse / 레오파드 패턴 블라우스
- burgundy leather skirt with front slit / 버건디 가죽 슬릿 스커트
- light brown baguette bag / 연한 갈색 바게트백
- toffee mid-calf boots / 토피 미드 카프 부츠

319

2 ― 다음 패션을 평가하는 건 지금 패션이다

넷플릭스를 통해 지난 2020년 1월에 방영된 '넥스트 인 패션(Next In Fashion)'은 세계 여러 나라의 디자이너 18명이 경쟁하는 패션 서바이벌 프로그램이다.

각 에피소드마다 'Red Carpet(레드 카펫), Prints & Patterns(프린트 앤 패턴), The Suit(정장), Streetwear(스트릿 웨어), Underwear(속옷), Activewear(스포츠용 의류), Military(밀리터리), Denim(데님)'과 같은 주제를 정해 놓고 제한된 시간에 'Garment(의복)'을 만들어 패션쇼를 통해 창의성을 평가받는다. 구상, 스케치, 재단 모두가 단 1~2일 만에 이루어지기 때문에 보는 재미가 더하다.

특히 '민주김(MINJUKIM)'이라는 브랜드로 패션업계에 이미 알려진 디자이너 김민주가 우승을 차지해 우리에게 더한 감동을 준다. 디자이너들이 의복을 표현하면서 사용한 몇 가지 단어들을 살펴보고자 한다.

'flowy'는 '늘어뜨려진, 하늘하늘한'이라는 의미로 주로 드레스나 블라우스 디자인을 묘사할 때 사용된다. 'frilly'는 우리가 흔히 '프릴(frill)'이라고 하는 익숙한 단어이다. 이는 '주름 장식이 많은'이라는 의미이다. 손목 부분에 대는 주름은 'ruffle'이라고 한다.

창의성을 보이는 의복이니만큼 'garish(색깔이 야한)', 'edgy(감각 있는)', 'chic(멋진, 세련된)'로 표현된 의복들뿐만 아니라 'maximalism(맥시멀리즘, 미니멀리즘의 반대)', 'tacky(싸구려 같은, 조잡한)', 'fancy-schmancy(너무 화려하다는 부정적인 표현)'와 같이 혹평을 받은 옷들도 적지 않았다.

패션계에서 이미 유명한 디자이너들이 심사위원으로 등장하는데, 에피소드 9편에서 '토미 힐피거(Tommy Hilfiger)'는 "Don't look back. Go for it!(뒤돌아보지 말고, 해내시길 바라요.)"라고 조언한다.

두 명의 디자이너(김민주, Daniel Fletcher)가 경쟁을 하는 마지막 10편에서는 가족들이 함께 등장한다. 그 중 디자이너 김민주의 어머니는 마지막 패션쇼를 위해 다음과 같이 응원한다. "멀리 보지 말고, 오늘 하루, 지금 이 순간에만 집중해.(Don't look too far ahead, just focus on today, on the present moment.)"

하루 혹은 이틀 만에 감동적인 의복을 만들어 내는 디자이너들의 모습을 보고 있자니, 마치 내일이 없듯 오늘 하루에 집중하며 산다는 것은 최선을 다한 오늘 때문에 더 나은 내일이 기다리고 있다는 메시지가 전해지는 듯하다.

Talk about Fashion × English

영어 대화 속 패션 관련 표현을 알아봐요!

Diana Hey, do you have a **sec**? I need some help.

Audrey Yeah, what's up?

Diana I don't like the **draping** of this. I'm trying to make this part **flow** a little better, like a **waterfall** effect. What do you think I should do?

Audrey Well, let's take a look. Did you **pin** this here?

Diana Yeah, it **made sense** to do it that way.

Audrey No, you're right. I think what's making it hard is the fabric. Do you have anything else that's a little thinner? It'll be easier to drape.

Diana Wait, I think I do. Should I just **switch out** the fabric altogether?

Audrey You might be cutting it **down to the wire**, but I think it'll be worth it.

Vocabulary

sec second의 줄임말
draping 드레이핑, 여성복 조형의 한 기법으로 천을 직접 입혀서 대고 디자인하여 입체적으로 완성하는 기법
flow 흘러내리다
waterfall 폭포
pin 핀으로 고정하다
make sense 합당하다, 일리가 있다
switch out 전체를 바꾸다
down to the wire 끝까지

다이애나	저기, 잠깐 시간 좀 내 줄래? 도움이 필요해.
오드리	어, 무슨 일인데?
다이애나	이 부분을 드레이핑 하는 게 별로 같아. 폭포수 흐르는 것처럼 이 부분을 좀 더 아래로 흐르게 하려고 하는데. 니 생각은 어때?
오드리	자, 한 번 보자. 이걸 여기에 고정하는 거야?
다이애나	어, 그렇게 해야 되거든.
오드리	아니, 니가 맞아. 힘들게 만드는 건 원단이네. 조금 더 얇은 옷감이 있을까? 그럼 드레이핑이 더 쉽지.
다이애나	잠깐, 더 얇은 원단이 있을 거야. 원단을 아예 싹 다 바꿀까?
오드리	끝까지 다 잘라야 하는데, 그럴 만한 가치는 있을 거야.

Expressions for Fashion Trends

더 많은 트렌디한 표현을 알아봐요!

— The **beading** on the bride's gown is **exquisite**, as they were all added on by hand.
신부 드레스 구슬 장식이 정교하고, 모두 손으로 붙였다.

— This **pencil skirt** is designed for a woman with a curvy figure.
이 펜슬 스커트는 몸매가 굴곡 있는 여성이 입도록 디자인되었다.

— That **flowy skirt strikes a balance** between casual and formal.
저 플로이 스커트는 캐주얼과 정장의 균형을 적절하게 유지해 준다.

— **Muumuus** are shapeless and perfect for **lounging** in on a lazy day.
무무는 특정한 모양이 없어 나른한 날에 (입고) 느긋하게 거닐기에 좋다.

— A **capsule wardrobe** doesn't have any room for **ruffles and frills**.
캡슐 옷장에는 하찮은 것들을 넣을 공간이 없다.

— I've noticed that a lot of yoga tops tend to be **loose** and **strappy**.
많은 요가 상의가 헐렁하고 끈이 달린다는 것을 알게 되었다.

— **A statement piece** is the thing people notice first about your outfit, such as a necklace, earrings, or bag.
스테이트먼트 피스는 사람들이 당신의 의상에서 가장 먼저 주목하는 목걸이, 귀걸이 또는 가방 같은 것이다.

— Do you think that the **frayed hem** will go with the skirt?
이 스커트가 프레이드 햄이랑 어울린다고 생각해?

Vocabulary

beading 구슬 장식
exquisite 정교한
pencil skirt 펜슬 스커트(p.324 참고)
flowy skirt 플로이 스커트 (p.324 참고)
strike a balance 균형을 유지하다
muumuu 무무(p.324 참고)
lounge 느긋하게 거닐다
capsule wardrobe 캡슐 옷장 (보완, 교체 가능한 많지 않은 제한된 옷만을 보관하는 옷장)
ruffles and frills 주름과 프릴을 의미하는 게 아니라 이 문장에서는 불필요한 것을 의미한다.
loose 느슨한
strappy 끈이 달린
statement piece 스테이트먼트 피스(가장 먼저 눈에 띄는 아이템으로 주로 액세서리를 말하지만 신발이나 스커트 같은 것도 가능하다.)
frayed hem 프레이드 햄(p.324 참고)

Fashion Glossary
어떻게 부르는지 알아봐요!

Outfit
이렇게 연출해봐요!

What to Call Them

frayed hem skirt (프레이드 헴 스커트)
frayed는 '너덜너덜한'의 의미를 지니며 이와 같은 밑단(hem)은 스커트나 청바지에 많이 사용된다.

pencil skirt (펜슬 스커트)
연필 끝부분처럼 아래로 내려갈수록 좁아지는 스커트, 무릎이나 그 아래까지 긴 기장이 특징이다.

flowy skirt (플로이 스커트)
flowy는 '느슨한, 아래로 처진'이라는 의미로 길게 늘어진 스커트를 말한다.

muumuu (무무)
밝은 색상의 하와이 테마(예: 꽃과 야자나무 가지)가 프린트된, 가벼운 옷감에 헐렁한 롱 드레스다.

- black sunglasses / 블랙 선글라스
- black leather jacket / 블랙 가죽 재킷
- black striped top / 블랙 스트라이프 상의
- black pencil skirt / 블랙 펜슬 스커트
- black ankle boots / 블랙 앵클부츠

3 ─ 시청률과 고풍의 정점을 모두 찍은 브리저튼 의상

브리저튼의 다프네(Daphne, 피비 디네버)

베스트셀러 작가 줄리아 퀸(Julia Quinn)의 원작을 드라마화한 '브리저튼(Bridgerton)'은 1800년대의 영국 귀족 사회를 배경으로 한다. 주요 스토리는 귀족가의 스캔들이며, 결혼을 목적으로 하는 귀족 집안 자녀들의 사교계 입성과 귀족들의 이름과 혈통을 중시하는 19세기의 유럽 사회를 실감 있게 그려 낸, 넷플릭스의 화제 드라마다.

나폴레옹이 황제에 즉위하여 프랑스를 다스렸던 19세기 초반을 시대적 배경으로 하고 있기에 엠파이어 스타일(Empire style) 시대에 등장했던 화려한 드레스, 웅장한 궁전, 고풍스러운 저택의 인테리어까지 모두 재현되어 볼거리 또한 쏠쏠하다.

에피소드마다 두 주인공인 'Phobe Dynevor(다프네 브리저튼 역: Daphe Bridgerton)'와 'Regé-Jean Page(사이먼 바셋 역: Simon Basset)'의 의상을 보는 재미 또한 빼놓을 수 없다. 다프네는 하이 웨스트(high waist) 드레스로 귀여운 이미지를 표현하며, 사이먼은 다른 귀족들과는 다르게 타이와 셔츠를 반듯하게 매지 않고 주로 스카프를 매 자유분방함을 표현한다. 주인공의 심리와 상황 변화는 드레스의 색상으로 표현된다. 핑크, 파랑, 보라색으로 변하는 다프네의 드레스는 그녀의 상황 변화를 보여 준다.

또한 '바람과 함께 사라지다(Gone With The Wind)', '타이타닉(Titanic)', '오만과 편견(Pride and

Prejudice)'에도 등장하는 코르셋(corset)을 이 드라마에서도 볼 수 있다. 잘록한 허리를 위해 드레스 안에 입는 코르셋은 억압적인 귀족 사회 분위기를 보여 주기 위한 영화나 드라마의 대표적인 소품 중 하나다.

우리가 흔히 '복대'라고 하는 코르셋(corset)은 프랑스어 'cors'에서 유래되었으며 'body'라는 의미를 지닌다. 'little body'를 만들기 위해 심지어 남자도 갑옷 안에 코르셋을 입었다고 한다. 코르셋은 상류층뿐만 아니라 서민층도 즐겨 입었는데 상류층의 것과 서민층의 것이 모양이 달랐다고 한다. 상류층 코르셋은 매듭 부분이 뒤에 있어 하녀가 매 줘야 한 반면 서민층의 것은 매듭이 주로 앞에 있었다고 한다.

요즘 속옷 매장에 가서 "코르셋 주세요."라고 하면 아마도 점원이 '옛날 사람인가 보다.'라고 생각할 수 있다. 몸을 보정하는 속옷(shapewear)을 생산하는 회사 중에서는 미국의 'Spanx' 사가 대표적이다.

다음은 드라마에서 확인할 수 있는, 위장 결혼임에도 결혼을 허락받기 위한 사이먼의 대사 중 일부다.

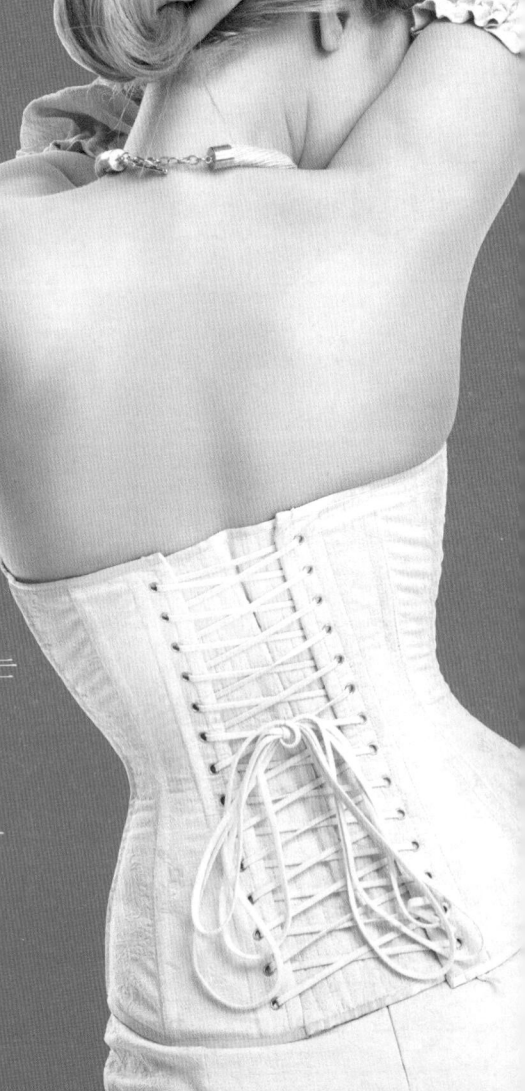

"To meet a beautiful woman is one thing. But to meet your best friend in the most beautiful of woman is something entirely apart."

아름다운 여자를 만나는 것도 한 가지입니다. 하지만, 가장 아름다운 여자에서 가장 친한 친구를 만나는 것은 완전히 또 다른 일입니다.

"I didn't want her to only be my friend. I wanted her to be my wife."

저는 그녀가 저의 친한 친구만으로 남길 원하지 않습니다. 저는 그녀가 제 와이프가 되길 원합니다.

이렇게 말하는 대사에서는 마음이 뭉클했다. 하지만 잠깐 지나고 다시 생각해 보니, 그때나 지금이나 외모 지상주의는 변함이 없었나? 하는 생각도 문뜩 든다. 워낙 배우들의 외모가 출중하다 보니 무슨 대사를 해도 다 멋있게 들리긴 한다.

백인, 흑인, 동양인까지 다양한 배우들의 등장과, 19세기 배경임에도 무도회장에서 현악기로 연주되는 빌리 아일리시(Billie Eilish)의 'Bad Guy'까지 들을 수 있다. 코르셋처럼 가슴을 쫄깃하게 조여 주는 '브리저튼'의 다음 시즌이 기대된다.

브리저튼 한 장면

Talk about Fashion × English

영어로 의상 설명을 어떻게 하는지 알아봐요!

Bridgerton

Queen Charlotte is known in the popular Bridgerton series for her **opulent**, **bold looks** on the screen. One such **masterpiece** is a navy **court gown** she wore in one of the episodes. **Intricate** lace flowers in white decorate a **burgundy bodice**, **flanked** by a **scalloped** hem and **jeweled** flowers. Navy silk **make up** the sleeves, ending in **delicate lace frill** at the elbows.

The Duke of Hastings in the hit show is always dressed in clean lines that **accentuate** his fit figure. In one of the episodes, the Duke of Hastings is dressed in a knee-length gray coat over a **flashy brocaded** vest. A dark-colored scarf is **knotted** under the shirt's high collar, and black trousers are tucked into leather boots. The outfit is decorated by a green **brooch** at the Duke's **waistcoat**.

Vocabulary

opulent 호화로운, 화려한
bold look 볼드 룩, 대담한 연출
masterpiece 작품
court gown 코트 가운(법정에서 입기 시작해 붙여진 명칭)
intricate 복잡한
burgundy 버건디, 진홍색
bodice 보디스(드레스의 상체 부분)
flanked 측면의
scalloped 스캘럽 된(부채꼴이나 물결 모양의 소재를 이어 덧댐)
jeweled 보석으로 장식한, 보석을 박은
make up 꾸미다, 장식하다
delicate 우아한
lace frill 레이스 프릴
accentuate 두드러지게 하다, 악센트를 주다
flashy 현란한, 화려하게 치장한
brocaded 양단으로 만든(장식한)
knotted 매듭을 지은
brooch 브로치
waistcoat 조끼

Bridgerton 의상 설명

퀸 샤를로는 스크린에 보이는 그녀의 화려하고 대담한 룩이 인기를 끈 브리저튼 시리즈를 통해 유명하다. 한 에피소드에서 입었던 작품 중 하나는 네이비 코트 가운이다. 흰색의 복잡한 레이스 꽃문양이 버건디 드레스 상체 부분을 장식하고, 옆에는 스캘럽 된 단과 보석으로 장식된 꽃문양이 있다. 소매는 네이비 실크로 되어 있으며 팔꿈치의 섬세한 레이스 프릴로 소매의 끝처리가 되었다. 헤이스팅스 공작은 항상 그의 몸매를 강조하는 깔끔한 라인의 옷을 입는다. 에피소드 중 하나에서 헤이스팅스 공작은 화려한 비단 조끼 위에 무릎길이의 회색 코트를 입고 있다. 하이 셔츠에 짙은 색 스카프를 묶고 가죽 부츠에 검은색 바지를 입었다. 그의 복장은 조끼에 있는 녹색 브로치로 장식되었다.

Fashion Glossary
어떻게 부르는지 알아봐요!

Outfit
이렇게 연출해봐요!

Texture (질감)

comfy/comfortable
편안한

cottony
면의

cozy
아늑한

delicate
섬세한

feathery
솜털 같은(가볍고 부드러운)

fine
섬세한

flashy
화려한

fluffy
푹신한

fuzzy(= downy)
솜털이 보송보송한

hand-sewn
손으로 꿰맨

light
가벼운

loose
헐거워진, 풀린

lustrous
윤기가 흐르는

moist
촉촉한

shaggy
털이 긴

sheer
속이 다 비칠 정도로 얇은

silky
실크 같은

smooth
부드러운

soft
부드러운

stretchy
신축성이 있는

strong
튼튼한

white collarless fitted jacket
화이트 칼라리스 피트 재킷

red cable knit dress
레드 케이블 니트 드레스

black checkered tights
블랙 체크무늬 스타킹

white ribbon lace up boots
화이트 리본 레이스업 부츠

4 — 의식주를 모두 해결해 주는 매서운 눈

살면서 가장 중요한 것은 무엇일까? 배우자를 선택할 때도 세 가지가 잘 맞는지 고려한다. 바로 의식주(衣食住)다. 나의 자존감 혹은 한층 업그레이드된 삶을 추구하기 위해 옷, 음식, 집 이 세 가지는 어느 관점에서 보든 늘 중요한 이슈다.

'퀴어 아이(Queer Eye: More than a Makeover)'는 2018년부터 현재까지 넷플릭스를 통해 방영 중이며 최근 시즌 6이 방영되었다. 의식주뿐만 아니라 헤어, 심리 상담까지 총 다섯 가지를 해결해 주는 다섯 명의 게이 남성들이 의뢰인들의 업그레이드된 삶을 위해 그들에게 직간접적으로 도움을 주는 리얼리티 프로그램이다.

많은 드라마와 영화에 적지 않게 등장하는 성 소수자들은 lesbian(여성 동성애자), gay(남성 동성애자), bisexual(양성애자), transgender(성전환자), queer(성 소수자 전반), intersex(중성), asexual(무성)을 줄여서 LGBTQIA라고 한다. Queer와 Eye를 합쳐 직역하면 '성 소수자 눈'이 되나 한국에서는 이를 '삶을 리셋 하라'라는 제목으로 소개하고 있다.

Fab Five라고 불리는 다양한 개성의 5인방을 간단히 소개하면, 인테리어를 책임지는 바비(Bobby Berk), 심리 상담가로 눈물을 자아내는 카라모(Karamo Brown),

퀴어 아이(Queer Eye)의 탠(Tan France)

음식보다는 다섯 명의 비주얼 담당인 셰프 안토니(Antoni Porowski), 가장 튀는 개성의 소유자인 헤어 디자이너 조나단(Jonathan Van Ness), 마지막으로 Next In Fashion에도 출연했던 영국인임에도 독특한 last name을 가진 패션 디자이너 탠(Tan France) 등이다.

시즌 5를 보면서 몇 가지 기억에 남는 표현들을 살펴보고자 한다. 이들이 많이 쓰는 표현 중 하나가 'zhuzh'다. zhoosh, tzhuj라고도 쓰이며, '더욱 멋있게 만들다, 개선하다'라는 의미로 이 프로그램을 통해 알려졌다. 'zhuzh'는 "Zhuzh it a little.(멋있게 살짝만 꾸며 봐.)", "We did the tiniest little zhuzh on her lashes.(속눈썹에 아주 약간 멋을 좀 줬어.)"와 같이 명사, 동사로 모두 사용할 수 있다.

무언가를 좋아한다는 표현 중에서 "I'm into it.(나 그것에 관심 있어.)"이라는 표현이 많이 사용된다. 그러나 'drown in'이 보다 맛깔스러운 표현이다. "You're drowning in your clothes.(옷장에 옷이 너무 많아 옷들 속에 파묻힌다는 의미)"와 같이 쓰면 된다. 이 밖에도 "Do you only go for flats?(굽 낮은 신발만 신나요?)", "My jeans are my going out.(제 청바지는 외출복이에요. - 일할 때 입지 않는다는 의미)", "You can team it with everything.(그것과는 뭐든 어울리게 입을 수 있어요.)" 등이 있다.

이 프로그램에는 이미 알고 있는 쉬운 단어임에도 순간 해석이 어려운 표현들뿐만 아니라, 많은 줄임말들도 등장한다. profesh는 professional(전문적인), legit은 legitimate(합법적인)를 줄인 것인데 legitimately는 really, seriously를 대신해 강조 부사로 주로 쓰인다. 이 두 표현은 모두 비격식 표현임에 주의한다. 기타 gorge(gorgeous), fab(fabulous) 등도 출연자들의 자신감을 불러일으키는 장면에 많이 사용됐다.

이 프로그램은 주(主)에만 드라마틱한 변화를 주고, 기타 외모나 의상, 성격, 헤어는 의뢰인의 identity를 최대한 존중하는 것을 볼 수 있다. 넷플릭스 인기 드라마 '지니 앤 조지아(Ginny and Georgia)'에 등장하는, 지니와 조지아의 딸이 "Makeup works best if no one knows you're wearing it. Like Georgia says, It's a face, not a mask.(화장을 했는지 아무도 모를 때 메이크업은 가장 효과가 있다. 엄마가 말하듯 '얼굴이지 가면이 아니다.')", "If they can see where your makeup ends and your face begins, you've done it wrong.(어디서 메이크업이 끝나고, 어디서 얼굴이 시작되는지를 들키면, 뭔가 메이크업을 잘못 한 것이다.)"라고 하는 대사처럼 자신의 진정성 있는 모습이 말과 표정, 성격으로 우러나는 것이기에, 프로그램이 출연진의 진정한 모습을 찾아줌과 동시에 출연진에게 어울리는 의상, 화장, 헤어스타일에 조언을 준다는 것이 이 리얼리티 프로그램의 특징이다.

"뚱뚱해서 짧은 치마는 안 돼, 키가 작아 이런 옷은 안 어울려, 얼굴이 커서 머리를 아래로 내려야 돼."라고 본인 모습에 한계를 긋고 살았다면, 이들에게 들려주고 싶은 명언이 있다.

"Biggest obstacle I ever faced was my own limited perception of myself."
— By Rupaul
내가 직면한 가장 큰 장애물은 나 자신에 대해 한계를 둔 인식이었다. —루폴

Talk about Fashion × English

영어로 의상 설명을 어떻게 하는지 알아봐요!

Queer Eyes

In the Queer Eyes show, Tan is known for his **flamboyant** taste in clothes. In one of the episodes, he wears a **monochrome** look of a black denim jacket with **satin** blouse, paired with slim-fitting pants. He **accessorizes** with a gold chain **bracelet** and a pair of white **creeper shoes** with a **checkered pattern**. Karamo mirrors Tan in his color palette, dressing in a more black-and-white **contrast** outfit. He chooses to wear a striped shirt and black skinny jeans, **topping off** the look with his signature snapback and gold watch. Johnathon, staying true to his **offbeat** style, sports a **tie-dye** T-shirt and black shorts. He completes the look with a pair of black socks and leopard-print sneakers.

Vocabulary

flamboyant 대담한, 이색적인
monochrome 단색의, 흑백의
satin 공단
accessorize (특히 옷에) 액세서리를 달다
bracelet 팔찌
creeper shoes 크리퍼 슈즈(일명 지우개 슈즈라고 불리는, 굽이 지우개처럼 두툼한 신발)
checkered pattern 체크무늬
contrast 대조
top off 마무리 짓다
offbeat 색다른
tie-dye 타이다이(천이나 실을 꺼워서 염색하는 방법)

퀴어 아이

퀴어 아이 쇼에서 탠(Tan)은 화려한 옷차림으로 유명하다. 한 에피소드에서는 블랙 데님 재킷에 새틴 블라우스, 슬림핏 팬츠를 매치해 모노크롬 룩을 연출한다. 그는 골드 체인 팔찌와 체크무늬의 흰색 크리퍼 슈즈로 멋을 더한다. 카라모(Karamo)는 탠(Tan)과 함께 자신의 컬러 팔레트로 모습을 선보이며, 흑백 대비 의상을 입고 나온다. 그는 스트라이프 셔츠와 블랙 스키니진을 선택했고 그의 시그니처 룩인 스냅백과 골드 워치로 마무리한다. 색다른 스타일을 고수하는 조나단(Johnathon)은 타이다이 티셔츠와 검은색 반바지를 입었다. 그는 블랙 양말과 레오파드 프린트 스니커즈로 그의 룩을 완성한다.

Fashion Glossary
어떻게 부르는지 알아봐요!

Alternation Terms(수선 용어)

● **pants**(바지)

cuff
바지 끝단을 접다
바지의 끝단을 단순히 자르는 게 아니라 한 단을 접은 것같이
줄이는 것

Bottoms of this trouser hit the ground. I want them cuffed.
바지 끝부분이 바닥에 닿아요. 밑단 처리 해 주세요.

taper
폭을 점점 줄이다
바지 아랫부분의 폭을 점점 좁아지게 수선하는 것

Take in the pant legs and taper them slightly.
바지폭을 안으로 넣어 주시고 밑으로 내려가면서
살짝 좁게 해 주세요.

bring in
안으로 넣다
허리 부분이 너무 커서 안으로 넣어 수선하는 것

My size was 34, but I've lost some weight. Bring in the waist to fit my waist perfectly.
제 사이즈가 34였는데, 체중이 좀 빠졌어요.
허리가 완벽하게 맞도록 안으로 넣어 주세요.

let out
늘이다
작아서 허리 부분을 늘려 수선하는 것

Let out the wait one full size at most.
허리를 최대한 한 사이즈 늘려 주세요.

● **jacket**(재킷)

bring up(= shorten)
줄이다
소매 부분이 길 경우 안으로 넣어 수선하는 것
보통 양복 소매는 셔츠보다 약간 올라가는 게 이상적이다.

Please bring up the sleeves above my shirt cuff(¼"~½"**above**).
셔츠 위로 약 ¼~½인치 올라가게 소매를 줄여 주세요.

suppress the waist
허리 부분을 줄이다
suppress의 사전적 의미는 '진압하다'로 taper(좁아지게 하다),
take in(안으로 들이다)로 대체할 수 있으며 재킷의 허리 부분을
V 모양으로 수선하는 것을 말한다.

This jacket is too boxy, so suppress the waist a half inch.
이 재킷이 너무 박시하니 반인치 정도
허리를 안으로 넣어 주세요.

Outfit
이렇게 연출해봐요!

`black snapback` 블랙 스냅백
`black sunglasses` 블랙 선글라스
`black bomber jacket` 블랙 항공 점퍼
`black jean pants` 블랙진 바지
`black sneakers` 블랙 스니커즈

● 기타 수선

overweaving
덧대기
구멍을 메우기 위해 패치를 덧대는 것

My jacket is starting to fall apart; can you overweave a pattern onto it?
제 재킷이 마모되기 시작했어요.
여기에 패치를 대서 박음질을 해 주실 수 있나요?

reweaving
박음질
작은 구멍을 메우기 위해 박음질하는 것

The seam on the inside of the hem is fraying, can you reweave the hem?
밑단 안쪽 솔기가 헐거워지고 있는데,
솔기를 박음질해 주실 수 있으세요?

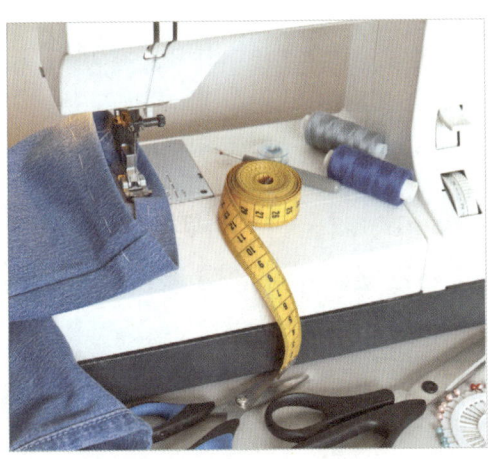

영어에 내재된 성(性)의 요소들

1908년 3월 8일, 미국에선 15,000여 명의 여성 노동자들이 짧은 노동 시간, 높은 급여, 참정권을 요구하기 위해 뉴욕에 모였다. 이때 슬로건은 '우리는 빵과 장미를 원한다.(We want bread, and roses, too.)'였다. 'bread(빵)'는 남성과 같은 평등한 임금을 의미하며 'rose(장미)'는 선거권을 의미한다.

일 년 후인 1909년, 이날을 'National Women's Day(국립 여성의 날)'로 정하였으며, 독일 여성 해방 운동가인 '클라라 체트킨(Clara Zetkin)'이 1910년에 '코펜하겐(Copenhagen)'에서 개최된 '국제 노동 여성 컨퍼런스(International Conference of Working Women)'를 통해 3월 8일을 '세계 여성의 날(International Women's Day)'로 지정할 것을 제안하였다. 그다음 해 1911년에 첫 번째 'IWD'를 기념하였고, 첫 번째 여성의 날을 기념한 지 올해로 111년이 되었다. '유엔(United Nations)'은 1977년에 이 날을 공식화하였다.

● 언어에 남아 있는 성 차별적인 표현들

언어에 아직도 남아 있는 성(性) 차별적인 표현들에 어떤 것들이 있는지 살펴보고자 한다. 우선 한국어는 '부모(父母)'에서도 확인할 수 있듯이 아빠를 엄마보다 먼저 언급하는 경향이 있다. 이 외에도 '처녀작, 처녀항해', '신사협정' 등이 성 차별적인 표현에 해당한다. 그리고 다소 무식하게 투자하는 것을 '사모님식 투자', 무개념의 사모님을 '김여사'라고 하며 다소 여성을 비하하는 표현들도 적지 않다.

영어에도 이러한 면을 보이는 표현들이 있다. 'policeman(경찰)', 'fireman(소방관)', 'chairman(회장)', 'freshman(1학년)', 'businessman(회사 다니는 사람)' 등이 이에 해당하며 불특정인을 언급할 때도 he를 먼저 써서 'he or she'라고 한다. 또한 'waiter, waitress, actor, actress, steward, stewardess'와 같이 남녀를 구별하는 단어들이 많지만, 이러한 단어들은 요즘 모두 성(性)이 드러나지 않는 단어로 대체되어, 'police officer', 'fire fighter', 'server(식당 종업원)', 'flight attendant(승무원)' 등으로 사용한다.

또한 영어에 우리말의 '~씨'에 해당하는 표현들이 있다. 이전에는 Mr.(남자 - 기혼/미혼 알 수 없음), Miss(미혼 여자), Mrs.(기혼 여자) 이렇게 세 가지 표현만 존재했다가, Ms.(여자 - 기혼/미혼 알 수 없음)가 가장 마지막에 생겼다. 그래도 'Miss'처럼 미혼 남성을 가리키는 단어는 존재하지 않는다.

영어권 문화에서는 'last name'인 성(姓)에서도 남녀 차별적인 상황을 확인할 수 있다. 결혼을 하게 되면 아이들뿐만 아니라 부인 또한 남편의 성을 따라가는 것이 보편적이다. 그러나 우리나라에서 엄마와 아빠의 성을 함께 쓰는 움직임이 있듯 미국에서도 그런 경우가 있다. 예를 들어 배우 '안젤리나 졸리(Angelina Jolie)'의 자녀 이름은 '샤일로 누벨 졸리 피트(Shiloh Nouvel Jolie Pitt)'로 엄마, 아빠의 성을 모두 가지고 있어 꽤 길다.

여성의 날을 처음으로 기념하기 시작한 지 1세기가 훌쩍 넘은 현재, 많은 여성들이 사회, 정치, 경제, 과학, 문학 등 각 분야에서 뛰어난 활약을 보여 주고 있다. '세계 여성의 날'인 3월 8일이 되면 아직도 우리가 무심코 쓰는 말들에 성 차별적인 표현은 없는지 살펴보는 시간을 가져 보는 것도 좋을 것 같다.

CHAPTER

14

브랜드(Brands)

"You smell that? Smell that. This is legacy."
— Aldo Gucci

"냄새 나? 냄새 맡아 봐. 이게 유산이야." —알도 구찌 (영화 'The House of Gucci' 중)

1 — 패션의 성(城)을 쌓아 올린 성(姓)

우리는 '홍길동'처럼 성(last name)을 이름(first name)보다 먼저 기재하지만 영어는 '길동 홍'과 같이 성을 뒤에 기재하여 '성'을 last name이라고 한다.

영어의 성은 이름만큼이나 다양하다. 여기서 특이한 점은 직업을 성으로 간직하는 경우가 적지 않다는 것이다. 유명한 남성복 디자이너 폴 스미스(Paul Smith)의 Smith는 '대장장이', 파란 눈을 가진 CNN의 간판 앵커인 앤더슨 쿠퍼(Anderson Cooper)의 Cooper는 '통 만드는 사람', 세기의 여배우 엘리자베스 테일러(Elizabeth Taylor)의 Taylor는 '재단사'라는 직업을 나타낸다. 이 외에도 Baker(빵 굽는 사람), Fletcher(화살 만드는 사람), Mason(벽돌로 집을 짓는 사람), Ward(경비원), Webster(직물을 짜는 사람) 등이 있다. 일과 직업에 대한 자부심이 강한 만큼 조상의 직업을 본인의 성으로 사용하는 서양의 문화가 잘 드러나는 대목이다.

대부분의 유명 패션 브랜드는 브랜드 이름에 창립자의 성이나 이름을 사용한다. 이 중 세계인들이 사랑하는 '구찌, 루이비통' 이 두 가지 브랜드를 살펴보자.

● 구찌(Gucci)

2021년 개봉된 영화 '하우스 오브 구찌(House of Gucci)'는 구찌가(家)의 실화를 주제로 다뤄 화제가 된 바 있다. G를 상하로 뒤집어 놓은 듯한 디자인으로 유명한 구찌는 창립자이자 디자이너인 이탈리아인 구찌오 구찌(Guccio Gucci)의 성을 사용한 것이다. 구찌 브랜드의 대성공은 그의 세 아들에게 이어져 자손들이 가업을 이어 가고 있다. 1950년에 출시된 둥근 대나무 손잡이로 유명한 뱀부 백(Bamboo Bag)은 승마 용품에서 아이디어를 얻어 13시간

Bamboo Leather Handbag - BLACK (사진 https://www.gucci.com)

동안 일본산 대나무를 둥근 형태로 구부려 만든 것으로 그 당시 획기적인 센세이션을 일으켰으며 현재까지 구찌 가방에 사용되고 있다.

● 루이비통(Louis Vuitton)
'L' 자와 'V' 자를 모노그램(Monogram: 첫 글자를 합쳐 한 글자 모양으로 도안한다는 의미)으로 디자인한 로고가 유명한 루이비통은 프랑스인 창립자이자 디자이너인 루이 비통(Louis Vuitton)의 이름을 그대로 사용하였다. 당시 여행용 가방이 주로 둥근 모양이었는데, 1858년 휴대하기 편한 사각형 모양의 여행용 가방을 제작하여 판매한 것이 브랜드를 전 세계에 알린 계기가 되었다.

Louis Vuitton Damier Azur canvas
(사진 https://en.louisvuitton.com)

그 후 프랑스 '아르누보 양식'에서 영감을 얻은 다미에(Damiere: 프랑스어로 체크무늬라는 의미)의 사각 무늬를 시작으로 다양한 디자인을 선보이며 가방을 사랑하는 이들의 기대를 충족하는 세계적인 명품 브랜드로 굳건하게 자리매김하였다.

전 세계인의 사랑을 받는 패션 아이템은 기발한 아이디어에서 착안되는 듯하지만 그 브랜드의 전통이 세기를 걸쳐 유지되는 이유는 창립자의 자손들이 가업을 이어받아 조상, 부모, 자식을 위한 마인드로 끊임없는 노력을 기울이기 때문이다.

구찌와 루이비통은 수백 년 동안 세운 패션 성(城)을 자손들이 이어받아 절대 무너지지 않는 캐슬(城)로 세계 정상의 자리를 굳건히 지켜 가고 있다. 그들의 브랜드 제품을 입고, 들고, 신고, 때로는 뿌릴 때, 그들의 장인정신과 노고를 생각해 보면 좋을 듯하다.

Talk about Fashion × English
영어 대화 속 패션 관련 표현을 알아봐요!

Andrew Don't you already have a bag like this? I definitely saw this in your closet.

Elin What do you mean? They are completely different bags. Did you take a look at the logo?

Andrew They honestly look all the same to me.

Elin Then you have much to learn.
The bag I have is from **Michael Kors**, but this one is a **genuine Prada**. I want to buy this for the party next week.

Andrew Why can't you bring one that you already have?

Elin The one that I have is too big to be an evening bag. I need to get one that matches my dress and is a smaller size.

Vocabulary

Michael Kors 마이클 코어스 (유명 브랜드)
genuine 진품의, 정품의
Prada 프라다(유명 브랜드)

앤드류 이런 가방 가지고 있지 않아? 내가 분명히 당신 옷장에서 봤는데.
엘린 무슨 소리? 저것들 완전히 다른 가방이야. 로고 잘 봤어?
앤드류 솔직히 내 눈에는 다 똑같아 보이는데.
엘린 그러면 배울 것이 많다는 거야. 내가 가지고 있는 가방은 마이클 코어스 가방이고 이건 정품 프라다 거야. 다음 주 파티에 가려면 이거 사야겠어.
앤드류 왜 이미 가지고 있는 것을 들고 가면 안 돼?
엘린 내가 갖고 있는 가방은 이브닝 백으로 들기에는 너무 커. 내 드레스에 어울리는 좀 더 작은 사이즈로 하나 사야겠어.

Expressions for Fashion Trends

더 많은 트렌디한 표현을 알아봐요!

- **Kate Spade**'s **polka dot** and stripe patterns make it **stand out** from other brands.
  케이트 스페이드의 폴카 도트와 스트라이프 패턴이 다른 브랜드와 차별화된다.

- Every woman wants a pair of **Louboutin** heels in her wardrobe because everyone recognizes the unique red **sole**.
  모든 여성은 옷장에 루부탱 힐 한 켤레를 갖고 싶어 한다. 왜냐하면 모두가 독특한 빨간색 밑창을 알고 있기 때문이다.

- Chanel No. 5 is the **it item** in the world of perfumes.
  샤넬 No.5는 향수계의 잇템이다.

- **Tom Ford**'s blazers are **single-breasted** and **clean-cut**: it's no wonder why many celebrities **favor** the brand.
  탐 포드의 블레이저는 싱글 단추이며 라인이 깔끔하기에 많은 셀럽이 왜 이 브랜드를 선호하는지 이해가 간다.

- You can tell a **Hermès** from other brands by the belt on the bag's face.
  가방 앞면에 있는 벨트에 에르메스라고 쓰여 있어서 다른 브랜드와 구별할 수 있다.

- **Anyone worth their salt** can identify a **Rolex** watch; however, a considerably fewer number can **differentiate** a fake from a genuine.
  자기 분야에서 존경받는 사람이라면 누구나 롤렉스 시계를 알아볼 수 있다. 그러나 상당히 적은 (생산) 수가 가짜와 진품을 구별할 수 있다.

- Ralph Lauren **made its mark on Oxford shirts** by simply placing the logo in the same place for all designs.
  랄프 로렌은 모든 디자인을 위해 동일한 위치에 로고를 배치하여 옥스퍼드 셔츠로 성공을 거두었다.

Vocabulary

Kate Spade 케이트 스페이드(유명 브랜드)(p.345 참고)
polka dot 폴카 도트, 땡땡이
stand out 두드러지다
Louboutin 루부탱(Christian Louboutin, 크리스챤 루부탱)(p.344 참고)
sole 밑창
it item 잇템, 주목받는 아이템
Tom Ford 탐 포드(유명 브랜드)(p.344 참고)
single-breasted 싱글 단추의
clean-cut 매끈한
favor 선호하다
Hermès 에르메스(p.345 참고)
any(one) worth (one's) salt 특정 분야나 영역에서 존경받을 만한 사람
Rolex 롤렉스(p.345 참고)
differentiate 구별하다
make (one's) mark on ~에 성공을 거두다
Oxford shirts 옥스퍼드라는 천으로 된 드레스 셔츠(p.344 참고)

Fashion Glossary
어떻게 부르는지 알아봐요!

What to Call Them

Chanel No.5
제품 Chanel No.5
오데 퍼퓸 (https://www.chanel.com)

Christian Louboutin shoes (크리스찬 루부탱 신발)
제품 Pigalle pump
(사진 https://www.christianlouboutin.com)

Burberry bag (버버리 가방)
제품 Burberry Pre-Owned 1990s Haymarket check handbag
(사진 https://www.burberry.com)

Oxford shirts (옥스퍼드 셔츠)
제품 Polo Ralph Lauren Slim Fit Shirt Oxford Blue
(https://www.ralphlauren.com)

Tom Ford's blazer
(탐 포드 블레이저)
제품 TOM FORD Single-breasted twill blazer
(사진 https://www.tomford.com)

Rolex watch (롤렉스 시계)
제품 SUBMARINER Oyster, 41 mm, Oystersteel

(https://www.rolex.com)

Kate Spade bag (케이트 스페이드 가방)
제품 Kate Spade polka-dot tote

(사진 https://www.katespade.com)

Hermès bag (에르메스 가방)
제품 Hermes Birkin 30 Bag Etain Gray Gold Hardware Togo Leather

(https://www.hermes.com)

Outfit
이렇게 연출해봐요!

- **black oversized sunglasses** 블랙 오버사이즈 선글라스
- **red stripped belt** 레드 스트라이프 벨트
- **black short pants suits** 블랙 쇼트 팬츠 슈트
- **Gucci Dionysus bag** 구찌 디오니소스 백
- **white V line pumps** 화이트 브이라인 펌프스

2 – 컬래버로 플러스원 효과

'co(함께, with)', 'labor(노동, 일하다)'의 의미를 지닌 컬래버레이션(collaboration)은 음악계와 패션계의 트랜드다. 유명 디자이너들이 다른 브랜드와 협업해 두 브랜드의 특징을 모두 살리거나, 그 특징이 교묘하게 어우러져 새롭게 탄생한 디자인은 다시는 출시되지 않을 것 같아 '캡슐 컬렉션(capsule collection)'이라고 한다.

캡슐(capsule)은 '작은(small), 줄인(compact)'이라는 의미를 지니며 주로 '리미티드 에디션(limited edition)'인 한정판으로 판매된다. 기존 두 브랜드를 모두 좋아하는 사람의 경우, 캡슐 컬렉션을 캡슐 옷장(capsule wardrobe)에 넣어 두고 유행을 타지 않는 한정판의 진가를 고이 간직하려 한다. 하지만 한정 수량으로 판매되기 때문에 시간이 지난 후에 몇 배가 뛴 가격에 다시 리셀(resell)하는 현상도 생기고 있다.

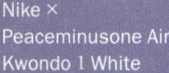
Nike × Peaceminusone Air Kwondo 1 White

● NIKE × 피마원(peaceminusone)

가수 지드래곤이 탄생시킨 '피스마이너스원(peaceminuseone)'과 나이키의 컬래버인 '나이키 피스마이너스원 에어포스 원 파라노이즈 2.0(Nike × PEACEMINUSONE Air force 1 Paranoise 2.0)'이 2019년 대성공을 거뒀다. 뒤를 이어 태권도를 연상케 하는 이름의 'Nike Kwondo 1'이 2021년 11월 출시되었다. 신발에도 혀(tongue)가 있다. 이 혀는 정장용 구두에 주로 사용되며 구두 앞부분을 덮는 모양이 혀처럼 생겼다 해서 '혀(tongue)'라고

Nike × Peaceminusone Air Force 1 Low Para-Noise 2.0

한다. 운동화에 이와 같이 tongue을 덮어 캐주얼한 느낌과 포멀한 느낌 모두를 보여 주는 것이 나이키 권도의 특징이다. 피마원은 '평화(peace)는 유토피아적 세계와 결핍(minus)된 현실 세계를 잇는, 이상과 현실의 교차점(one)'이라는 의미로 지어진 '피스마이너스원'의 줄임말이다. 희망과 평화의 상징인 데이지 꽃이 운동화에 수 놓여 있으며 꽃의 8시 방향에는 꽃잎이 빠져(minus) 있는 것이 피마원의 시그니처 디자인이다.

Carabiner 1 01(OR) GRADIENT LENSES
(사진 https://www.gentlemonster.com)

● Ambush × Gentle Monster

'습격하다'라는 의미를 지닌 Ambush 브랜드는 한국계 미국인 Yoon(윤안)과 한국계 일본인 Verbal(류영기) 부부가 2008년 공동 설립한 브랜드로 동서양의 미가 교묘하게 잘 어우러진 디자인이 특징이다. 한국 브랜드인 Gentle Monster(젠틀 몬스터)와 컬래버한 안경에는 카라비너(carabiner)를 연상케 하는 디자인을 넣었다. 카라비너는 등산 혹은 암벽 등반 시 반드시 필요한 'D' 자 모양의 고리인데, 이것을 안경테 옆 부분에 넣은 창의적인 아이디어가 돋보인다. 클라이밍에 필수품인 카라비너는 도전 정신을 의미한다.

● The LV × NBA

농구 선수가 준비해야 하는 세 가지 드레스 코드는 여행과 경기, 그리고 기자 회견이다. 이 점에 착안해 루이비통(Louis Vuitton)과 NBA는 블루종(Blouson)과 셔츠에 농구공 모양의 문양을 새겨 넣거나, 짧은 반바지에 다소 럭셔리한 LV 로고를 새겨 넣어 캐주얼한 분위기와 포멀한 분위기

Louis Vuitton X NBA Brown Leather
(사진 https://www.vestiairecollective.com)

모두를 보여 주는 컬래버 의상을 선보였다.

이처럼 어떤 메시지를 전달하고자 하는 제품, 등산용품을 안경에 접목하거나, 운동복과 포멀한 하이 브랜드의 조화로 탄생된 창의적인 제품 등의 컬래버 제품들을 보면 감탄을 금할 수 없다.

샤넬 가방을 다시 고가에 파는 '샤테크', 한정판을 시간이 지난 후 고가에 리셀하는 '스니테크(스니커즈+재테크)' 등 돈을 벌기 위한 목적성 구매가 컬래버 제품의 취지와 가치를 저해하기 때문에 판매업체는 선착순에서 'raffle(추첨)'로 판매 방식을 변경한다고 한다. 이로 인해 상점 앞에 새벽부터 줄을 서는 '오픈 런'과 같은 진풍경은 이제 없어질 것으로 보인다.

컬래버 제품은 두 명의 천재가 하룻밤에 만들어 낸 듯하지만, 오랜 전통을 이어 온 브랜드의 가치, 긴 세월을 통해 쌓아 온 크리에이터의 실력, 여기에 멈추지 않는 창의력이 더해진 것이다. 그래서 컬래버 제품에 모두들 열광하는 것이 아닐까?

"If you really look closely, most overnight successes took a long time."
— Steve Jobs

자세히 살펴보면, 하루아침에 성공했다고 보이는 것들도 아주 많은 시간이 투자된 것들이다. — 스티브 잡스

Talk about Fashion × English
영어 대화 속 패션 관련 표현을 알아봐요!

Jenny　Did you know that they released the Gucci × Nike Air Force 1 Collab last week?

Lamis　I did! I couldn't get to buy anything because they sold out immediately.

Jenny　And there weren't any chances for **pre-orders**, too. I heard that the waitlist is several miles long. The online store's going to be **backordered** for a while.

Lamis　I'm just curious as to how people managed to get their hands on them so quickly.

Jenny　Well, they'll probably resell them online to **make a profit**.

Vocabulary
pre-order 선주문
backordered 주문이 밀린
make a profit 수익을 내다

제니　지난주에 구찌 × 나이키 에어포스 1 컬래버를 출시한 거 알고 있어?
라미스　알았지! 바로 품절되어 아무것도 살 수가 없었어.
제니　그리고 선주문 기회도 없었어. 대기자 명단이 엄청나다고 하더라. 온라인 스토어도 얼마 동안 밀려 있을 거야.
라미스　사람들이 어떻게 그렇게 빨리 손에 넣을 수 있었는지 궁금해.
제니　글쎄, 아마도 수익을 위해 온라인에서 다시 팔 거야.

Expressions for Fashion Trends

더 많은 트렌디한 표현을 알아봐요!

— That scarf is a **limited edition item** — only around two hundred are being sold.
그 스카프는 한정판으로 200개 정도만 팔린다.

— **Scalpers** are the **bane** of any buyer's existence, since they'll usually buy out the market as soon as it goes live.
스캘퍼들은 시장에 출시되는 즉시 (수익을 위해) 뭐든 구매하기 때문에 모든 구매자들에게 골칫거리다.

— The **resale price** is absolutely insane — it's going for at least three times the asking price.
재판매 가격이 완전히 비정상적이다 — 요구 가격의 최소 3배에 달한다.

— Unfortunately, it looks like the Nike × Superdry collaboration is only going to be an **one-off** thing, as it isn't selling.
불행히도 나이키 × 슈퍼드라이 컬래버는 판매되지 않기 때문에 일회성일 것 같다.

— Brands are **capitalizing on** media **hype** by doing **product drops once in a blue moon**.
브랜드는 아주 가끔 제품 드롭을 통해서 대대적인 과대광고로 재미를 보고 있다.

— BTS **dropped** a collaboration collection with Gucci this month.
방탄소년단은 이번 달 구찌와 컬래버 컬렉션을 갑자기 공개했다.

— That band's exclusive **commemorative** figures are an online-**exclusive** — they won't be available in stores anywhere.
그 밴드의 단독 기념 피규어는 온라인 독점이다. 어떤 매장에서도 구할 수 없다.

— The new collaboration line on sale seems to only be a **doorbuster deal**.
판매 중인 신상 컬래버 라인은 도어버스터 딜로만 판매되는 것 같다.

Vocabulary

limited edition item 한정판
scalper 당장의 이익을 위하여 사고파는 사람(구어체)
bane 골칫거리
resale price 재판매 가격
one-off 일회성 이벤트
capitalize on 재미를 보다, 이용하다
hype (대대적이고 과장된) 광고
product drop 제품 드롭(회사가 짧은 기간 동안 한정판 제품 라인을 출시하는 것)
once in a blue moon 아주 가끔
drop (사전 통보 없이) 공개하다
commemorative 기념의
exclusive 독점의
doorbuster deal 도어버스터 딜 (일반적으로 매장 오픈 시간 전후로 짧은 시간 동안 진행되는 할인을 의미한다.)

Fashion Designers
어떻게 부르는지 알아봐요!

World Famous Fashion Designers (세계적으로 유명한 패션 디자이너)

- **Alexander McQueen** (알렉산더 맥퀸)
영국 디자이너이며 골반이나 엉덩이가 보일 정도로 밑위가 짧은 청바지인 로라이즈진(low rise jeans)을 디자인한 것으로 유명하다. 2010년에 세상을 떠났다.

- **Calvin Klein** (캘빈 클라인)
미국 디자이너로 1974년에 타이트한 시그니처 진을 출시하자마자 큰 인기를 끌었다. 엘리너 램버트(Eleanor Lambert)가 1962년에 설립한 CFDA(The Council of Fashion Designers of America)의 미국 패션 디자이너 협회 상을 수상한 경력이 있다.

- **Christian Dior** (크리스챤 디올)
프랑스 디자이너로 세계대전 중 금욕적인 스타일과 대조적인 볼륨 스커트를 접목시킨 룩을 만들어 유명해졌다. 파리를 세계 패션의 수도로 만든 패션 디자이너 중 한 명이다.

- **Donna Karan** (도나 캐런)
브랜드 Donna Karen New York(DKNY)의 설립자인 미국인 디자이너로 현재 아동복, 홈 액세서리, 미용 제품 및 청바지까지 사업을 확장하고 있다.

- **Gabrielle Coco Chanel** (가브리엘 코코 샤넬)
역사상 가장 위대한 패션 디자이너이자 가장 영향력 있는 디자이너 중 한 명이다. 시대를 초월한 그녀의 옷은 20세기 초반에 혁명을 불러 일으켰으며 시대를 훨씬 앞서간 진보적인 디자인으로 여성들에게 팬츠를 세련된 의복으로 만들어 입게 하였다. 브랜드 샤넬은 끊임없는 성공을 거두고 있다. 1971년에 세상을 떠났다.

Fashion Glossary
어떻게 부르는지 알아봐요!

● **Cristóbal Balenciaga** (크리스토발 발렌시아가)
커쿤코트(cocoon coat), 벌룬 스커트(balloon skirt)를 만든 스페인 디자이너로 세계대전 이후에 명성을 얻으며 자신의 브랜드를 설립했다. 맞춤복인 오트 쿠튀르(Haute couture)의 대가로 유명하다. 1972년에 세상을 떠났다.

● **Gaby Aghion** (가비 아기온)
유명한 패션 브랜드 Chloe를 설립한 이집트 태생의 프랑스 디자이너이다. 디자이너가 만든 고급 기성복을 의미하는 'pret-porter' 문구를 만든 것으로 알려져 있다. 미국 영부인 Jacqueline Kennedy(재클린 케네디), 프랑스 배우 Brigitte Bardot(브리지트 바르도), 미국 배우 Grace Kelly(그레이스 켈리) 등이 그녀의 저명한 고객이었다. 2014년에 세상을 떠났다.

● **Giorgio Armani** (조르지오 아르마니)
이탈리아 디자이너로 세련되고 우아한 맞춤형 남성복으로 유명하다. 아르마니는 18세 미만의 BMI(Body Mass Index, 체질량지수)를 가진 모델을 금지한 최초의 디자이너로 유명하다.

● **Guccio Gucci** (구찌오 구찌)
유명 패션 브랜드 구찌를 설립한 이탈리아 디자이너로 1921년에 자신의 첫 가죽 제품과 작은 수하물 가게로 사업을 시작하였다. 1953년에 세상을 떠났으며 후손들이 그의 브랜드 가치를 이어 가고 있다.

● **Hubert de Givenchy** (위베르 드 지방시)
1952년 패션 하우스 지방시를 설립한 프랑스 디자이너로 프랑스의 우아함을 구현한 아름다운 오트 쿠튀르 의상으로 유명하다. 오드리 햅번과 같은 많은 셀럽들의 사랑을 받았으며 2018년에 세상을 떠났다.

● **Pierre Cardin** (피에르 가르뎅)
유니섹스 패션의 선두주자로 유명한 이탈리아 태생의 프랑스 디자이너로 아방가르드(avant-garde)와 초현대적인 디자인으로 유명하다. 2020년에 세상을 떠났다.

● **Ralph Lauren** (랄프 로렌)
1968년 폴로셔츠를 출시하여 세계적인 억만장자가 된 미국인 디자이너로 자동차 수집광으로도 유명하다. 그의 차량 중 몇 대는 보스턴 미술관(Boston Museum of Fine Arts)에 전시되어 있다.

Outfit

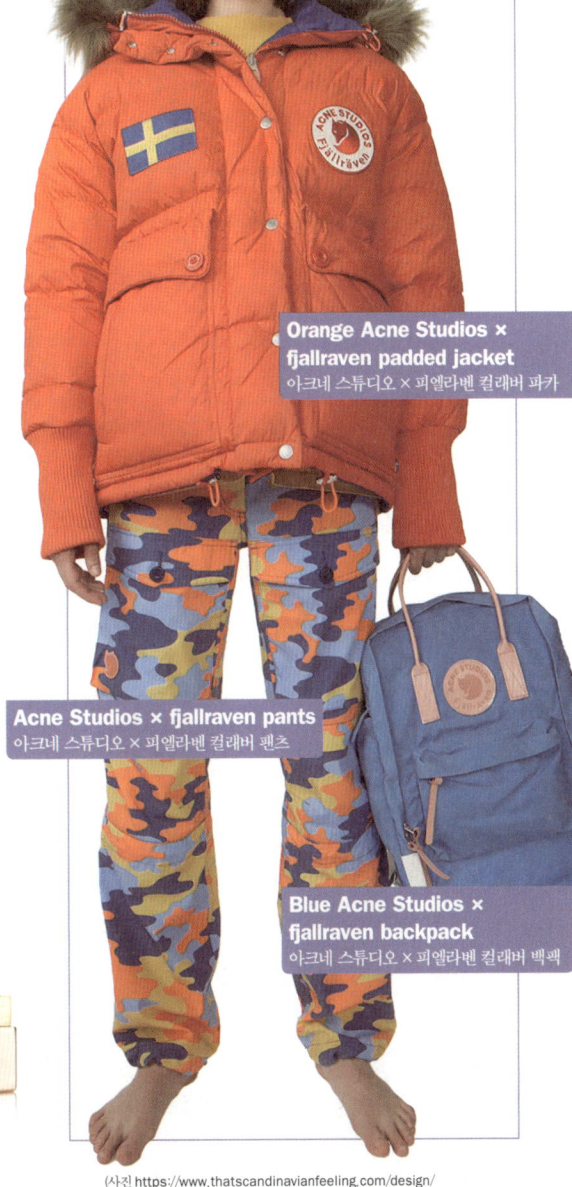

Acne Studios × fjallraven Collaboration
아크네 스튜디오 × 피엘라벤 컬래버

yellow tinted sunglasses
옐로 틴티드 선글라스

Orange Acne Studios × fjallraven padded jacket
아크네 스튜디오 × 피엘라벤 컬래버 파카

Acne Studios × fjallraven pants
아크네 스튜디오 × 피엘라벤 컬래버 팬츠

Blue Acne Studios × fjallraven backpack
아크네 스튜디오 × 피엘라벤 컬래버 백팩

- **Thomas Burberry**(토마스 버버리)
1856년에 영국의 상징적인 브랜드 Burberry를 설립한 디자이너로 트렌치코트를 패션 아이콘으로 만든 장본인이다. 현재까지 버버리는 유럽에서 가장 큰 브랜드 의류 기업 중 하나다.

- **Tom Ford**(톰 포드)
영화감독, 시나리오작가 등 다재다능한 미국 디자이너로 유명하며 특히 할리우드에서 큰 영향력을 보이고 있다.

- **Vivienne Westwood**(비비안 웨스트우드)
패션뿐만 아니라 파격적인 삶에 대한 접근 방식으로도 유명한 영국 디자이너이며 현대적인 펑크스타일의 옷으로 유명하다.

- **Yves Saint Laurent**(이브 생 로랑)
Yves Saint Laurent(YSL)을 설립한 프랑스 디자이너로 Christian Dior의 어시스턴트였다. 1960년대에 자신의 브랜드를 시작해 현재는 글로벌 브랜드로 키워 냈다. 서민들이 입을 수 있는 시크한 기성복 패션으로 유명하다. 2008년에 세상을 떠났다.

(사진 https://www.thatscandinavianfeeling.com/design/colourful-acne-studios-x-fjallraven-collaboration)

조동사를 알면 뉘앙스가 보인다

유럽 축구 선수들이 나름 유창한 영어로 인터뷰하는 장면을 보면 "어쩜 저리 운동을 하면서도 영어 공부까지 열심히 했을까?" 하는 생각에 저절로 그들을 리스펙트하게 된다. 유럽의 최초 문자인 룬(Rune) 문자를 사용했던 인종은 우리가 바이킹이라고 부르는 현재 스칸디나비아 반도에 거주하는 노르웨이, 덴마크, 스웨덴의 조상들이다. 오래 기간 바이킹족들이 영국을 통치하면서 자연스럽게 영어의 많은 어휘나 문법들은 바이킹족들의 언어로부터 영향을 받았기에 유럽인들은 쉽게 영어를 구사할 수 있다. 오늘은 조동사의 과거형이 보여 주는 세 가지 뉘앙스를 알아보자.

● 존중

한국인들이 영어를 배우는 데 있어 영어에서, 찾기 어려운 것 중 하나는 존댓말이다. '밥 먹어, 식사하세요, 진지 드세요.', '죽었어, 명을 다하셨습니다, 운명하셨습니다, 서거하셨습니다'와 같이 존대의 강도가 이처럼 다양한 언어도 찾기 어렵다. 영어에서 그나마 찾아볼 수 있는 경칭의 뉘앙스는 바로 조동사에서 나온다. 과거형인 could가 이와 같은 역할을 한다. "Can you help me?"와 "Could you help me?"에서 보이는 차이와 같이 could는 높임 표현을 위해 사용된다.

● 완곡

조동사의 과거형은 모나지 않고 부드러운 말을 쓰는 표현법인 완곡어법에도 사용된다. 예를 들어, "나는 할 수 있다."는 "I can do it.", "나는 할 수 있을 것도 같아."는 "I could do it."과 같이 주장이 다소 약해지는 뉘앙스에 could가 사용된다. "오늘 밤에 비가 올 거야." "It will rain tonight.", "오늘 밤에 비가 올지도 몰라." "It would rain tonight."와 같은 완곡어법에도 조동사의 과거형이 사용되는 것을 볼 수 있다.

● 불가능

아시아인이라면 모두가 아는 "내가 만약 새라면, 너한테 날아갈 텐데."라는 유명한 문장이 있다. 이 문장은 내가 새가 아니어서 날아가지 못하는 안타까움을 나타내는 표현이다. 이를 영어로 표현할 때 "If I were a bird, I could fly to you."로 표현하는데, 이때 조동사 could를 사용하여 현재 가능하지 않음을 안타까워하는 뉘앙스를 나타낸다. "I wish I could." "내가 할 수 있으면 좋을 텐데(할 수가 없다)."라는, 현재 불가능한 것을 가정할 때에도 could를 사용한다.

영어로 한국어의 디테일함을 완벽하게 옮기기는 힘들지만 영어 조동사는 나름대로 여러 가지 뉘앙스를 표현하는 데 도움이 되는 동사다.

If I were a bird, I could fly to you.

CHAPTER

15

기타(Others)

I'M BEAUTIFUL　I'M PRETTY　I LOVE MYSELF

"The way you dress is really the way you feel, the way you live, what you read choices." — Alessandro Michele

"옷을 입는 방식은 실제로 느끼는 방식, 삶의 방식, 선택을 읽는 방식과 같다." — 알레산드로 미켈레

1 — 파리지엔느 룩의 3요소

단일한 인종으로 구성된 단일 민족처럼 언어가 순수하게 한 가지의 어원으로만 구성되기란 어려운 일이다. 특히 다른 나라의 침략으로 식민지가 되었던 나라에는 침략국의 언어가 잔재로 남게 된다.

우리가 일상적으로 사용하는 언어의 근원을 알기 위해 과거로 거슬러 올라가 보면 흥미로운 사실을 많이 알게 된다. 기성세대에게는 물론 요즘 젊은 세대에게까지 익숙한 일본어 단어들이 적지 않다. 와리바시(나무젓가락), 덴푸라(튀김), 벤또(도시락), 쓰메키리(손톱깎이), 잇빠이(가득), 간빠이(건배) 등이 이에 해당한다. 이러한 일본어 표현들이 우리에게 익숙한 이유는 우리가 일본의 식민 지배를 받았던 역사도 있고 기성세대들이 지금까지 많이 사용하고 있다 보니 이것이 다음 세대에까지 자연스럽게 전해진 탓이다. 한 나라가 다른 나라를 침략하여 통치하던 제국주의 시절에 두 나라의 언어가 한 공간에 공존하게 되면서 언어가 자연스럽게 섞이는 현상이 생겼다.

언어학에서, '피진(Pidgin)' 또는 '피진어'는 서로 다른 두 언어의 화자가 만나 의사소통을 할 때 자연스럽게 형성된

시크한 분위기를 지닌 패션모델

혼성어를 일컫는다. 이 피진이 뿌리내려서 특정 지역에서 모국어로 사용될 때 그 언어를 '크레올(Creole)' 또는 '크레올어'라고 한다.

영어(English)의 본고장인 영국은 'The empire on which the sun never sets.(태양이 지지 않는 대제국)'이라는 명칭을 들을 정도로 1793년 미국 통치를 시작으로 1980년 바누아투라는 나라까지 무려 58개국을 통치하게 된다. 이렇게 태양이 지지 않듯이 영어가 세계 곳곳에 파고들고 있었던 것이다. 영어 표현들을 살펴보면 순수한 영어식 표현보다는 그리스어, 라틴어, 스페인어, 프랑스어, 독일어 등 여러 나라의 어원들이 합쳐진 단어들을 많이 볼 수 있다.

다소 재미없는 언어학적 이야기는 여기까지. 지금부터 사람이 풍기는 전체적인 분위기와 특히 패션에 대해 칭찬하는 우리식 표현의 어원을 살펴보자.

● 시크(chic)

우리가 일상적으로 사용하는 말 중에 '시크하다(chic)'라는 표현이 있다. 우리는 이 말을 '차갑다', '도도하다', '무심하다'의 의미로 사용한다. 그러나 영어 단어 'chic'의 사전적인 의미는 '세련된, 멋진'으로 긍정적인 뉘앙스다. '차갑다', '쌀쌀맞다'라는 부정적 의미는 없는 것이다. 그렇다면 어째서 우리는 '시크하다'를 '쿨하다, 도도하다, 까칠하다'란 뜻에 가깝게 쓰는 것일까? 두 가지 설이 있다.

첫 번째는 '냉소적'이란 의미의 '시니컬(cynical)'이나 한국어의 '시큰둥하다'와 혼동해서 사용하는 것이라는 설이다.

두 번째 설은 패션과 관련이 있다. 본래 '시크(chic)'는 패션 분야에서 주로 쓰이는 용어였다. '세련된, 멋진, 근사한'이라는 뜻의 프랑스어 'chic'에서 유래했으며 이후 영어 chic로 전해지면서 보편화된 것이다. 'chic'라는 표현은 예전에는 여성 패션 잡지나 패션 채널에서 종종 등장했다. 그런데 이런 매체들은 유독 무채색 계통의 고상하고 차분한 도시적 이미지의 화보에 'chic'라는 수식어를 자주 붙였다. 그리고 그 화보에 나오는 모델들의 표정은 차갑고 도도하기 이를 데 없었다. 그런 이유로 chic가 '세련된, 멋진'에서 '도시적인, 무채색의, 차가운, 무심한'으로까지 의미가 확장된 듯하다.

한국어는 사람에게만 '시크'를 사용하지만 영어는 사람뿐만 아니라 사물 묘사에도 흔히 사용한다.

● 간지(かんじ)

패션 감각, 분위기 등을 칭찬할 때 사용하는 표현 중에 "간지 난다"라는 표현을 흔히 접하게 된다. "간지 작렬", "간지 짱", "간지 지대로다"라는 표현들까지 있다. 여기서 '간지'는 일본어인 'かんじ(칸지)'에서 유래되었으며 '느낌, 감각'이라는 의미를 지닌다. 그러나 우리는 "간지"를 감각이 좋은 것에 국한하지 않고 옷을 입은 전체적인 분위기가 좋거나 늘씬하고 시원스러워 보일 때도 쓰는 경향이 있다.

아우라가 느껴지는 패션모델

● 아우라(Aura)

범접할 수 없는 분위기, 즉 후광과 광채를 지니며 아무리 가까워도 가까이하기 어려운 분위기를 지닌 사람에게 흔히 "aura(아우라)가 있다."라고 표현한다. 본래 그리스어에서 유래된 이 단어는 "I gazed up at her, overwhelmed by the compelling aura around her, without understanding it.(뭔가 알 수 없는 압도적인 분위기에 사로잡혀 그녀를 물끄러미 쳐다봤어.)"와 같이 영어에서도 유사한 뉘앙스로 사용된다. 하지만 영어 발음은 /아우라/가 아니라 /오라/에 가깝게 발음해야 한다.

많은 패션 관련 표현들이 특정인이나 패션쇼를 통해 도입된 것과 같이 '아우라'라는 용어도 독일 사상가 발터 벤야민(Walter Benjamin)을 통해 널리 알려지게 되었다. 그는 예술 작품이 지니고 있는 미묘하고 개성 있는 고유한 본질을 '아우라'라고 표현하였는데, 이 단어가 현재는 신체에서 발산되는 보이지 않는 기나 은은한 향기, 사람이 에워싸고 있는 고유의 분위기를 의미하게 되었다. 분위기인 '아우라'는 다소 타고나야 되는 것이 있는 반면, '간지'는 패션에 대한 관심과 노력으로 충분히 가능하다.

영어가 아닌 외국어에서 유래한 "시크하다", "간지 나다", "아우라가 있다"라는 칭찬을 듣기 위해 오늘도 패션 공부는 계속된다.

Talk about Fashion × English
영어 대화 속 패션 관련 표현을 알아봐요!

Phila I like your new coat and shoes. Where did you get them?

Vivian I bought them online. The chic online boutique is selling new luxurious brands. Do you think that those would fit the **vibe** that I'm going for?

Phila Definitely! You're trying out the **dark academia aesthetic**, right? The moment you come into the lecture hall with your aura, every audience would know who's the speaker.

Vivian Really? But I feel like everyone who dresses like this looks like a **prude**.

Phila Honestly, the shoes might be too dark — you'd want to go for **bright neutrals**.

Vocabulary
vibe 바이브, 분위기
dark academia aesthetic 어둡고 깊은 느낌이 나는 유럽풍의 학구적 분위기
prude 소심한 사람, 고지식한 사람
bright neutral 밝은 중성 톤(베이지, 아이보리와 같이 어느 쪽에도 속하지 않는 색상을 neutral 톤이라고 한다.)

필라 네 새 코트랑 신발 마음에 들어. 어디서 샀어?
비비안 온라인에서 샀지. 그 세련된 온라인 부티크에서 럭셔리한 새 브랜드들도 판매하더라고. 내 분위기에 잘 맞는 거 같아?
필라 그럼, 다크 아카데미아 에스테틱을 원하는 거 맞지? 강연장에 들어가는 순간, 청중들이 네 아우라로 누가 강연자인지 알아보겠네.
비비안 정말? 근데 이렇게 입은 사람은 다 좀 꽉 막힌 사람처럼 보이는 것 같아.
필라 솔직히, 신발이 너무 어둡긴 해. 약간 밝은 뉴트럴 컬러를 신어 봐.

Expressions for Fashion Trends

더 많은 트렌디한 표현을 알아봐요!

- The cardigan on her makes her look **dowdy**.
  그녀의 카디건은 그녀를 촌스러워 보이게 한다.

- He thinks pocket handkerchiefs are just an **old-timer**'s accessory.
  그는 주머니 손수건을 그저 구식의 장신구라고 생각한다.

- This chic outfit is a new **addition** to the **trend-conscious** apparel collection.
  이 시크한 의상은 트렌드 컨셔스 의류 컬렉션에 새롭게 추가되는 품목이다.

- That bomber jacket in the shop window looks absolutely **fly**.
  쇼윈도에 있는 저 항공 재킷은 정말 멋져 보인다.

- Weren't **perms** a trend of the **boomer** era?
  파마는 베이비부머 시대의 트렌드 아니었나요?

- A lot of people have the **misconception** that wearing all black is **Goth**.
  많은 이들은 올 블랙으로 입는 것이 고트족 같다는 잘못된 인식을 가지고 있다.

- You'd look **sleek** with a black clutch and **classy** with a brown tote.
  당신은 블랙 클러치를 들면 맵시 있어 보이고 브라운 토트백을 들면 고급져 보인다.

- You can **liven up** your look with that **Boho** skirt.
  당신은 그 보헤미안 스커트를 입으면 더욱 화려해 보일 것이다.

- I want you to wear something **fine-knit** because it really hugs your body in a nice way.
  얇은 니트를 입으면 좋겠어요. (그 옷은) 당신 몸을 멋있게 드러내 보이니까요.

Vocabulary

dowdy 촌스러운, 답답한
old-timer 옛날 사람, 노인
addition 추가
trend-conscious 트렌드 컨셔스, 유행에 민감한
fly = awesome = cool, 멋진
perm 파마, permanent를 줄임.
boomer = baby boom generation, 베이비부머(제2차 세계대전 이후에 태어난 사람들로 미국의 경우 1946~1965년에 태어난 이들을 부르는 말)
misconception 오해
Goth 고딕파(고딕풍의 음악·예술·패션을 좋아하는 사람)
sleek 날렵한, 맵시 있는
classy 고급진, 세련된
liven up 활기를 띠게 만들다
boho 보헤미안
fine-knit ↔ chunky, 얇은

Fashion Glossary
어떻게 부르는지 알아봐요!

What to Call Them

- **accent color**(악센트 컬러)
강조를 위해 사용되는 색상
예: 블랙 슈트 재킷에 빨간 포켓 스퀘어(pocket square)로 신선한 효과를 주는 것 (p.366 참고)

- **autumn colors**(가을 색상)
황금빛 노란색이나 황금빛 갈색과 같이 밀도가 높고 따뜻한 느낌을 주는 색상

- **basic colors**(베이식 컬러)
다양한 색의 조합 중에서 그 복장 전체를 규정하는 기본적 색채를 통칭하여 베이식 컬러라고 한다. (패션 분야에 한함.) 또한 일시적으로 유행일 수 있는 트렌드 컬러(trend color)의 반대 개념으로 오랫동안 지속적으로 사용된 기본 컬러를 말한다.

- **bicolor**(바이컬러, 복색(複色))
두 개의 색이 조합을 이루는 컬러
예: Bottega(보테가) 가죽과 개버딘 트렌치코트는 검은색과 갈색의 조합, 아디다스의 시그니처 디자인인 검은 바탕에 하얀 삼선 등 (p.366 참고)

- **blackish**(거무스름한)
어두운 검은색 계열을 일컫는 표현. midnight(미드나잇), sable(흑담비), ebony(흑단), charcoal(숯, 목탄), soot(검댕, 그을음) 등이 blackish에 속한다.

- **bluish**(푸르스름한)
prussian(진한 청색), navy(감청색), azure(하늘색), teal(청록색), turquoise(터키석, 청록색) 등이 이에 속한다.

- **dark**(어두운)
dark blue(짙은 파랑), dark red(암적색), dark yellow(암황색)와 같이 색상 앞에 붙이면 그보다 어둡거나, 짙은 색이 된다. 짙은 색을 의미할 때 '딥(deep)'을 사용하기도 한다.

- **earth tone colors**(어스톤 컬러)
(거무스름한) 흙빛. 연한 회색에서 암갈색에 이르는 색상으로 따뜻하고 자연스러운, 자연 친화적인 색감이 특징이다. shale(퇴적암-황토색 계열), graphite(흑연-회색 계열), dusk(땅거미-흑색 계열), limestone(석회석-흑색 계열), dolomite(백운석-흑색 계열) 등이 이에 속한다.

- **fade**(빛깔이 바랜)
물 빠진 청바지 색과 같이 진하지 않고 희미한 색을 의미한다. fade black(바랜 검은색)

- **fluorescent colors**(형광색, 야광색)
lemon yellow(담황색) golden yellow(황금색), orange(주황색), red(빨간색), pink(핑크색), magenta(자홍색), blue(파란색), green(초록색) 등이 화려하고 밝은 형광색을 띤다.

- **glossy**(광택이 나는)
glossy blue, glossy red와 같이 비단처럼 윤이 나는 색상을 말한다.

- **gradation**(그러데이션)
밝은 부분부터 어두운 부분까지 변화해 가는 농도의 단계를 말하며 화장 기법이나 헤어컷에도 사용되는 단어다.

● **grayish**(회색이 도는)
잿빛이 도는 색 계열을 말한다.

● **monotone**(모노톤)
단일 색조의 모든 색상이며 기본 색조에 해당한다.

● **neutral colors**(중성색, 무채색)
난색(暖色)이나 한색(寒色)에도 속하지 않는 색을 일컬어 중성색이라고 하며 무채색이라고 부르기도 한다. 중간 색상은 색상이 부족한 것처럼 보이지만 조명에 따라 변하는 기본 색조로 주로 beige(베이지), taupe(회갈색), gray(회색), cream(크림색), brown(갈색), 검정색, 흰색 등이 이에 속한다.

● **opaque**(불투명한)
see-through(시스루)와 반대로 투영되지 않는 색감을 말한다.

● **opposite colors**(보색)
보색은 혼합될 때 흰색이나 검은색과 같은 회색조 색상을 생성하여 서로를 상쇄(색조 손실)하는 색상의 쌍이다. 서로 옆에 배치하면 두 색상에 대해 가장 강한 대비를 만든다. complementary colors라고도 한다.
예: 빨간색의 보색은 녹색

● **pastel colors**(파스텔컬러)
pink(핑크), mauve(연보라색), baby blue(베이비블루) 등이 일반적인 파스텔컬러이며 mint green(민트 그린), peach(피치), periwinkle(페리윙클), lavender(연보라색)도 이에 속한다.

● **primary colors**(원색)
기본이 되는 일차적인 색을 말하며 흔히 빨강, 노랑, 파랑을 3원색이라고 하지만 일반적으로는 순색과 같은 채도가 높은 강렬한 색을 원색이라고도 한다.

● **reddish**(붉은색이 도는)
rose(장미색), garnet(석류색), crimson(진홍색), ruby(다홍색), wine(와인색), mahogany(적갈색), cherry(체리색) 등이 이에 속한다.

● **see-through**(시스루, 투명한 색)
투명한 (transparent) 색으로 opaque(불투명한)와 반대되는 색이다.

● **smoky colors**(스모키 컬러)
일반적으로 회색이나 다소 어두운 색감이 이에 해당된다.

● **tricolor**(3색의)
프랑스 국기의 3색이나 톰브라운(Thom Browne)의 레드, 화이트, 네이비와 같은 3색 조합을 말한다. (p.366 참고)

● **warm colors**(따뜻한 컬러)
따뜻한 느낌을 주는 red, orange, yellow 계열이 주로 이에 속한다.

● **whitish**(흰색이 도는)
흰색 계열로, 밝은 회색(whitish-gray)이 이에 속한다.

Fashion Glossary
어떻게 부르는지 알아봐요!

Outfit
이렇게 연출해봐요!

What to Call Them

accent color(악센트 컬러)
빨간색의 포켓 스퀘어가
악센트 컬러에 해당된다.

bicolor(바이컬러)
두 가지 컬러가 세련된
조합을 이룬 코트

tricolor(3색의)
삼성 갤럭시 Z Fold2
톰브라운(Thom Browne) 에디션.
톰브라운의 시그니처 3색 조합인
레드, 화이트, 네이비의 디자인이
돋보인다.

black polarized sunglasses
블랙 편광 선글라스

colorblock cropped windbreaker
컬러블록 크롭 윈드브레이커

white mini skirt
화이트 미니 스커트

high-top sneakers
하이탑 스니커즈

2 부위별, 성별, 아이템별로 알아야 하는 나의 사이즈

식당에서 스테이크를 주문하면 항상 듣는 질문이 하나 있다. "How would you like your steak done?"(스테이크 어떻게 구워 드릴까요?), "Well-done, medium, or rare?"이다. 한 아저씨가 귀에 익숙한 단어 'medium(미디엄)'을 듣고 이렇게 대답한다. "No, I want large steak.(저 사이즈 큰 스테이크로 주세요.)" ㅋㅋ

오늘은 옷, 속옷, 신발 등 한국식과 외국식의 사이즈에 대해 알아보자.

● 옷 사이즈

티셔츠와 같은 상의 사이즈의 경우, 한국식은 85, 90, 95, 100, 105, 110과 같이 그 단위가 5씩 높아진다. 그러나 미국식은 SM(small), MD(medium), L(large), XL(X large), XXL(2X large), 3XL(3X large) 순으로 사이즈가 커진다. 또한 하의에 해당하는 바지나 치마는 미국식은 2, 3, 4, 5…와 같이 한 자릿수로 표기되는 반면 한국식은 44(small), 55(medium), 66(large)과 같이 두 자릿수로 표기된다. 상의, 하의, 신발, 속옷 등 의류마다 또는 성별마다 사이즈 표기가 다양하니 해외 직구를 할 경우 사이즈 표를 잘 봐야 한다.

우리가 흔히 큰 옷을 말할 때 쓰는 '빅 사이즈(big size)'는 사실 틀린 표현이다. '라지 사이즈large size'라고 해야 맞다. 맥도널드에 가서 주문할 때도 large coke라고 해야 하며 big coke라고 하면 안 된다.

● 속옷 사이즈

브래지어의 경우, 한국은 5단위로 올라가 75, 80, 85, 90이 된다. 미국식은 2 inches씩 올라가 34, 36, 38, 40이 된다. 대략 한국식과 미국식의 사이즈를 비교하면 75=34, 80=36, 85=38, 90=40 정도다.

● 신발 사이즈

그럼 마지막으로 신발 사이즈를 알아보자.

신발 사이즈의 경우, 한국은 mm 단위를 사용하지만 미국은 아동은 C(child), 성인은 Y(youth)를 사용한다. 한국식과 미국식의 사이즈를 비교하면 230mm = 6Y, 235mm = 6.5Y, 240mm = 7Y 정도(여자 사이즈 기준)이다.

국가·단위		사이즈													
U.S. & Canada	M	3½	4	4½	5	5½	6	6½	7	7½	8	8½	9	10½	11½	12½	14
	W	5	5½	6	6½	7	7½	8	8½	9	9½	10	10½	12	13	14	15½
Europe		35	35½	36	37	37½	38	38½	39	40	41	42	43	44	45	46½	48½
U.K.	M	3	3½	4	4½	5	5½	6	6½	7	7½	8	8½	10	11	12	13½
	W	2½	3	3½	4	4½	5	5½	6	6½	7	7½	8	9½	10½	11½	13
mm		228	231	235	238	241	245	248	251	254	257	260	267	273	279	286	292

상대적으로 따뜻한 미국 LA(Los Angeles, 로스앤젤레스)의 백화점에서 세일 판매를 하면 주로 작은 사이즈들이 먼저 절판되고, 추운 지역인 북쪽은 주로 큰 사이즈가 먼저 절판된다고 한다. 그 이유는 더운 곳의 여성들은 몸을 잘 가꾼 사람이 많아 작은 사이즈가 인기가 있고 추운 곳에 사는 사람들은 몸매 관리에 별로 신경을 안 써 큰 사이즈가 더욱 잘 팔리기 때문이란다. 추운 겨울에도 just around the corner(곧 다가올) 봄을 대비해 몸매 관리를 하여 사이즈를 하나씩 줄여 보는 건 어떨까?

Talk about Fashion × English

영어 대화 속 패션 관련 표현을 알아봐요!

tailor Your pants are too long. Just a couple of **tweaks** can really change your **proportions**. I want it to look more like this, where you've just got **turnups**.

customer This is a more **stepped-up** version of a casual look.

tailor Yes, the trousers fit differently because it is slightly more **tapered** at the bottom.

customer What about the shoulder **seam**?

tailor I would need to have it altered. If it starts to pass your shoulder like this, it's too big. Also, I will make the hips of the jacket about two inches smaller than the **hipbone**.

customer This suit is for a New Year's Eve dinner. Could you send it over by the morning of the 30th **at the very latest**?

Vocabulary
tweak 변경, 수선, 고침
proportion 비율
turnups = cuffs, 카브라(바지 밑단을 접어 올린 것, 커프스)
stepped-up 좋아진, 강화된
tapered 좁아지는
seam 솔기
hipbone 엉덩이뼈
at the latest 늦어도

제단사 바지가 많이 커요. 단지 몇 가지 수선만 하면 비율에 큰 변화가 보일 거예요. 제가 이렇게 보이도록 할 거구요, 여기에 카브라를 달 거예요.
고객 캐주얼 룩보다 훨씬 더 좋은데요.
제단사 네, 바지 밑으로 내려갈수록 품이 좁아져서 핏이 좀 다를 거예요.
고객 어깨솔기는 어떤가요?
제단사 수선을 해야겠어요. 이렇게 솔기가 어깨선을 넘으면 꽤 크다는 거예요. 또한, 재킷 밑부분은 엉덩이뼈보다 2인치 정도 올라갈 거예요.
고객 이 양복은 연말 저녁 식사를 위한 거라서 늦어도 30일 아침까지 보내 주실 수 있나요?

Expressions for Fashion Trends

더 많은 트렌디한 표현을 알아봐요!

- Retailers will put higher **price tags** on plus size clothing because more fabric is used to make the clothes.
  소매점은 옷을 만드는 데 더 많은 천이 사용되기 때문에 플러스 사이즈 의류에 더 높은 가격표를 붙인다.

- Always **take your measurements** before considering buying new clothes.
  새 옷을 사기 전에 항상 치수를 재세요.

- Most Asian brands run small **compared to** American sizes, making purchasing from them much more frustrating.
  대부분의 아시아 브랜드는 미국 사이즈에 비해 작아서 구매가 훨씬 더 불편하다.

- If you're not sure how to buy clothes that fit your body, subscribing to a **styling box** may help.
  내 몸에 꼭 맞는 옷을 어떻게 사야 할지 모르겠다면 스타일링 박스를 신청하는 것이 도움이 될 수 있다.

- It can be confusing to find your size, especially with **vanity sizing** common in most stores right now.
  대부분의 상점에 흔히 있는 소위 허영 사이징 때문에 자신의 사이즈를 찾는 것이 혼란스러울 수 있다.

- Many people are unaware of the fact that most brands have their own sizing guidelines based on their target audience.
  많은 사람들은 대부분의 브랜드가 타깃 고객을 기반으로 하는 자체 사이즈 가이드라인이 있다는 사실을 모르고 있다.

- Even when **converted over**, European sizes tend to run smaller than American ones.
  환산해도 유럽 사이즈는 미국 사이즈보다 작게 나오는 경향이 있다.

Vocabulary

price tag 가격표
take one's measurements 치수를 재다
compared to ~에 비해
styling box = clothing subscription box, 스타일링 박스(고객의 치수, 취향을 기록하여 정기적으로 집에 의류와 그에 대한 설명을 보내 주는 박스로 대표적인 업체로는 Stitch Fix, Dia & Co. 등이 있다.)
vanity sizing 허영 사이징(옷 치수를 실제보다 작게 표기하여 날씬해진 것 같은 기분이 들게 하는 기법)(신조어)
convert over 환산하다

Fashion Glossary
어떻게 부르는지 알아봐요!

Size Measurement (사이즈 측정법)

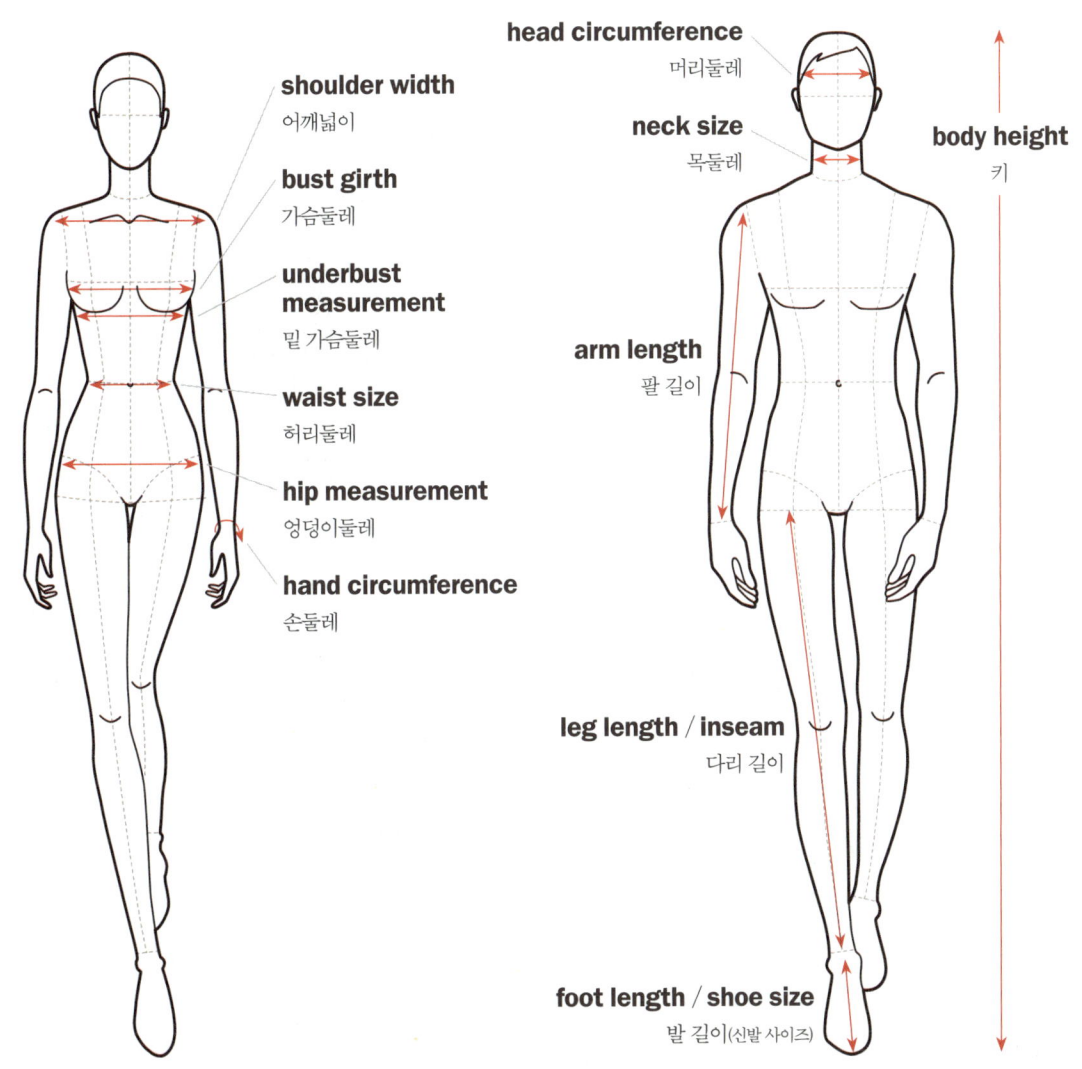

- **shoulder width** 어깨넓이
- **bust girth** 가슴둘레
- **underbust measurement** 밑 가슴둘레
- **waist size** 허리둘레
- **hip measurement** 엉덩이둘레
- **hand circumference** 손둘레
- **head circumference** 머리둘레
- **neck size** 목둘레
- **arm length** 팔 길이
- **body height** 키
- **leg length / inseam** 다리 길이
- **foot length / shoe size** 발 길이(신발 사이즈)

Fashion Glossary
어떻게 부르는지 알아봐요!

Outfit
이렇게 연출해봐요!

Pants Fit Types (바지 핏 관련 용어)

- **high-rise waist**
하이 웨이스트라고도 하며 허리 부분이 배꼽보다 위에 있어 다리를 길어 보이게 한다.

- **natural waist**
허리밴드가 배꼽 위 또는 배꼽 바로 위에 오는 핏으로 여성용 바지에 더 많이 사용된다.

- **low-rise waist**
허리밴드가 배꼽 아래에 있으며 힙합 스타일로 속옷까지 보이는 룩을 연출하기도 한다.

- **classic fit**
가장 인기 있는 스타일. 허리, 허벅지, 엉덩이, 다리 부분까지 편안한 핏으로 relaxed fit이라고도 한다.

- **slim fit**
snug(꼭 맞는) fit이라고 하며 넉넉한 여유 공간 없이 몸에 딱 맞는 핏을 말한다.

- **skinny fit**
다리의 전체 부위를 타이트하게 조여 주는 핏을 말한다.

- **inseam length**
바지 사이즈 기재 시 inseam length가 있다면 이는 crotch(가랑이)부터 hem(밑단)까지의 안쪽 기장을 말한다.

high ponytail 하이 포니테일

purple silk blouse 퍼플 실크 블라우스

purple clutch bag 퍼플 클러치 백

purple slim fit pants 퍼플 슬림핏 팬츠

lavender stiletto heels 라벤더 스틸레토 힐

3 ─ 패셔니스타에게 영어와 용어 공부는 필수!

영어를 가르치다 보면 영어보다 용어를 이해시키는 것이 더 힘들 때가 적지 않다. 패션 트렌드를 파악하기 위해 패션 잡지나 기사를 읽으려고 해도 용어를 먼저 알아야 이해하기 쉽다. 그래서 이번에는 패션과 관련된 용어와 약어들을 알아보려고 한다.

소셜 미디어(Social media)를 통해 지금은 널리 알려진 OOTD(Outfit Of The Day)의 경우, 많은 이들이 평상시에 입은 옷들을 인스타그램에 올릴 때 해시태그(hashtag, #)를 달아서 공유하고 있다.

앞서 살펴본 용어인 '애슬레저룩'은 '애슬레틱(athletic)'과 '레저(leisure)'가 합쳐진 합성어다. 일상복으로 어색하지 않으면서 운동복처럼 편하고 활동성이 있는 스타일의 옷을 말한다. 주로 유모차를 끌고 다니는 맘들의 필수 아이템인 레깅스(leggings), 조거팬츠(joggers pants) 같은 것들이 이에 속한다. 이런 룩(look)들은 편하면서도 약간의 스포티한 느낌을 줄 수 있어 남녀 모두 즐기는 패션이다.

트렌드(trend)를 잘 아는 인사이더(insider)의 아이템을 줄인 말인 '인싸템(insider item)'과 꾸준히 판매되는 제품을 뜻하는 '스테디셀러(steady seller)'는 패션업계가 반드시 보유하고 싶어 하는 상품이다. 높은 판매 실적을 꾸준히 유지하려면 인싸템과 스테디셀러가 다 있어야 하기 때문이다. 그래서 패션 기업들은 빅 데이터를 활용해 고객의 TPO에 맞게 트렌드 아이템을 출시한다. TPO는 시간(Time), 장소(Place), 상황(Occasion)의 첫 철자를 따서 만든 단어로 '때와 장소, 분위기를 고려한 복장'을 뜻한다.

예전에는 패션 아이템들의 고객이 남성보다는 여성이 압도적이었다. 그러나 요즘에는 '그루밍(grooming)족'이라고 불리는 신조어가 나올 정도로 남성 고객을 겨냥하는 브랜드들이 많다. groom은 한껏 멋을 내는 '신랑', 말을 빗질하고 목욕을 시켜 주는 '마부'라는 의미를 지닌 단어로, 패션과 미용에 아낌없이 투자하는 남자들을 가리킨다. 이들은 자신을 돋보이도록 하기 위해서는 돈을 아끼지 않는다.

남성 제품 브랜드 중 솔리드 옴므, 타임 옴므, 시스템 옴므의 앞 글자를 딴 '솔타시'라는 새로운 패션 용어가 생길 정도로 남성 고객들을 위한 브랜드가 점점 증가하는 추세다.

한 번 사는 인생이니 아끼지 말고, 결혼은 해도 아이를 갖지 않고 자신들을 위한 생활을 설계하는 사람들이 많아지면서 본인의 패션과 멋, 미에 투자하는 사람들이 많아지고 있다. YOLO(You Only Live Once)족, DINK(Double Income No Kids)족과 같은 용어들은 이들을 표현할 때 사용된다.

이처럼 영어보다 어려운 패션 용어에 관심을 갖다 보면 자연스레 신조어와 요즘의 트렌드를 따라갈 수 있다. 예쁘고 멋있으려면 부지런함은 필수다.

그루밍족의 대표 브랜드 시스템 옴므(SYSTEM HOMME) 제품
(출처 http://www.thehandsome.com)

Talk about Fashion × English

영어 대화 속 패션 관련 표현을 알아봐요!

Christine It's surprising how much '**In Vogue**' fashion you find in discount stores even though they are still **in season**.

Anna I found a $400 coat for $75 online. It was very elegant and **fits like a glove**. Very classy and glamorous.

Christine My sister bought an Armani coat for her husband for $2,000 at a department store, then saw it for $500 online.

Anna There are so many **boutique shops** all around Los Angeles, you can find anything for cheap. Go to Santee Alley and you save so much money.

Christine Especially for **activewear**. There are many brand names at big discounts. I've even seen **haute couture** accessories.

Vocabulary
in vogue 유행하여
in season 제철의
fit like a glove 장갑처럼 사이즈가 맞다, 사이즈가 완벽하게 맞을 때 쓰는 표현
boutique shop 부티크 숍(값비싼 옷이나 선물류를 파는 작은 가게)
activewear 활동복
haute couture 오트 쿠튀르(고급 여성복 제조, 그와 같은 여성복)

크리스틴 아직 계절이 바뀌지 않았는데도 '인보그' 패션을 할인점에서 많이 볼 수 있다는 게 놀라워.
안나 나는 400달러짜리 코트를 온라인에서 75달러에 봤어. 코트는 아주 우아하고 마치 장갑처럼 딱 맞더라. 고급스럽고 화려해.
크리스틴 우리 언니가 형부를 위해 아르마니 코트를 백화점에서 2,000달러에 샀는데, 온라인에서 500달러에 봤어.
안나 로스앤젤레스 곳곳에 부티크 숍이 많아서 뭐든지 싸게 살 수 있어. 산티앨리에 가면 많이 절약할 수 있을 거야.
크리스틴 특히 활동복 같은 거 있지. 여러 브랜드가 할인을 많이 하더라고. 난 심지어 오트 쿠튀르 액세서리까지 봤어.

Expressions for Fashion Trends

더 많은 트렌디한 표현을 알아봐요!

— I'd like to start looking into more **sustainable brands**.
나는 서스테이너블 브랜드에 좀 더 관심을 갖기 시작했다.

— Turn a blazer into a night look by putting it over a **bralette**.
블레이저를 브라렛 위에 입어 나이트 룩으로 연출해 보라.

— How should I **hashtag** this look?
이 룩을 어떻게 해시태그 해야 하나요?

— There's been a big shift towards **circular fashion** in recent years.
최근 몇 년 동안 서큘러 패션에 큰 변화가 있었다.

— Layer a **shest** with a turtleneck for a cozy fall look.
터틀넥에 셰스트를 레이어드하여 포근한 가을 룩을 연출해 보세요.

— Consider wearing a **blanket dress** if you're always cold and want to feel comfortable.
항상 춥거나 편안함을 원한다면, 블랭킷 드레스를 입어 보세요.

— Apply the **Plus-3 Rule** if you feel like your outfit is too plain.
의상이 너무 평범하다고 생각되면 플러스 3 법칙을 적용하세요.

— "Friends" actress Jennifer Aniston launched her own **fashion label**.
'프렌즈' 여배우 제니퍼 애니스톤은 자신의 패션 브랜드를 론칭했다.

— "**Couture**" is a French term derived from the phrase "haute couture" which means "high fashion."
쿠튀르는 프랑스어로 하이 패션이라는 의미를 지닌 오트 쿠튀르에서 비롯되었다.

Vocabulary

sustainable brand 서스테이너블 브랜드(환경 친화적인 의류를 만드는 패션 브랜드)

bralette = training bra, trainer bra, 브라렛(와이어나 패딩이 없는 브래지어; 상의로 입을 수 있다.)(p.378 참고)

hashtag 해시태그(소셜 미디어에 '#특정단어' 형식으로 특정 단어에 대한 글이라는 것을 표현하는 기능)

circular fashion 서큘러 패션(옷을 버리지 않고 리폼해서 다시 입음으로써 친환경적으로 재활용 가능한 옷)

shest 셰스트(베스트 자체가 겉옷인 것; 안에 무언가를 입지 않는다.)(p.378 참고)

blanket dress 블랭킷 드레스(이불처럼 입고 벗기 편하며 드레스가 몸에 꼭 끼지 않는다.)(p.377 참고)

Plus-3 Rule 플러스 3 법칙(룩에 추가하여 의상을 한층 업그레이드해 주는 세 가지 추가 요소: 액세서리, 신발 및 레이어)(p.377 참고)

fashion label 패션 라벨(= 패션 디자인/브랜드)

Fashion Glossary
어떻게 부르는지 알아봐요!

What to Call Them

blanket dress(블랭킷 드레스)
이불을 덮은 것과 같이 넉넉한 품과 편안함이 특징이다.

Plus-3 Rule(플러스 3 법칙)
drop earrings(드롭 이어링) +
a beige jacket(베이지 재킷)+
white boots(화이트 부츠)
이 세 가지가 Plus-3 Rule을 충족하고 있다.

Outfit
이렇게 연출해봐요!

- **gray tweed check beret**
  그레이 트위드 체크 베레모
- **drop earrings**
  드롭 이어링
- **white bishop sleeves blouse**
  화이트 비숍 슬리브 블라우스
- **gray tweed checkered pants**
  그레이 트위드 체크 팬츠
- **black-and-white flat shoes**
  블랙 앤 화이트 플랫슈즈

bralette(브라렛)
와이어가 없는 브래지어

shest(셰스트)
셔츠를 안에 입지 않고 겉옷으로 입는 조끼를 말하며 이는 셀럽과 인플루언서들이 입어 유행했다.

불일치와 일치는 수의 둔감과 민감의 차이

한국어와 영어 간에 확연히 다른 점 중 하나는 숫자(數)에 대한 개념이다. 이 점은 요리사가 음식을 만드는 프로그램을 보면 쉽게 알 수 있다. 다음은 미국 셰프(chef)의 설명이다. "당근은 약 2cm 정도로 써시고, 준비한 다른 채소와 함께 약 5분간 볶아 주시면 됩니다. 밥을 하기 위해서 씻은 쌀을 넣고 물을 약 800㎖ 정도 넣으시고 중간 불에 약 15분 정도 끓이시면 됩니다."

같은 내용을 한국 셰프는 이렇게 설명한다. "당근은 먹기 좋은 크기로 써시고, 준비한 다른 채소와 함께 노릇노릇해질 때까지 볶아 주시면 됩니다. 밥을 하기 위해서 씻을 쌀을 넣고 물을 자작하게 부어 주시고, 대략 김이 모락모락 나기 시작하면 약한 불에 뜸을 들여 주시면 됩니다." 여기서 '먹기 좋은 크기', '노릇노릇해질 때까지', '자작하게', '뜸들이다'와 같은 구수하고 맛깔스러운 표현들이 영어에서는 모두 정확한 숫자로 표현된다.

two apples
one carrot
some oranges
a carton of milk
a bottle of olive oil

패션에서도 중요한 숫자

수에 민감한 영어 표현은 패션에서도 쉽게 찾아볼 수 있다. 몸에 착용하는 것들, 즉 의류나 장신구, 안경, 신발, 심지어 속옷까지도 항상 복수형을 사용해야 하는 것들이 있다.

gloves(장갑), shoes(신발), socks(양말), pants(바지), trousers(바지), jeans(청바지), earrings(귀걸이), shorts(반바지), panties(팬티), leggings(레깅스), glasses(안경) 등은 모두 단수가 아닌 복수형을 써야 한다. 아니면 '한 쌍(a pair of)'이라는 표현을 사용해 a pair of shoes, a pair of gloves, a pair of pants처럼 써도 된다.

위에 예들 중 leggings(레깅스)가 재미있다. 레깅스는 여자들이 주로 운동복으로 많이 입는 옷이며 한국 엄마들이 사랑하는 패션 중 하나다. 몸의 부위가 그 옷의 명칭이 되는 경우가 많은데, '레깅스'는 다리(legs)에 입는 것이어서 생긴 명칭이다. 이와 같은 것에는 거북이의 목처럼 목 부분이 길어 '거북이 목'으로 직역되는 turtleneck(터틀넥, 목폴라)도 있다.

Appendix

- 패션 관련 명언
- 패션용어 색인

패션 관련 명언

"Style is a way to say who you are without having to speak."
— Rachel Zoe
"스타일은 굳이 말하지 않고도 당신이 누구인지 보여 주는 방법이다." — 레이첼 조

"Nails are not about being noticed, they are about being remembered."
— Tammy Taylor
"네일은 주목받고자 하는 것이 아니라 기억되고자 하는 것이다." — 타미 테일러

"I kept thinking I would be spending my life up to my elbows in shampoo."
— Vidal Sasson
"나는 팔꿈치까지 샴푸가 차오르게 인생을 살 거라고 계속 생각했다." — 비달 사순

"A perfume is more than an extract, it is a presence in abstraction. A perfume, for me, is a mystique."
— Giorgio Armani
"향수는 추출물 그 이상이며, 추상 속의 존재다. 나에게 향수는 신비로움이다." — 조르지오 아르마니

"Life is like a mustache. It can be wonderful or terrible. But it always tickles."
— Nora Roberts
"인생은 콧수염과 같다. 멋질 수도 있고 끔찍할 수도 있다. 하지만 늘 간지럽힌다." — 노라 로버츠

"Sunglasses are like eye shadow: They make everything look younger and pretty."
— Karl Lagerfeld
"선글라스는 아이섀도와 같다: 모든 것을 더욱 젊고 예뻐 보이게 한다." — 칼 라거펠트

"A smile is the best makeup any girl can wear."
— Marilyn Monroe
"미소는 모든 소녀가 연출할 수 있는 최고의 메이크업이다." — 마릴린 먼로

"A well-tied tie is the first serious step in life."
— Oscar Wilde
"잘 묶은 넥타이는 인생의 신중한 첫걸음이다." — 오스카 와일드

"I only wear these crop tops because other clothes would make me sweat when I dance."
— Britney Spears
"춤을 출 때 다른 옷들은 땀이 나서 나는 이 크롭톱만 입는다." — 브리트니 스피어스

"I don't need hoodies when I have you to hug me."
— Shalini
"나를 안아 줄 네가 있을 땐 후디가 필요 없어." — 샬리니

"A woman is never sexier than when she is comfortable in her clothes."
— Vera Wang
"옷이 편하게 느껴질 때, 여자는 가장 섹시하다." — 베라 왕

"If in doubt, anything looks good with a white shirt."
— Victoria Beckham
"(뭘 입을지) 망설여진다면, 흰색 셔츠는 어떤 것과도 잘 어울린다." — 빅토리아 베컴

"Fur is only beautiful on the original owner."
— Tim Howard
"모피는 그것을 원래 소유한 자에게만 아름답다." — 팀 하워드

"I make clothes, women make fashion."
— Azzedine Alaïa
"나는 옷을 만들고, 여자가 패션을 만든다." — 아제딘 알라이아

"Alaways roll up the sleeves on your shirt. It gives the impression that you're working, even if you're not."
— Ashton Kutcher
"셔츠 소매를 항상 접어라. 당신이 일하고 있다는 인상을 준다. 심지어 일하고 있지 않는다 해도." — 애쉬튼 커쳐

"A suit needs to fit. There's a reason it's called a suit."
— Anonymous
"양복은 몸에 잘 맞아야 한다. 그래서 슈트라고 부른다." — 익명

"Jeans represent democracy in fashion."
— Giorgio Armani
"청바지는 패션에서 민주주의를 상징한다." — 조르지오 아르마니

"It's not important what kind of pants you wear; it's how you wear them."
— Ronnie Lott
"어떠한 바지를 입느냐보다 어떻게 입느냐가 중요하다." — 로니 로트

"Ironically jogging pants are mostly worn by the laziest people."
— Anonymous
"아이러니하게도, 조깅팬츠는 가장 게으른 사람들이 주로 입는다." — 익명

"Fashions fade, style is eternal."
— Yves Saint Laurent
"패션은 희미해져도, 스타일은 영원하다." — 이브 생 로랑

"If your shirt isn't tucked into your pants, then your pants are tucked into your shirt."
— Nick Offerman
"셔츠가 바지 안으로 들어간 게 아니면, 바지가 셔츠 안에 들어간 거다." — 닉 오퍼맨

"Play for the name on the front of the shirt and they'll remember the name on the back."
— Tony Adams
"(유니폼) 상의 앞면에 있는 (팀)이름을 위해 경기하면, 상의 뒷면의 (선수)이름이 기억될 것이다." — 토니 애덤스

"How can you live the high life if you do not wear the high heels?" — Sonia Rykiel
"하이힐을 신지 않고 어떻게 하이 라이프(상류사회)를 살 수 있을까?" — 소니아 리키엘

"The difference between style and fashion is quality."
— Giorgio Armani
"스타일과 패션의 차이는 질이다." — 조르지오 아르마니

"To wear dreams on one's feet is to begin to give a reality to one's dreams."
— Roger Vivier
"발에 꿈을 신는(wear) 것은 꿈에 현실을 불어넣기 시작하는 것이다." — 로저 비비에

"The dress must follow the body of a woman, not the body following the shape of the dress."
— Hubert De Givenchy
"드레스가 여성의 체형을 따라야지, 체형이 드레스 모양을 따라가서는 안 된다." — 위베르드 지방시

"Give a girl the right shoes and she can conquer the world."
— Marilyn Monroe
"소녀에게 맞는 신발을 주면, 세상을 정복할 수도 있다." — 마릴린 먼로

"A woman without bags is like a body without a soul."
— Anonymous
"가방 없는 여자는 영혼 없는 몸과 같다." — 익명

"Fashion is not necessarily about labels. It's not about brands. It's about something else that comes from within you."
— Ralph Lauren
"패션은 상표나 브랜드가 아니다. 패션은 당신 안에서 나오는 무언가이다." — 랄프 로렌

"Halloween is not only about putting on a costume, but it's about finding the imagination and costume within ourselves."
— Elvis Duran
"핼러윈은 의상을 입는 것뿐만 아니라 우리 자신 안에 있는 상상력과 의상을 찾는 것이다." — 엘비스 듀란

"Being yourself is the coolest thing you can do." — Pierpaolo Piccioli
"자기다운 것이 당신이 할 수 있는 가장 멋진 일이다."
— 피에르파올로 피치올리

"I don't design clothes. I design dreams." — Ralph Lauren
"나는 옷을 디자인하지 않는다. 나는 꿈을 디자인한다."
— 랄프 로렌

"We must never confuse elegance with snobbery." — Yves Saint Laurent
"우리는 우아함과 잘난 체하는 것을 혼동해서는 안 된다."
— 이브 생 로랑

"Behind every successful woman is a fabulous handbag." — Anonymous
"성공한 모든 여성 뒤에는 멋진 핸드백이 있다." — 익명

"I like to say that 'normal' is the cruelest insult of them all, and at least I never get that." — Artie
"나는 평범한 것이 (옷에 대한) 가장 잔인한 모욕이라고 말하고 싶어. 그리고 적어도 난 그런 소리는 안 듣지." — 알티 (크루엘라 대사 중)

"Don't be into trends. Don't make fashion own you, but you decide what you are, what you want to express by the way you dress and the way to live." — Gianni Versace
"유행을 따르지 마라. 패션이 당신을 소유하게 하지 말고 옷 입는 방식과 생활 방식으로 당신이 표현하고자 하는 것이 무엇인지 스스로 결정하라." — 지아니 베르사체

"Tough times never last, but tough people do." — Winston Churchill
"힘든 시간은 절대 지속되지 않지만 강인한 사람은 끝까지 간다."
— 윈스턴 처칠

"Delete the negative; accentuate the positive!" — Donna Karan
"부정적인 것을 지우고 긍정적인 것을 강조하라!"
— 도나 캐런

"Good fashion is evolution, not revolution."
— Pierre Cardin
"좋은 패션은 혁명이 아니라 진화다." — 피에르 가르댕

"Beauty comes in all sizes, not just size 5." — Roseanne Barr
"아름다움은 사이즈 5뿐만 아니라 모든 사이즈로 나온다." — 로잰 바

"Class is an aura of confidence that is being sure without being cocky."
— Ann Landers
"클래스는 거만하지 않으면서 확고한 자신감에서 우러나오는 아우라이다." — 앤 랜더스

"Beauty is being the best possible version of yourself, inside and out."
— Audrey Hepburn
"아름다움이란 내면과 외면에서 당신의 가장 좋은 버전이 되는 것이다."
— 오드리 햅번

패션용어 색인

accent (강조) 69, 254
accent color (악센트 컬러, 강조 색) 153, 364, 366
acrylic (아크릴) 52, 53, 271, 272
activewear (스포츠용 의류) 320, 375
adorable (사랑스러운) 108
air knit (에어 니트) 286
Alexander McQueen (알렉산더 맥퀸) 351
Almond nails (아몬드 네일) 54
amber (황색, 호박색) 58, 147
animal prints (애니멀 프린트) 171
Ankara fashion style (앙카라 패션 스타일) 283
ankle boots (앵클부츠) 181, 187, 203, 324
ankle strap heels (앵클 스트랩 힐) 199, 201, 231
anorak (아노락) 267, 289
antiaging (안티에이징) 287
anti-dust jacket (안티 더스트 재킷) 286
anti-pollution (안티 폴루션) 287
Antique style (앤티크 스타일) 285
arched bangs (아치 뱅) 20
argyle (아가일) 172
arm length (팔 길이) 371
artsy (예술가 같은) 278
ash-gray (회백색) 147
Aura (아우라) 361, 362, 385
autumn colors (가을 색상) 153
aviators (보잉 선글라스) 82, 85, 96
awesome (멋있는) 108, 298, 363
backpack (백팩) 222, 223, 353
baggie pants (배기팬츠) 167
baguette bag (바게트백) 229, 230, 319
balance (균형) 254, 323

ball cap (볼캡) 74
ballerina nails (발레리나 네일) 52, 54
ballet flats (발레 플랫) 200
balloon sleeves (벌룬소매) 125
balmacaan coat (발마칸코트) 141, 145
Bamboo Bag (뱀부 백) 340
banded pants (고무줄 바지) 166, 174
bangs (앞머리) 18, 19, 20, 21, 22, 23
bare foot (베어 풋, 맨발) 104
bare look (베어 룩) 104
base layer (베이스 레이어) 239, 240, 270
basic colors (베이식 컬러, 기본 색) 153, 364
beach waves (비치 웨이브) 28, 30
bead (구슬) 319
beanie (비니) 77, 79, 165, 179, 253, 273, 317
beard (턱수염) 32, 34, 252
Beatles look (비틀즈 룩) 275
belt loop (벨트 루프) 163
bench coat (벤치코트) 267, 268
beret (베레모) 76, 77, 78, 187, 313, 319, 377
bermuda shorts (버뮤다 쇼츠) 183, 185, 187
bib shorts (빕숏) 237, 239, 241
bib tights (빕타이츠) 240
bicolor (바이컬러, 투톤) 153, 364, 366
bike shorts (바이크 쇼츠) 238, 240, 241
Birkenstocks (버켄스탁) 212, 214
birkin bangs (버킨 뱅) 20
black and white camouflage (블랙앤화이트 카무플라주) 170
blackish (거무스름한) 153, 264
blanket dress (블랭킷 드레스) 376, 377
blanket scarf (블랭킷 스카프) 71

blazer (블레이저) 79, 110, 117, 126, 149, 151, 152, 187, 214, 225, 231, 282, 285, 343, 344, 376
blue green (청록색) 146
blue jeans (블루진) 158
bluish (푸르스름한, 청색을 띤) 153, 364
blunt bangs (블런트 뱅) 20
blusher (볼터치) 45
boat neck (보트넥) 121, 123
bob (단발머리) 18, 25, 26, 31
body height (키) 371
body shape (체형) 255
bohemian (보헤미안, 자유분방한) 136, 278, 285
Boho (보헤미안 스타일) 285, 363
boho-chic (보호시크) 136
bolo tie (볼로 타이) 69, 72
bomber jacket (항공 점퍼) 133, 137, 138, 273, 335, 363
bonk bag (봉크백) 241
bootcut jeans (부트컷 진) 164
botanical print (보테니컬 프린트) 173
bottom hem (바텀 헴) 163
bow tie (보타이) 149, 297, 307
bowler bag (보울러 백) 222, 223
boyfriend jeans (보이프렌드 진) 162, 164, 185, 208, 285
Boyfriend style (보이프렌드 스타일) 285
boyish/tomboy (소년/남자아이 같은) 278
bralette (브라렛) 376, 378
bright (밝은) 151, 153, 245, 362
bring in (안으로 넣다) 334
bring up (줄이다) 334
bronze (구릿빛) 146

bubble coat(버블코트) 140
bucket hat(버킷햇)
　　75, 77, 78, 222, 224
Burberry bag(버버리 가방) 344
burgundy red(버건디 레드) 226
business casual wear
　　(비즈니스 캐주얼웨어) 178
bust girth(가슴둘레) 371
butterfly sunglasses(버터플라이 선글라스)
　　83, 85, 231
button(단추) 116, 254, 317
button-down shirt(버튼다운 셔츠)
　　112, 114, 153
button flap pokcet(버튼 플랩 포켓) 317
button-fly(버튼 플라이) 163
button-up shirt(버튼업 셔츠) 112, 114, 116
buzz cut(버즈컷) 36, 39
calf boots(카프 부츠) 203, 319
Calvin Klein(캘빈 클라인) 351
camel(낙타색, 담황갈색) 147
camouflage prints(카무플라주 프린트) 170
canteen purse(캔틴백) 229, 230
cap sleeves(캡소매) 124
cape(케이프) 231, 297
cape coat(케이프코트) 145
capris(카프리 팬츠) 187
capsule collection(캡슐 컬렉션) 346
capsule wardrobe(캡슐 옷장) 323, 346
cardigan(카디건)
　　85, 135, 136, 137, 138, 263
cargo pants(카고팬츠) 176, 184, 186, 270
cashmere(캐시미어) 271, 272
cashmere blend(캐시미어 혼방) 271
casual(캐주얼) 178, 216, 278, 304, 323
casual look(캐주얼 룩) 28, 151, 369
cat eye sunglasses(캣아이 선글라스)
　　81, 83, 85
Celebrity Costumes(셀리브리티 코스튬)
　　261
chain(체인) 69, 72, 278, 319, 333
Chanel No.5(샤넬 넘버 파이브)
　　56, 57, 218, 344
Chartreuse(샤르트뢰즈) 227
checkered(체커드) 172, 175, 253, 333

Chelsea boots(첼시 부츠) 203, 206, 207
chesterfield coat(체스터필드코트) 144
chic(멋진, 세련된)
　　108, 121, 321, 359, 360, 362, 363
chiffon(쉬폰) 271, 272
chino pants(치노팬츠, 면바지)
　　134, 183, 186, 285
chocolate(초콜릿색) 147
choppy bangs(찹피 뱅) 21
Christian Dior(크리스찬 디올) 351, 353
Christian Louboutin shoes
　　(크리스찬 루부탱 신발) 344
chunky heels(청키 힐) 198
classic(클래식)
　　114, 137, 143, 196, 219, 278
classic fit(클래식 핏) 372
classy(고급스러운) 108, 363, 375
clothes(옷)
　　50, 57, 131, 136, 169, 257, 258, 277,
　　281, 331, 333, 370, 383, 385
clothing(의류)
　　146, 153, 257, 282, 289, 370
clutch(클러치) 181, 229, 231, 363, 372
cobalt blue(암청색) 146
cocoon coat(커쿤코트) 144, 352
coin pocket(코인 포켓) 163
cold colors(차가운 색) 153
cold shoulder(콜드숄더) 121, 125
collar(칼라)
　　63, 112, 116, 118, 119, 121, 122,
　　148, 219, 299, 315, 328, 329
collar stand(칼라 스탠드) 116
collarless shirt(차이나 칼라 셔츠) 117
color combination(색 조합) 153
color(색상)
　　146, 147, 153, 254, 364, 365, 366
comfy/comfortable(편안한)
　　100, 317, 329
Continental style(콘티넨탈 스타일) 285
cool(세련된)
　　47, 108, 142, 151, 179, 185, 206, 363
coral(산호색) 146
corduroy(코듀로이) 79, 147, 271
core mitts(손가락장갑) 241
corset(코르셋) 325

costume(코스튬) 252, 256, 257, 259, 260,
　　261, 298, 299, 384
cotton(면) 271, 289
cottony(면의) 329
Couple Costumes(커플 코스튬) 261
cow print(카우 프린트) 171
cowl neck(카울넥) 123
cowl scarf(카울 스카프) 70
cozy(아늑한) 329, 376
cream(우윳빛) 143, 147, 365
crew cut(크루컷) 36, 38
crew neck(크루넥) 118, 122
crimson(진홍색) 143, 146
Cristóbal Balenciaga
　　(크리스토발 발렌시아가) 352
crocheted purse(크로세 백) 225
Crocs(크록스) 212, 213
crop pants(크롭 팬츠) 183
crop top(크롭톱) 90, 93, 94, 95, 169, 383
cropped tank top(크롭탱크톱)
　　23, 91, 95, 96
crossbody strap(크로스 스트랩) 222, 225
crow's feet(눈가 주름) 44, 47
cuff(바지 끝단을 접다) 117
cuffs(커프스) 116, 206, 255, 305, 307
culottes(큐롯팬츠) 187
Cupro(큐프로) 271, 272
cute(귀여운) 94, 100, 108, 229
cut-out gown(컷아웃 드레스) 306
cyan(남색) 146
cycling cap(사이클링 캡) 241
cycling gilet(사이클링 질레) 239, 240
dad hat(대드햇) 79
dad shoes(데드 슈즈) 212, 213
dalmatian print(달마티안 프린트) 171
damask print(다마스크 프린트) 173
Damiere(다미에, 체크무늬) 341
Dandy style(댄디 스타일) 285
dark blue(군청색) 161, 226, 364
deep(진한) 120, 153, 226, 364
delicate(섬세한, 우아한) 328, 329
denim(데님) 39, 93, 94, 96, 158, 271, 320
denim jacket(청재킷) 151, 152, 317, 333

387

denim overalls(멜빵 청바지) 165
denim shirt(데님 셔츠) 116
desert camouflage(데저트 카무플라주) 170
diagonal stripe(사선 스트라이프) 170
dink(딩크족) 374
Disney Costumes(디즈니 코스튬) 261
DIY Costumes(디아이와이 코스튬) 261
dolman sleeves(돌먼 소매) 124
Donna Karan(도나 캐런) 351, 385
donut bun(도넛 번) 18, 30
double-eyelid(쌍꺼풀) 44
down coat(다운코트) 140, 145
downy(솜털이 보송보송한) 329
drape(휘장) 319
dress(드레스) 81, 108, 121, 137, 197, 231, 278, 282, 303, 342, 384, 385
dress code(드레스 코드) 253, 303, 304
dress shirt(드레스 셔츠) 63, 73, 79, 111, 113, 114, 116, 117, 214
duffle bag(더플백) 221, 222, 223
duffle coat(더플코트) 142, 144, 208
dusty pink(회색을 띤 분홍) 146
E girl style(E 걸 스타일) 283
eau de toilette(오드 투왈렛) 56, 60
earth tone colors(어스톤 컬러) 153, 364
eau de cologne(오 드 코롱) 56, 60
eau de perfume(오 드 퍼퓸) 56, 60
eau fraiche(오 후레쉬) 56, 60
ebony(흑단색) 143, 147, 364
eco bag(에코 백) 231
edgy(감각 있는) 206, 321
elastic(고무밴드, 신축성 있는) 168, 289, 319
Eldredge knot(엘드레지 노트) 69, 72
elegant(우아한) 108, 109, 278, 305, 375
emblem(엠블럼) 319
embroidery(자수) 317, 319
embroidery gown(자수 드레스) 318
emerald green(진녹색) 147
Empire style(엠파이어 스타일) 325
espadrilles(에스파드릴 샌들) 200
espresso brown(에스프레소 브라운) 226
ethnic(전통적인) 278
exotic(이국적인) 278

eye bags(다크서클) 44
eyebrow(눈썹) 40, 41, 44
eyelash curler(아이래시 컬러, 뷰러) 45, 48
eyelashes(속눈썹) 44
eyelid(눈꺼풀) 44
eyeshadow palette(아이섀도 팔레트) 47, 49
fabric(옷감) 168, 169, 179, 229, 238, 239, 245, 254, 269, 271, 289, 322, 370
fabulous(멋진) 108, 332, 385
face-framing bangs(페이스 프레이밍 뱅) 21
fade(빛깔이 바랜) 35, 153, 220, 364, 383
fade cut(페이드 컷) 38
fancy-schmancy(너무 화려하다는 부정적인 표현) 321
fanny pack(페니팩) 221, 225
fashionable(세련된) 69, 108
fashionblogger(패션블로거) 96
fashiondiaries(패션다이어리) 96
fashionista(패셔니스타) 96, 195
fat under eyes/under my eyes(애굣살) 44
faux fur(가짜 모피) 201, 271, 272
fav(즐겨찾기) 96
feathery(솜털 같은, 가볍고 부드러운) 329
fedora(페도라) 77, 79, 147
felt(펠트지) 271, 272
feminine(여성스러운) 278, 282, 317
field jacket(야전용 재킷) 139
fine(섬세한) 329
fingernail(손톱) 51
fishtail braid(지네머리 땋기) 28, 30
Flamboyant style(플랑부아 스타일) 284
flannel(플란넬) 271
flannel shirt(플란넬 셔츠) 114, 116, 165
flap(덮개) 224, 317, 319
flare pants(플레어 팬츠) 176, 182, 186
flashy(화려한) 328, 329
flats(플랫 힐) 198
flat nose(낮은 코) 44
fleece(플리스) 140, 143, 144, 271
flip-flops(플립플롭) 201, 212
floppy hat(플로피햇) 75

floral/flower print(플로럴/플라워 프린트) 58, 59, 170, 277, 278
flowy(늘어뜨려진, 하늘하늘한) 169, 321, 324
flowy skirt(플로이 스커트) 323, 324
fluffy(푹신한) 329
fluorescent colors(형광색, 야광색) 153, 364
Folding Bike(접이식 자전거) 236
foot length/shoe size(발 길이, 신발 사이즈) 371
forest camouflage(포레스트 카무플라주) 170
forest green(짙은 황록색) 147
four-in-hand(포 인 핸드) 149
frayed hem skirt(프레이드 헴 스커트) 324
French crop(프렌치 크롭) 36, 38
French cuffs(프렌치 커프스) 305, 307
French heels(프렌치 힐) 198
frill(프릴) 106, 110, 319, 321, 323, 328
fringe(앞머리, 실을 꼬아 장식으로 만든 '술') 16, 22, 319
fringe cover-up(프린지 커버 업) 317, 318
fromwhereistand(선 상태에서 발밑을 찍은 사진) 96
fuchsia(선명한 보라색) 146
full face sunglasses(풀페이스 선글라스) 83, 85
fur coat(퍼코트) 143, 146, 147, 181, 316
fur(모피) 146, 271, 316, 383
fuzzy(솜털이 보송보송한) 329
gabardine(개버딘) 133, 271, 272
Gabrielle Coco Chanel(가브리엘 코코 샤넬) 56, 220, 351
Gaby Aghion(가비 아기온) 352
garish(색깔이 야한) 321
garment(의복) 320
gauze(거즈) 271, 272
genderless look(젠더리스 룩) 279
geometric print(지오메트릭 프린트) 173
geometrical sunglasses(지오메트리컬 선글라스) 83, 84
gingham(깅엄) 172
Giorgio Armani(조르지오 아르마니) 352, 382, 383, 384
giraffe print(기린 프린트) 171

girlfriend jeans(걸프렌드 진) 165
girly(여자다운, 소녀 같은) 278
gladiator sandals(글래디에이터 샌들) 200
glen(글렌) 172
glossy(광택이 나는) 153, 364
gold(금색) 82, 146, 225, 333, 345
gorgeous(화려한) 107, 108, 109, 143, 332
gorpcore look(고프코어 룩) 266, 270
Goth fashion(고딕 패션) 284
gothic(고딕스러운, 12~16세기) 278
gradation(그러데이션) 153, 364
graph check(그래프 체크) 172
graphite(그래파이트) 226, 364
Gravel Bike(그래블 바이크) 236
grayish(회색빛을 띤) 153, 365
grooming(그루밍족) 373
Gucci(구찌) 248, 340, 345, 349, 350
Guccio Gucci(구찌오 구찌) 340, 362
hair roller(헤어 롤러, 구르프) 16, 19
half pants(하프 팬츠) 183
half turtle(하프 터틀) 119, 122
half zip-up(하프 집업) 101
Halloween costume(할러윈 코스튬)
    252, 256, 257, 260, 261
halter neck(홀터넥) 121, 123
halter top(홀터톱) 69, 92, 94, 95
halter top scarf(홀터톱 스카프) 71
Hammer pants(해머팬츠) 180, 182, 185
hand circumference(손둘레) 371
handbag(핸드백) 224, 225, 340, 344, 385
hand-sewn(손으로 꿰맨) 329
haute couture(오트 쿠튀르)
    219, 286, 352, 375, 376
head circumference(머리둘레) 371
hemp(마) 271
Hermès bag(에르메스 가방) 345
high-rise waist(하이 웨이스트) 372
high-heels(하이힐) 194, 203
high-top sneakers(하이탑 스니커즈)
    213, 366
hip measurement(엉덩이둘레) 371
hipster(힙스터) 77, 209
hobo bag(호보백) 224, 229, 230

hood zip-up(후드 집업) 97, 101
hoodie(후디)
    97, 99, 100, 101, 103, 208, 273, 383
horizontal stripe(가로 스트라이프) 136, 170
short shorts(핫팬츠) 186
houndstooth(하운드투스) 172, 175
Hubert de Givenchy(위베르 드 지방시)
    362, 384
in fashion(세련된, 유행하는)
    109, 114, 184, 237, 320, 330
in style(세련된, 유행하는) 93, 109, 184
indigo(남색) 146, 158
Indy boots(인디 부츠) 204, 207
infinity scarf(인피니티 스카프) 69, 70, 71
inseam length
    (가랑이부터 밑단까지의 안쪽 기장) 372
instar fashion(인스타 패션) 96
jacket(재킷)
    79, 126, 133, 137, 138, 139, 140, 142,
    150, 151, 152, 169, 179, 237, 255,
    273, 278, 287, 289, 290, 302, 317,
    324, 333, 334, 335, 353, 363, 369,
    377
jacket with rivets(리벳 장식 재킷) 318
Jacquard(자카드) 271, 272
jelly shoes(젤리 슈즈) 212, 214
jersey(저지)
    91, 120, 179, 241, 245, 271, 272
jetted(제티드) 포켓 149
jewel/crystal(보석/크리스털) 319
Jodhpurs boots(조퍼스 부츠) 203
Jodhpurs pants(조퍼스 팬츠) 203
joggers(조거) 92, 179, 180
jumpsuit(점프슈트) 259, 260, 296, 298
Kamina glasses(카미나 안경) 83, 85
Kate Spade bag(케이트 스페이드 가방) 345
kitten heels(키튼 힐) 198
knee high boots(니 하이 부츠) 203
knee warmers(니 워머) 240
Knickerbockers(니커버커스) 177
kotd(오늘의 슈즈) 96
lace(레이스) 271, 328
lace-up sandals(레이스업 샌들) 200
lap boots(랩 부츠) 203
lapel(라펠) 145, 148, 254, 307

lapis lazuli(선명한 청색) 146
lavender(연보라색) 146, 365, 372
leather(가죽)
    79, 139, 179, 205, 271, 278, 316, 319,
    324, 328, 329, 340, 345, 348
leg length/inseam(다리 길이) 371
leggings(레깅스)
    179, 180, 181, 253, 373, 379
lemon yellow(담황색) 147
leopard print(레오파드 프린트) 171
let out(늘이다) 334
light(연한, 가벼운, 솜털이 보송보송한)
    49, 55, 226, 245, 273, 319, 329
light blue(밝은 청색) 55, 153, 187, 226
lilac(연보라색) 146
lime green(라임빛 녹색) 147
limited edition(리미티드 에디션) 346, 350
linen(린넨) 271, 272
lining(안감, 안지) 319
lip stick(루즈) 45
lip liner(립라이너) 48
loafers(로퍼)
    39, 79, 117, 126, 212, 213, 214, 385
lob(중단발) 31
loose(헐거워진, 풀린) 91, 323, 329
lotd(오늘의 룩) 96
Louis Vuitton(루이비통)
    248, 341, 347, 348
Loungewear(라운드 웨어) 236
lovely(사랑스러운) 109
low-rise waist
    (허리밴드가 배꼽 아래에 있는 힙합 스타일) 372
lustrous(윤기가 흐르는) 329
madras(마드라스) 172
magenta(자홍색) 146, 364
mannish(남자다운) 112, 278
maroon(밤색) 143, 147
Mary Janes(메리제인) 201
masculine(남성미 넘치는) 23, 278, 282
mask(마스크) 28, 29, 194, 259, 287, 289,
    290, 298, 299, 300, 332
Maternity style(임산부 스타일) 285
maximalism(맥시멀리즘) 321
Merino wool(메리노울) 270, 271, 272

mermaid gown(머메이드 가운) 305, 306
mesh(망사) 259, 271, 272, 298, 300
messenger bag(메신저 백) 230
military(밀리터리) 278, 320
milky white(유백색) 147
Minaudiere(미노디에르) 229
minimal(미니멀, 최소의, 적은) 84, 278, 317
mint green(민트 그린) 147, 365
mock neck(모크넥) 119, 122
modal(모달) 271, 272
mohair(모헤어) 271, 273
moist(촉촉한) 327
mom jeans(맘 진) 165
momstyle(맘스타일) 96
monotone(단조로운, 모노톤) 153, 365
Morphsuit(모프슈트) 299, 300
mountain peak nails(마운틴 피크 네일) 55
Mountain Terrain Bike(산악자전거) 236
muffler(머플러) 66
mules(뮬) 201
mullet cut(멀릿 컷) 31
mustache(콧수염) 32
mustang(무스탕) 133
mustard(겨자색) 147
muumuu(무무) 323, 324
nail polish(네일 폴리시) 51
nail polish remover(네일 리무버) 51, 53
nail salon(네일 숍) 51
nasolabial fold(팔자 주름) 44
natural waist(허리밴드가 배꼽 위 또는 배꼽 바로 위에 오는 핏) 372
neck size(목둘레) 371
neck warmer(넥워머) 70
neck-tie(넥타이) 66
neutral colors(중성색, 무채색) 153, 365
Newtro(뉴트로) 209
notch lapel(노치 라펠) 148
nude color(누드칼라, 살색) 147
nylon(나일론) 271, 273
ochre(황토색) 147
off-the-shoulder(오프숄더) 125
off-white(황백색) 147
olive(황갈색) 147

one mile wear(원 마일 웨어) 236
one shoulder(원숄더) 125
ootd(오늘의 코디) 92, 96, 179, 238, 373
ootn(밤의 코디) 96
opaque(불투명한) 153
open back gown(오픈백 드레스) 306
opposite colors(보색) 365
organza(오르간자) 313
outdoor(아웃도어) 207, 278
overweaving(덧대기, 구멍을 메우기 위해 패치를 덧대는 것) 335
Oxford Bags(옥스퍼드 백스) 177
Oxford shirts(옥스퍼드 셔츠) 343, 344
Oxford shoes(옥스퍼드 슈즈) 73, 207, 208, 307
pacific blue(퍼시픽 블루) 226
padded down(패딩) 267
paisley print(페이즐리 프린트) 173
pale(희미한) 153, 226
palm gloves(골키퍼 글러브) 246
paperbag pants(페이퍼백 팬츠) 167, 169, 174
parka(파카) 267
pastel colors(파스텔컬러) 153, 365
patch pocket(패치 포켓) 149
pattern(문양) 23, 170, 171, 172, 173, 179, 184, 254, 315, 319, 320, 333, 335, 343
pea coat(피코트) 145
peaceminuseone(피스마이너스원) 346
peach(복숭아색) 146, 365
peak lapel(피크 라펠) 148
pearl(진주) 319
pedicure(페디큐어) 51, 194
peep toes(핍토) 196, 199
pencil skirt(펜슬 스커트) 201, 323, 324
peplum blouse(페플럼 블라우스) 110
perfume(퍼퓸) 50, 56, 57, 58, 59, 60, 61, 343, 382
personalstyle(나만의 스타일) 96
Peter Pan collar(피터팬 칼라) 299, 300
Pierre Cardin(피에르 가르댕) 352, 385
pin dot(핀 도트) 173
pin tuck(핀턱) 149

pin-striped tie(핀스트라이프 타이) 70
pintuck(핀턱) 167
pixie cut(픽시 컷) 19, 23, 30
placket(플래킷) 116
plaids(체크무늬) 172
platforms(플랫폼) 199
pleather leggings(플래터 레깅스) 179, 181
Plus-3 Rule(플러스 3 법칙) 377
pochette(포셰트) 147, 229, 230
polka dot(폴카 도트) 173, 343
polo shirt(폴로셔츠) 114, 117
polyester(폴리에스터) 144, 166, 168, 175, 245, 271, 273
polyurethane(폴리우레탄) 205, 271, 273
pom-pom(방울) 319
pom-pom hat(폼폼 햇) 317, 318
ponytail(포니테일) 30
preppy(프레피) 114, 278
pretty(예쁜) 109, 382
primary colors(원색) 153, 365
puff sleeves(퍼프소매) 124
puffer coat(푸퍼 코트) 137, 140, 143, 145, 267
pullover(풀오버) 97, 100, 101
pumps(펌프스) 147, 194, 196, 198, 225, 299, 345
Pun Costumes(펀 코스튬) 261
punk(펑크) 278, 313
punk look(펑크 룩) 313
quilted bag(퀼티드 백) 229, 230
quilted jacket(퀼티드 재킷) 140, 289, 290
quilting(퀼팅, 누빔) 140, 145, 267
raglan sleeve(래글런 소매) 141
rain poncho(레인 판초) 290
Ralph Lauren(랄프 로렌) 117, 343, 344, 352, 384, 385
rayon(레이온) 271, 273
realoutfitgram(리얼코디그램) 96
red blush(붉은 계열의 볼터치) 49
reddish(붉은색이 도는) 153, 365
reform(리폼) 160
refrigerator pants(냉장고 바지) 166, 168, 169, 175
resell(리셀) 346, 349

390

retro(레트로, 복고) 140, 209, 277, 299
Retro fashion(레트로 패션) 285
reweaving
(작은 구멍을 메우기 위해 박음질하는 것) 335
ribbon(리본) 319
rimless sunglasses(무테 선글라스) 83, 84
ripped jeans(찢어진 청바지) 39, 165
rivet(리벳) 159, 163, 317, 318
Road Bike(로드 바이크) 236
rocker(락커) 278
Rolex watch(롤렉스 시계) 345
rose(장미색) 49, 146, 365
round nails(라운드 네일) 54
round toes(라운드 토) 199
ruffle(주름) 106, 107, 110, 317, 319, 321, 323
ruffle blouse(러플 블라우스) 110
Safari style(사파리 스타일) 285
sailor jacket(세일러 재킷) 138
salmon pink(연어 살색) 146
satin(공단) 271, 273, 315, 333
scarf(스카프) 66, 69, 70, 71, 328, 350
scarlet(진홍색) 146
scoop neck(스쿠프넥) 119, 123
see-through(시스루, 투명한 색) 19, 107, 110, 181, 365
see-through bangs(시스루 뱅) 19, 21, 22
see-through look(시스루 룩) 104
selvage(셀비지) 163
shade of color(색조) 153
shag cut(셰그컷) 36, 39
shaggy(털이 긴) 31, 39, 329
shaggy bob(섀기 밥) 31
shapewear(보정 속옷) 326
sharp nose(높은 코) 44
shawl(숄) 71
shawl lapel(숄 라펠) 148, 307
shearling jacket(시어링 재킷) 133, 139
sheepskin(양피) 271
sheer(속이 다 비칠 정도로 얇은) 104, 106, 329
sheer look(시어 룩) 104
shest(쉐스트) 376, 378
shield sunglasses(쉴드 선글라스) 84

shin guard(정강이 보호대) 244, 245, 246
short puffer coat(숏 푸퍼코트) 140
shorten(줄이다) 334
short-sleeves(짧은 소매) 124
shoulder bag(숄더백) 187, 222, 224
shoulder width(어깨넓이) 371
sideburns(구레나룻) 32, 33
side-swept bangs(사이드 스웹 뱅) 19, 21, 23
silk(실크) 69, 148, 271, 277, 328, 372
silky(실크 같은) 329
silver(은색) 146
similar color(유사 색) 153
skinny fit(스키니 핏) 372
skinny jeans(스키니 진) 31, 162, 164, 168, 333
skinny tie(스키니 타이) 73
sleeveless(민소매) 90, 124, 231
slides(슬라이즈) 201
slim fit(슬림 핏) 126, 219, 344, 372
slingbacks(슬링백) 199
slip-on sneakers(슬립온 스니커즈, 실내화) 213, 297
slippers(슬리퍼) 195, 201, 206, 212
slouchy bag(슬라우치 백) 222, 224, 229, 230
small flower print(스몰 플라워 프린트) 170
smog couture(스모그 쿠튀르) 286
smokey eye(스모키 아이) 47, 48
smoky colors(스모키 컬러) 153, 365
smooth(부드러운) 22, 329
snake print(스네이크 프린트) 171
snapback(스냅백) 77, 79, 333, 335
sneaker heels(스니커 힐) 212, 213
soft(부드러운) 22, 153, 329
sophisticated(세련된) 107, 109
sports sandals(스포츠 샌들) 201
sporty/athleisure(운동복 같은, 편안한 복장) 278
square nails(스퀘어 네일) 54
square toes(스퀘어 토) 199
squoval nails(스퀘오벌 네일) 54
star print(스타 프린트) 173
Stiletto nails(스틸레토 네일) 54

stilettos(스틸레토) 196, 198
stock tie(스톡 타이) 73
straightener(스트레이트너, 고데기) 22
straight-leg jeans(스트레이트 진) 164
straw hat(밀짚모자) 77, 78, 85
streetstyle(거리 패션) 96
streetwear(스트릿 웨어) 320
stretchy(신축성이 있는) 94, 169, 329
stripes(스트라이프) 170, 229
strong(튼튼한) 29, 220, 329
stud(스터드, 장식용 금속 단추) 245, 246, 254, 317
stunning(이쁜) 109
stylish(세련된) 96, 108, 109
suede(스웨이드 가죽) 126, 208, 271
suit(슈트) 302, 317, 320, 345, 369, 383
sun block(선크림) 45
sun cap(썬캡) 75
suppress the waist(허리 부분을 줄이다) 334
suspenders(멜빵) 165, 176, 237
sweatpants(운동복 바지) 23, 179, 181, 273, 296
sweatshirt(스웨트 셔츠, 운동복 상의) 99, 100, 101, 296, 303
sweatsuit(운동복) 296
tacky(싸구려 같은, 조잡한) 321
tan(황갈색) 147
tank top(탱크톱) 61, 91, 93, 94, 95, 96
taper(폭을 점점 줄이다) 142, 162, 334, 369
tartan(타탄) 172
tassel(쿠션·옷 등에 장식으로 다는 '술') 319
tassel loafers(태슬 로퍼) 213, 214
teddy coat(테디 코트) 143, 146
terra cotta(적갈색) 147
thigh-high boots(싸이하이 부츠) 206, 208, 316
Thomas Burberry(토마스 버버리) 363
thong sandals(통 샌들) 200
three quarter sleeves(7부 소매) 124
three-piece(스리피스) 302
tie chain(타이 체인) 69, 72
tie-pin(넥타이핀) 70
tiger print(타이거 프린트) 171

tinted sunglasses(틴티드 선글라스) 84, 353
toe heels(발가락 힐) 211, 214
toenail(발톱) 51
toffee(토피색) 147, 149, 227, 319
Tom Ford(톰 포드) 343, 344, 353
Tom Ford's blazer(탐 포드 블레이저) 343, 344
tone(톤) 47, 82, 120, 136, 142, 153, 364, 365
toner(스킨) 45
tone up cream(톤 업 크림) 45
tongue(텅, 혀) 346, 347
tortoise shell print(거북등 프린트) 171
tote bag(토트백) 222, 224
track suit(트랙슈트) 296
training suit(트레이닝 슈트) 296
trench coat(트렌치코트) 132, 137, 138
trend color(유행 색) 153
tricolor(삼색) 153, 365, 366
trousers(트라우저즈 바지) 158, 302, 317, 328, 329, 369, 379
T-strap heels(T 스트랩 힐) 200
tube top(튜브톱) 91, 95, 225
tuck pleated(턱 플리츠) 319
turquoise(터키옥색) 143, 146, 364
turtleneck(터틀넥) 119, 121, 122, 123, 126, 160, 175, 187, 376, 379
tuxedo(턱시도) 148, 151, 152, 296, 297, 305, 307

tweed(트위드) 187, 271, 273, 377
two-piece(투피스) 302
Ugg boots(어그 부츠) 206, 207
ugly shoes(어글리 슈즈) 209, 213
underbust measurement(밑 가슴둘레) 371
undercut(언더컷) 38, 39
underwear(속옷) 320
u-neck(유넥) 122
uniform(유니폼) 120, 133, 137, 242, 246, 257, 259
unisex look(유니섹스 룩) 67, 280
updo(업두, 올림머리) 18, 24, 27, 30, 55, 61
urban(도시 느낌의 복장) 278
velcro(벨크로) 140
velour(벨루어) 271, 273
velvet(벨벳) 271
vermilion(주홍색) 146
vertical stripe(세로 스트라이프) 170
vintage(빈티지) 274, 276, 277, 278, 317
vintage look(빈티지 룩) 274, 277
violet(보라색) 146
viridian(청록색) 147
vivid(선명한) 153, 316
Vivienne Westwood(비비안 웨스트우드) 353
v-neck(브이넥) 39
Von Dutch hat(본더치 햇) 77, 78
waist size(허리둘레) 371

waistcoat(조끼) 302, 328
walk pants(워크 팬츠) 183
warm colors(따뜻한 색) 365
Wayfarers(웨이퍼러) 83, 84
weather coat(웨더 코트) 286
weekender(위켄더) 221, 223
western boots(웨스턴 부츠) 208
whatIwore(내가 입었던 것) 96
whitish(하얀빛을 띤) 153, 365
wide pants(와이드 팬츠 나팔바지) 85, 176
wide leg pants(통바지) 174
windbreaker(바람막이) 133, 267, 366
Windsor knot(윈저 노트) 72
wing collar(윙 칼라) 149
wing-tip collar(윙팁 칼라) 305, 307
wingtip Oxfords(윙팁 옥스퍼드) 207
wolf cut(울프 컷) 26, 31
wool(울) 135, 270, 271
woven(우븐) 172
wrap around sunglasses(랩 어라운드 선글라스) 84
wristlet(리슬렛) 229, 231
YOLO(욜로족) 103, 374
Yves Saint Laurent(이브 생 로랑) 363, 383, 385
zebra print(지브라 프린트) 171
zipper(지퍼) 97, 107, 319